毛泽东

饮食趣谈

MAOZEDONG YINSHI QUTAN

主编：：吴连登

执笔：：丁继华

中央文献出版社

编　委

主编：吴连登

执笔：丁继华

顾问：王鹤滨　程汝明　周福明　毛小青

编委（按笔画先后顺序）：

尹振凯　闫晓峰　杜长友　何少初

高　英　黄民田　曹兰军　蒋　梅

1969年7月1日毛泽东与吴连登在杭州合影

1969年7月1日毛泽东和身边工作人员在一起（左起第五人是吴连登）

1969年毛泽东在专列前与工作人员合影（蹲下右起第二人是吴连登）

序一

我是1964年到毛主席家，一直到1976年主席逝世，在主席身边工作了12年。1959年人民大会堂建成，要从全国各地挑选服务员。盐城地区也分了一个名额。经过筛选，我被选送到大会堂餐厅当服务员。1961年中南海从人民大会堂选调两名服务员，我又被选中。

我在中南海颐年堂第一次见到毛主席。当时怎么也控制不住自己，为毛主席端的一杯龙井茶，由于手抖得厉害，等走到毛主席面前，茶已经洒出了一半。主席见我很紧张，就问我："你是新来的吧，叫什么名字？"我说我叫吴连登。主席问我的名字是谁起的，我说是一个和尚。主席笑着说："一听就不是父母给起的，这个名字好。"主席又问我是哪里人，我说是江苏盐城来的。他说："噢，咸城来的。"我说："不对，是盐城。"主席笑了："唉，那不就是咸城吗？"毛主席这么幽默，我就没那么紧张了。

1964年国庆节，毛主席让身边的护士长吴旭君把我叫过去，主席说："你不就是那个咸城人吗？我可记得你噢。我要和你商量点儿事，因为我身边有许多事情，家里也有许多事情，都没有人做，我想请你，能不能给我都帮忙？"当时我既紧张又感动，主席竟然这么客气请我帮忙。我激动地说："好！"

就这样我进了毛主席的家。到主席那里后，先做管理库房，打扫主席、江青房间的卫生，清理主席的图书等杂项工作，后来从工资一直到家里孩子们的事，家里生活方面的事情都交给我管理，这一干就是12年。在此期间，主席跟江青、汪东兴同志都讲过："我把这个家交给小吴我放心。"

作为毛主席的生活管理员，我有幸经历过许多重要的事情，这是我一生中的宝贵财富。几十年过去了，我走遍了大江南北，很多人请我讲课，参加各种会议，受到多家媒体和电视台的采访，他们都想了解毛主席真实的日常生活，很多人劝我把自己在主席身边看到的、经历的事情写出来，我也觉得很有必要把所知所见告诉大家。

我想先出一本反映毛主席饮食的书，把主席日常生活中吃的四菜一汤原原本本地讲给大家，让大家了解毛主席的饮食文化和勤俭节约的饮食习惯，并有所借鉴。毛主席在饮食上是个大家，非常懂得饮食之道，包括很多菜的典故。比如，有一次我给毛主席送一盘麻婆豆腐，当我转身要走的时候，主席叫住了我，问道："你知道豆腐是谁发明的吗？"我想了想说："主席，我不知道。"这时，毛主席就说："西汉时期有个淮南王叫刘安，豆腐就是他发明的。"

本书在编写和出版过程中得到了很多同事、朋友的热情帮助，特别要感谢的有：毛主席的保健医生兼秘书王鹤滨、卫士周福明、厨师程汝明和毛主席的侄女毛小青，他们在百忙之中参与并提出了有益的建议；黄建新提供了一些有价值的图片资料；中共中央文献研究室在出版过程中给予了大力支持；韶山毛泽东纪念馆的领导和相关同志，提供了准确的历史资料；毛泽东照片的摄影者：吴印咸、侯波、徐肖冰、杜修贤、吕厚民、钱嗣杰等；还有毛泽东养生饮食文化研究会的同志以及其他朋友。

在此，向他们表示最衷心的谢意！

2012年3月于北京

序二

很荣幸能认识吴老，并参与《毛泽东饮食趣谈》的编写工作。

初次见吴老是在西单图书大厦，他看上去很年轻，远不像70来岁的人，说话声音洪亮，精神很好。后来接触多了，又感到他非常慈祥和睦、平易近人。吴老在生活上非常简朴，与人交往没架子，交谈时谈笑风生，爽朗明快，真挚而谦逊，很有亲和力。他常常骑自行车或坐公交车到见面地点，吃饭时他会给你夹菜，离别时他会给你关车门。

吴老平常很忙，很多人请他讲课，他还要出席会议、参加活动。为了编好这本书，他亲自收集第一手资料，带我去拜访主席身边的工作人员，抽时间讲毛主席饮食上的点点滴滴。

那么，为什么要写毛泽东的饮食呢？

一句话，毛泽东的饮食值得深入研究和学习借鉴。

我们知道，饮食与健康长寿息息相关，毛泽东的健康也与饮食有密切的关系。那么毛泽东算不算长寿呢？现在看，83岁不算高龄，但毛泽东一生都经历着不同寻常的身体考验：每天平均工作学习20小时左右，是一般人的3倍；每天只休息四五个小时，有时更少，只是一般人的一半，但他的身体一直很好，并以旺盛的精力投入到革命工作中，可以说毛泽东也是一位长寿老人。

一直以来，毛泽东的饮食是个谜，当时由于保密规定不准说，现在全面掌握毛泽东饮食的人又极少，吴老长期在毛泽东身边全面负责毛泽东的饮食生活，可以说，他的经历与回忆是研究毛泽东饮食的第一手珍贵的历史资料。

本书介绍了毛泽东的饮食特点、毛泽东的四菜一汤、毛泽东外出视察的饮食、毛泽东的生日菜、毛泽东的招待菜、毛泽东曾就餐的店堂以及毛泽东与烟酒茶，最后总结了毛泽东的饮食观。在编写体例上，本书一改平铺直叙的表达方式，叙述中穿插有趣的逸闻趣事，用幽默有趣的故事说明深刻的道理，让读者在轻松愉快的气氛中阅读。

希望本书的出版，能让更多的人了解毛泽东的饮食情况，并为宣传科学的饮食观出一点微薄之力。

丁继华

2012年3月

目 录
CONTENTS

不得丢，一件睡衣、一根竹杖、一双皮鞋……一用就是几十年。在吃饭上毛泽东也恋旧，总忘不了老家的菜，从他四菜一汤的菜谱上，总能找到家乡菜的影子，招待客人也常用湘味。毛泽东说：遇家乡人，讲家乡话，喝家乡酒，吃家乡菜，是生活中一大乐趣。

毛泽东身边的厨师大都说毛泽东的饭好做，一个很大原因是他吃饭范围广，很少有不吃的东西，要说有不吃的，那就是名贵菜和各种补品。相反，对于不起眼的东西，以及老百姓吃的粗粮、艰苦岁月吃的饭菜、野菜野味却特别青睐。要说毛泽东的饮食偏爱，从品类的角度上讲就是素和杂。

毛泽东爱吃鱼，四菜一汤中一般少不了鱼，这个习惯甚至连外国人都知晓。据说，毛泽东两度访苏时，苏联"老大哥"都想方设法为他弄活鲤鱼吃。毛泽东还喜欢吃腥味很重的鱼冻，用他的话说"鱼腥肉香"。由于吃鱼太多，他曾与工作人员半开玩笑，说"鱼儿呀，毛泽东给你们赔不是来了"。

毛泽东每天吃饭有个特别之处，就是除了四菜一汤之外，基本上每餐不少于两个小菜。小菜用小碟子盛着，量不多。湖南的豆豉、广东的豆腐乳和湖南、杭州的臭豆腐，都是毛泽东小菜里常有的。特别说明一下，毛泽东每顿饭必不可少的不仅有辣椒，还有一小碟蒜泥。

毛泽东的四菜一汤有严格的规定，不能多，做菜的量都不大，用带盖子的小碗盛，很少浪费。如果有工作人员或客人陪吃饭，基本原则是多一个人加一个菜。

经过对比，毛泽东四菜一汤中的食物与世界卫生组织推荐的最佳食物基本吻合，在50至70年代营养学和膳食科学发展的条件下，能做到这点相当不易。

毛泽东的四菜一汤搭配很合理，四菜中一般有一个素菜，一个荤菜，两个荤素搭配菜，每顿基本上都有鱼。经过与《中国居民膳食指南》的要求对比，我们惊奇地发现，毛泽东除了三餐不定时、体重偏高之外，几乎完全与指南的要求一致。

毛泽东外出视察期间拒绝地方官员请客吃饭，不花地方上一分钱，吃饭按要求每顿四菜一汤，不得超过国家规定的出差伙食费补贴标准。

毛泽东也是个"美食家"，到了地方，入乡随俗，并喜欢尝尝地方美食、名吃，如天津狗不理包子、武汉的武昌鱼、长沙的臭豆腐、广州的蛇肉等。

毛泽东的生日，农历是十一月十九，经过核对，公历为12月26日。在新中国成立前的革命岁月，毛泽东日夜操劳，自1910年离开故乡以来，直到1943年50大寿时，才第一次遇到"生日问题"。

新中国成立后，毛泽东遵照党的规定，以身作则、严格自律不作寿。他时常忘记自己的生日，而工作人员总是想方设法陪他过过生日。毛泽东的生日菜，丰盛的不多，多是平常饭菜，对毛泽东而言一碗长寿面足矣。

"喝酒会误事，不能喝的人最好不要喝；能喝的最好少喝。"毛泽东平素身体很好，各项生理指标正常，至少拥有一般人所承受的酒力，为何可以畅饮而不饮？这一直是个不解之谜！

一、毛泽东的饮食特点

　　毛泽东的饮食在当时是绝对保密的，不允许说出去，更不允许私自记录，老百姓只知道毛主席爱吃辣椒、红烧肉，每顿饭四菜一汤，除此之外，一切都是个谜。那么毛泽东饮食的真实情况到底是怎样的？

>>独特的"规律"

>>特殊的习惯

>>个性的口味

>>家乡的挚爱

>>素杂的偏爱

>>鱼类的钟爱

>>丰富的小菜

≫独特的"规律"

● 生活起居有自己独特的规律 ●

毛泽东有很多不同寻常之处，作息时间颠倒就是其一，他凌晨睡觉，中午起床吃早餐，下午六七点钟吃午餐，晚上至凌晨办公，一天只睡四五个小时的觉，而且精力旺盛。从这点来说他违反人体生物钟，与一般人的作息规律相悖，但他习以为常，并把这种作息规律称为："按月亮的规律办事"。

逸闻趣事

"老虎就是白天睡觉夜里出来……不是也很健康吗？"

毛泽东的保健医生徐涛觉得毛泽东长期这样很少体力活动，又很少见阳光，对身体很不利，就常劝他改为遵循正常生活规律。有一次谈到日夜规律的事。

"你说老虎厉害不厉害？"毛泽东向徐涛提问。

"厉害呀，有时还吃人。"但是徐涛也奇怪他为什么突然问这个问题。

"老虎就是白天睡觉夜里出来，它也不见什么太阳，不是也很健康吗？"毛泽东说完徐涛才明白。

"那……那人和老虎不一样。"徐涛一时词穷，说不出更好的理由，"人还能捉住老虎呢，还是人厉害。"徐涛又补充了一句，道理还是没说清楚。①

---

① 徐涛：《毛泽东的保健养生之道》，《缅怀毛泽东》，中央文献出版社 1993 年版。

按医学上一般规律来讲，生活起居全无规律，极易引起中枢神经功能失调与紊乱，而导致高血压、溃疡病、心律失常及甲状腺机能亢进之类疾病，可是毛泽东却什么事也没有，仅仅是睡眠不好，这真有点不可思议。

保健医生王鹤滨曾经按毛泽东的工作和作息时间

1954年1月，毛泽东在考察浙江杭州郊区茶园时，同保健医生徐涛合影。

试一试，不到十天就受不了了，搞得头晕恶心，两眼无神，面色很难看。毛泽东知道后，用玩笑的话说："你看，我的'规模'也比你大呀。"

毛泽东经常谈到战争时期的工作和生活情况：在过去漫长的战争岁月里，工作和生活很难有个规律，白天为了躲避敌人的袭击，以防暴露目标，反倒需要隐蔽起来，经常是到了夜间才能出来活动。在这种情况下，毛泽东既要指挥战争，处理日常大量的工作，又要调查研究、制定党的方针政策；既要同群众在一起生活、战斗，又要一个人静下来阅读、思考和写作，为了适应这种错综复杂的情况，才养成了晚上工作白天睡觉的习惯。

逸闻趣事

"等我做些工作再睡吧！"

长征行军时毛泽东不愿坐担架，这样长途行军是很消耗体力的。卫生员钟福昌恪守职责，每当毛泽东迟迟不睡的时候，就去督促他早点睡觉，而当他睡觉时，就尽量保持环境安静，使他能够睡得安稳。

一次在贵州境内行军，白天走了90里路，晚上天黑了才到达板桥宿营。毛泽东照例深夜工作。再过四五个小时又要继续行军，敌人在后面尾追。中央红军主力已经在前面走了，毛泽东跟着干部团在最后面行动，如果被敌人切断道路，就有跟不上红军主力的危险。可是毛泽东具有一种异常镇定的优良品质，还是和往常一样工作到深夜，在一盏马灯前面，聚精会神地看着厚厚的一叠电报材料，思考部队下一步的行动，没有一点睡意。

卫生员轻手轻脚地来到他的跟前，催促说："主席，早睡吧！再过三小时就要出发啦！"

毛泽东笑着说："钟福昌同志，你看仗打得这么紧，我怎能睡呢！"

他又用商量的口气说："等我做些工作再睡吧！"

这时，干部团陈赓、宋任穷来了，他们一来就批评卫生员和警卫员不好好照顾毛泽东休息，并一再劝说毛泽东早点睡觉。毛泽东同意了，他躺在床上，把灯芯捻小了一点，继续把电文看完。他刚睡觉不久，部队出发的时间就到了，他又起床跟部队一道前进了。①

"现在最重要的是工作，吃饭、喝水都是小事。"

红军长征到达金沙江北岸，那里全是光秃秃的石山，没有房屋，只有八九个洞子，毛泽东、朱德、周恩来、刘伯承等都住在这些洞中。毛泽东住的洞子潮湿，有的地方还有积水，找不到木板和稻草，警卫员陈昌奉只好找一块干地方，铺上油布，放上毯子，为毛泽东铺了个地铺，没有搭办公的地方，就去烧开水了。

天亮时，毛泽东回到了住处，看到没有办公的地方，就把陈昌奉叫来，问他："办公的地方呢？"

陈昌奉回答道："这里连张小桌子也找不到。您先休息一下喝点

---

① 蒋建农、郑广瑾：《长征途中的毛泽东》，红旗出版社2006年版。

水吧！"

毛泽东严肃而又温和地说："现在最重要的是工作，吃饭、喝水都是小事。江那边有几万同志在等着哪！这是几万同志的性命呀！"说着，毛泽东亲自搬动装文件的铁皮箱子，要陈昌奉把另一个搬来，两个铁皮箱子合在一起，就成了办公桌。随后，毛泽东把办公用具摆在上面，把背包当作凳子，坐下来开始办公。

待了一段时间，毛泽东站起来对陈昌奉说："你跟我这么多年了，难道还不知道工作的重要性？以后每到一个地方，最重要的是把办公的地方搞好。然后才是吃饭、休息。要记住，无论现在和将来，对我们来说，最重要的是工作。"他走近陈昌奉，用手抚摸着陈昌奉的头，关心地说："好了，快睡觉去吧，两个眼皮都打仗了。"①

1958年8月9日毛泽东在济南会见长征时警卫员陈昌奉

就是在金沙江畔的这个石洞里，在这样的"办公桌"上，毛泽东度过了几个紧张繁忙的昼夜，与他的战友共同指挥中央红军跳出了数十万敌人围追堵截的圈子，取得了战略转移的决定性胜利。

红军到达陕北后，毛泽东工作更繁忙，作息时间依旧如此。

逸闻趣事

"什么时候工作做完，就什么时候睡觉。"

1937年初冬，毛泽东住在延安的三孔窑洞内。有一天清早，工作人

---

① 参见：李家骥、杨庆旺：《毛泽东与他的卫士们》，中央文献出版社1998年版。

毛泽东在延安

员看到毛泽东坐在窑洞门口晒太阳，便走过去说："主席今天起得真早！"

毛泽东回答说："我还没有睡哩！"

红军到达延安后，毛泽东工作繁忙，每天到凌晨两三点左右才休息，然后吃饭、睡觉。大家都佩服他精力充沛，也都为他的过度劳累担心。而毛泽东却毫不在意，常通宵工作，有时他可以连续工作两三天不睡觉。每天一早，机要科送来电报文件，他总要看一下摘要，有需答复的，立即答复。如果要答复的文件多，就一直工作下去，连早饭也不吃。

"主席！给你搞个钟来好吗？"工作人员问。

"不，不要钟好！"他非常干脆地回答，"有了钟就不自由了，没有钟，自由，什么时候工作做完，就什么时候睡觉。"

"如果有人约你谈话呢？"工作人员又问。

"我叫秘书到时间喊我。"毛泽东回答说。①

令人费解的是，全国解放后，过去不分昼夜对敌斗争的情况已不存在了，人民建立了自己的国家，工作和生活都逐渐有了规律；可毛泽东还是老一套的方法，一有事情便废寝忘食、不分昼夜地工作，经常通宵达旦，不完成任务就决不休息，这是为什么呢？经过查询，终于在沈同的回忆录中找到了答案。

逸闻趣事

"这就是我的生活规律。"

有一次，毛泽东在散步时，沈同劝他说："主席一工作起来就废

---

① 郭思敏、华一民：《我眼中的毛泽东（续集）》，河北人民出版社1995年版。

寝忘食，不分昼夜，有时一天少吃一顿饭，有时三天才睡两次觉，生活总是没有规律，主席您不是说革命的道路还长得很，身体是革命的本钱吗？长期这样会生病的。"

毛泽东听后笑了，他说："你说什么叫生活规律？我一件事办不完就放不下，心里总是觉得无着落，好像是白活了一天，欠下了人民的债，就连饭也不想吃，觉也不想睡。管它白天黑夜，有时间就要抢着办事，只有把事情办完了，心里才觉得无牵无挂，坦然舒畅，这时候饭也吃得香了，觉也睡得甜了，有时候还要学学孔老夫子那个学生'宰予昼寝'。待吃饱睡足之后，就又可以精神饱满地开始新的工作了。你们还以为我的生活没有规律，其实这就是我的生活规律。"

毛泽东又正色地说："如果不去抢时间、挤时间，而是照你们说的，到了晚上就睡觉，那还怎么能够开动机器？不能开动机器又怎么能够出产品？革命的事业靠变魔术是变不来的！"

沈同又问："现在人们已经有了正规的作息时间了，主席为什么还要昼夜不分、废寝忘食地连续工作呢？"

毛泽东解答道："白天总是要和大家一起忙，只有到了夜深人静时，才能够一个人安下心来搞些东西，哪个规定的夜间就不准工作和学习？难道天要下雨，女人要生孩子，都要等到白天办吗？现在人们每天是四加四八小时工作，我如果每天再加上四个小时工作，不是每天就比大家多捡了四个小时吗？这比在地上捡了个大元宝要有价值得多嘛！"

毛泽东又说："人没生病，事没办完，理应继续工作，为什么到了夜晚就不能连续战斗，一定要去睡觉，能睡得着吗？每天都有多少人民的困难和国家的建设事业，在等着我们去解决去办理，你还不抓紧时间，更待何时！我们是自觉自愿为人民服务的嘛，为什么让人家在屁股后面追着才不得不干呢？夜间搞工作，既可以多挤点时间，又不受干扰，还能够提高工作效率，这有何不可？过去我们就是这样做的，行之有效，收益不少嘛，已经尝到了甜头，就成了习惯，这有什么不好？"

毛泽东问沈同："如果不这样做，你说怎么好？"

沈同说："我要向主席学习。"

毛泽东笑着说："你学不来，你要是白天睡大觉，就会有人来找你的麻烦。"

毛泽东还给沈同提了个问题："你说一个人是为了吃饭才活着呢，还是为了活着才吃饭？"

他好像知道沈同的答案，接着说："我们不能只是为了吃饭才活着，吃饭和睡觉只是为了填饱肚子，养精蓄锐，好去继续战斗，好鼓足干劲去为人民服务嘛！要知道，人民的要求，国家的建设，一桩接一桩，都需要一班接一班地去做，像中央的政策，中央决定之后，还要一级一级地传达下去，一步一步地开展工作。一个人如果为了夜晚要去睡觉，就放下，去做自己的黄粱梦，使国家的大事和人民的要求在你的手中卡了壳，殊不知全国有多少只眼睛在看着你，有多少双劳动着的手都要停下来，他们都是为了国家的建设事业，在等待你拿主意想办法呢！解决问题贵在及时，时过境迁，要你作甚！让人民等着、逼着你去办事，这比敌人在屁股后面追着还要让人难堪！解决的办法只有一个，那就是要主动地、全心全意地去为人民服务！"

毛泽东继续说："我们必须要有时间观念，有的人明明知道人生几何，光阴一去不复返，但还是按部就班地办公、吃饭、睡觉，总是喊叫时间不够用，好像因为时间不够用，所以完不成任务，切不可怪在他的名下，可是蹉跎之间就时光飞逝，我看这样的人就让他再活一万年，还是会喊叫时间不够用的。上帝就是这样安排的嘛，人生的时间就只有这么多，要想干一番事业，就必须抢时间、挤时间，走到时间的前头，我们要建设祖国，必须只争朝夕！"

毛泽东与沈同合影

毛泽东漫步自语："时间这个东西，可

不分好人和坏人，对谁都是一样，浪费了它就一文不值，利用起来就价值千金，小偷和贪官污吏要是抓紧时机，一刹时就可以变成百万富翁，不过那是窃取别人的劳动果实，属于不义之财，但如果为了人类的幸福而努力，一刹时或是多少个一刹时，便能够创造出无价之宝，造福人民。所以我们要珍惜时间，要只争朝夕。人们都说'寸金难买寸光阴'嘛！"①

从毛泽东的话里我们可以看出，他有自己独特的生活规律，那就是：

◆无规律本身也是一种规律，无规律之中又有他自己的特殊规律。

◆这种无规律的规律对毛泽东来讲已是顺乎自然，久成习惯，自我适应了。

从此，工作人员更进一步理解了毛泽东的生活规律，理解了他为什么一事办不完，就吃不下饭、睡不着觉，又为什么为了恢复极度疲劳的身体，特别是在睡眠中突然被惊醒时那么生气。

造成毛泽东一直保持不同寻常作息规律的原因，大致有以下几种：

第一，毛泽东公而忘私，一心为国为民操劳，工作放首位。事情办不完心里不踏实，吃不好睡不好，每天事办完了，时间也到凌晨了，这时才安心地休息。

第二，长期的革命生活，养成的作息习惯，因工作繁忙，日夜操劳最终保持下来。

第三，毛泽东作为党和国家的最高领导，很多事情需要他作最后的决策和签字。另外，文件一般都是毛泽东最后批阅，很多文件经过层层审批圈阅，到毛泽东手中时，已经很晚了，他必须连夜处理。

第四，争分夺秒抢时间。毛泽东很珍惜时间，不愿意浪费一分一秒，他要把全部精力用到为人民服务上去。为了多工作，他用晚睡、

---

① 沈同:《我们怎样保卫毛主席》，中央文献出版社 2009 年版。

香烟、浓茶、安眠药四种方法来延长工作时间，他的一天，不仅仅以24小时计算，而是27、28、30小时，每天工作总往后延长几个小时，比常人多几个小时，形成了特殊的毛泽东的一天，工作人员习惯称为"毛泽东日"。

逸闻趣事

"你那个表总是犯路线错误"

卫士们为了让毛泽东在长时间连续工作中休息一下，总是提醒老人家到室外散散步。而毛泽东生怕散步多占用工作时间，总安排值班卫士："看着表，十分钟。"

毛泽东散步时，也估计着时间，差不多十分钟时，他总是要问："怎么样，到钟点了吗？"

值班卫士想让主席多休息一会儿，就瞒时间，故意说："还差两分钟。"

毛泽东说："你那个表总是犯路线错误，要改也难。"

说完，他自己数着，再走上100步，便回屋继续办公。

1949年9月毛泽东在中南海丰泽园

第五，白天不能静下心工作，晚上夜深人静没人打扰，便于思考、批阅文件、写作，能提高工作效率。当万籁俱寂，人们进入梦乡的时候，菊香书屋的灯依旧亮着，毛泽东还坐在办公桌前批阅厚厚的文件。

让毛泽东休息好是工作人员的最大愿望，值班的人员总以此向下一班的"炫耀"。每当深夜毛泽东工作时，值班卫士和保健人员总想"打扰"一下，让他吃点东西，出去散散步，早点歇息，结果不是没被理会，就是被"轰"出来。好不容易进了寝室，毛泽东还要看书阅读文件，有时卫士不得不把灯关了让他休息。但等卫士走后，他又把灯打开。卫士常常默默地数着：一小时、两小时、三小时……

有时，他在床上连续要看几个小时的书，才肯睡觉。这时又面临入睡难的问题，吃安眠药，一次两次甚至三次，按摩、梳头、擦澡全用上，直到毛泽东睡着了，卫士们才放下心来。

● 吃饭时间不固定，凭生理的需要吃饭 ●

毛泽东的生活方式很"怪"，和一般人完全不同，他饮食次数不定，时间不定，常常是一天两餐，也有三餐、四餐的。工作忙时，他两天三餐或一两天只吃一餐都是常事，中间仅以麦片、玉米、芋头等充饥，两餐时间间隔很长。可以说24小时里，他哪个时辰都睡过觉，哪个时辰都吃过饭。

但是，毛泽东吃饭也大致有个规律，一般起床后或入睡前进餐，正餐两次，或一次正餐、一次便餐，都以不过饥、不过饱为准。

逸闻趣事

日常三餐的安排

一般情况下，毛泽东的日常作息时间和三餐是这样安排的：

凌晨至中午是睡觉时间，中午或下午醒来看会儿书或报纸，先喝点红茶，之后吃早餐，内容是一碗牛奶麦片粥加点小菜。毛泽东的午饭是晚上吃，也就是老百姓吃晚饭的时间，一般有四菜一汤外加两个以上小菜。毛泽东晚餐一般在凌晨睡觉前吃，也是四菜一汤，饭后常吃一个烤玉米或烤红薯。

毛泽东的吃饭时间完全是根据自己的生理需要和饥饿感而定。

正因为如此，厨师须随时候着，一旦下达了做饭命令，半小时之内就得做好送过去，有时是15分钟，过了这个点，事来了，毛泽东又不吃了。当时没有燃气，烧的是煤，不做饭时火旺了浪费，等到做饭时火又上不来，所以厨师经常一边劈柴一边扇火，搞得灰头土脸，卫士们也常来厨房帮忙，按时把饭做好。

其实毛泽东的饭好做，做什么他吃什么，不挑食，难就难在吃饭时间不固定，不知他什么时候吃，有时饭来回热几次才吃得上。

这种没定时的饮食方式，在一般人肯定会受不了，但毛泽东一直胃口很好，这不能不令人惊奇万分。

●请吃饭难，工作废寝忘食，事办不完不吃饭●

毛泽东工作起来常常达到忘我的程度，有时工作人员进来他都不知道，声音大了会吓他一跳。所以在毛泽东工作时，工作人员都踮起脚跟走路，悄无声息，时间一长个个都练就了"走猫步"的功夫。

毛泽东本来休息就少，赶上有重大问题，就更没有钟点了。什么时候该休息，完全要看工作是否完成或进行到何种程度。如果他独自一人思考问题或写材料，更是这样，到吃饭时间常要提醒他，如果他正在考虑问题或正起草文件，他便会说

工作人员绕过屏风进来，以防打扰聚精会神工作的毛泽东。

"好"或"等一会儿"；再提醒他，他还是说这几句话；如果他还没办完事的话，你请他，他就会烦你，甚至批评你。如果工作来了劲，他一两天也不吃东西。

逸闻趣事

"还有事没办完。"

1951年11月的一天，毛泽东的办公室里烟雾弥漫，卫士已经给他倒了两缸烟灰了，可他还在一根接着一根地吸烟。他一会儿坐在沙发上，一会儿站起来在房里来回踱步，一会儿又回到办公桌前坐下。尽管他一句话也不说，但从他的面部表情可以看得出，他正在思

毛泽东在菊香书屋的办公室

考着一个关系重大的问题，在酝酿着一个重大的决策。毛泽东身边的工作人员都知道，在这种时候，谁也不敢打扰他，免得影响他的思路。

想尽一切办法保证毛泽东的适度睡眠和按时用餐，是工作人员的职责。卫士李家骥胆怯地请示："主席，该吃饭了。"

"好。"毛泽东不加思索地回答后，又在继续思考他的问题。卫士第二次请示，毛泽东没吭声，只是机械地点点头。看样子毛泽东根本没有想到吃饭的事。卫士不敢再催，只有见机行事了。过了一阵子，李家骥见毛泽东从沙发上起来，嘴巴动了几下，像是想吃东西的样子。他心里十分高兴，马上走到毛泽东身边，等待毛泽东吩咐上饭。可是，毛泽东看都没看他一眼，径直走到办公桌前，拿起铅笔飞快地写起来。李家骥扫兴地退了回去。

出自对毛泽东的感情和工作职责的要求，李家骥做好了挨批的准备，正要劝毛泽东吃饭时，秘书来了。毛泽东把刚起草好的一份电文交给秘书，说："马上发出，等候回电。"

李家骥喜出望外，见缝插针，赶紧说："主席，利用这个间隙吃饭吧。"

"好，吃饭。"毛泽东痛快地答应了。李家骥很快就把早已准备好的饭菜端了上来。毛泽东实在是太饿了，饭菜一上桌，他就马上开始吃。李家骥一边给他夹菜，一边劝他慢点吃。吃了一会儿，毛泽东抬起头来看了一眼李家骥，问道："怎么还是你值班？"听了毛泽东的问话，看了毛泽东那饥不择食的样子，李家骥心里难受极了，他为自己没有尽到责任让领袖吃好饭、睡好觉而内疚。"主席，我这是又上一班了，您已经两天两宿没睡觉了。"

毛泽东聚精会神地思考问题，全身心地工作，无暇顾及周围的变化，包括他吃了多少饭，睡了多少觉，卫士谁值班，以及过了几个白天和黑夜，他都不清楚。

毛泽东吃完饭，一抹嘴，又来到办公桌前。李家骥劝毛泽东睡一会儿再干。毛泽东说："唉，没办法，还有事没办完。"

他一边看文件，一边问："几点钟了？"

"快8点了。"李家骥回答。

"又过了一天。"毛泽东自言自语地说。其实是又过了一夜，毛泽东把白天和黑夜弄颠倒了。

李家骥刚收拾完碗筷，叶子龙来了，并吩咐说："聂代总长要来，你安排一下。"

李家骥满脸不高兴，埋怨说："主席两天两宿没睡觉了，怎么还安排事？"

"你懂什么，不安排行吗？"叶子龙不客气地说。

不一会儿，聂荣臻匆匆来到毛泽东的办公室。一进屋，聂荣臻就指着地图向毛泽东报告说："我们的部队已进入指定阵地。"

毛泽东询问而又带有命令地说："敌人部署怎么样，要让敌人按我们设计的方案行动。"

聂荣臻走了。江青和医生王鹤滨等人又劝毛泽东休息，毛泽东生气地说："我还有事，你们去吧。我也不想这样，有什么办法？是他们（指美帝国主义）逼得我这样，你们要劝就劝他们吧。"

这天上午，机要秘书出出进进毛泽东的办公室，频繁地传送着文电。大约10点多钟，毛泽东处理完必办之事，对李家骥说："好，我睡觉吧。"

和往常一样，临睡前，李家骥和王鹤滨陪毛泽东来到院子里活动一下。毛泽东打趣地说："王医生，你还陪我呢，有你安排，我一定能睡个好觉。"

"主席，您太累了！"王鹤滨心疼地说。

毛泽东笑笑说："世界头号帝国主义打到我们家门口了，我能睡好觉吗？！"

王鹤滨怕毛泽东又想起什么急需办的事而不睡觉，赶忙劝说："主席您说得对，工作处理完了，该睡觉了吧！"

"好，睡觉去！"毛泽东一扬手向卧室走去。这天他没有吃药，只按摩了一会儿就睡着了。[①]

像这样废寝忘食地工作，对毛泽东来讲是常有的事。

逸闻趣事

"可是饿得要死了，快吃饭。"

有一夜，早已过了吃饭时间，卫士几次催毛泽东吃饭，可他只顾批阅桌子上放的那堆文件，总是说"等一下"，"再等一下"，一直到了下半夜两点多钟。值班卫士正等得着急，忽然听到毛泽东叫他。

---

① 黄允升：《开国领袖毛泽东逸事》，中央文献出版社 1999 年版。

就急忙走进办公室，见毛泽东仍在那里埋头批阅文件，也不说话，就问："主席叫我有什么事？"他仍然没有抬头，却说了声："噢噢，等一下，我再叫你。"

毛泽东可能是肚子饿了，想吃点饭，但又看到一个急需的文件要批阅，因此又继续工作了。这是他的老习惯，重要的工作不办完是没有心思去吃饭的。卫士只好轻轻地走出屋来。过了一个多小时，毛泽东又叫他。卫士进屋来，见他一面聚精会神地低头看文件，一面打手势说："搞块那个……那个……东西来。"

当时叫不出那个东西的名字，就抬起头来，微笑地看了卫士一下，又继续看文件了。卫士知道毛泽东在想问题，顾不得说清楚要搞什么东西，便立即回答："好，就拿来。"说完，就赶紧去厨房让大师傅烤了两片面包干，送到毛泽东面前。

"对，就是要的这个东西。"毛泽东看了一下，笑着说。

卫士说："主席，快吃吧，不然就凉了。"

1963年毛泽东在上海俱乐部院内看文件

毛泽东点了点头，还没有把文件放下，好像在思考什么。没有多大一会，他又把卫士叫去说："你再去烤两块，炒个青菜，搞两个小菜，你陪我一起吃。"当把饭菜端来时，毛泽东这才站起来，活动了一下身子，笑着说："哎呀，可是饿得要死了，快吃饭。"[1]

催促毛泽东吃饭是工作人员很困难的一件事。每天，要使他从办公室来到餐厅，要经过几次催促，但到了餐桌前，并不意味着立即吃

---

[1] 参见：李敏、高风、叶利亚：《真实的毛泽东》，中央文献出版社2003年版。

饭，而是又拿起书报看。

●不按菜谱吃饭，喜欢随心所欲，顺其自然●

毛泽东思想奔放，做事喜欢无拘无束，自由自在，吃饭也是一样，不喜欢给他制定菜谱，更不喜欢按菜谱吃饭。因为菜谱多是保健医生、护士、管理员、厨师和卫士商量后制定的，开始时多注重营养搭配，而无法完全照顾毛泽东的饮食喜好，结果遭到抵制。

逸闻趣事

"给我搞一碗红烧肉来！"

有一次，毛泽东已两三天未吃上"正经饭"。

李银桥听说毛泽东饿了，想吃"正经饭"了，便跑去对他说："医生早就定好了菜谱，就是没有机会做……"

毛泽东不等他说完就打断说："我不要他的食谱，你给我搞一碗红烧肉来！"并将大手一挥："弄好了再叫我。"①

韶山毛泽东纪念馆收藏的部分四菜一汤菜谱

但菜谱还必须有，下次做饭有个参考，避免重复；菜谱有两份，一份交厨师便于做饭，另一份保存起来备用。后来制定的菜谱，不但要注重营养搭配，还要顾及毛泽东的饮食习惯和个人喜好，这样每天做的饭他爱吃。现在保留下来的菜谱，就是根据毛泽东的饮食特点和

---

① 参见：李银桥、韩桂馨：《在毛泽东身边十五年（修订版）》，河北人民出版社 2006 年版。

爱好制定的，从上面能看出毛泽东的饮食结构、内容和规律。

逸闻趣事

"我有我的平衡，你有你的平衡"

有一次，保健医生徐涛拿菜谱跟毛泽东"说理"。

毛泽东听罢说："你的话不听不行，全听信我也要完蛋！照你那么多讲究，中国几亿农民就别活了。人生识字糊涂始，你懂吗？"

还有一次，徐涛又跟毛泽东讲营养平衡，他听得厌烦起来，说："我已经习惯了。凡事都讲一个平衡，我有我的平衡，你有你的平衡，你非要打乱我的平衡不可，不是搞破坏吗？"

毛泽东还常常对保健人员说："你讲我吃的没道理，实践检验真理，我身体不好吗？你搞的那一套也许有你的道理，但你到了我这个年纪，未必就有我这个身体。"①

韶山毛泽东纪念馆珍藏的部分四菜一汤菜谱

有时毛泽东想吃什么了，就告诉工作人员，点名的素食有辣椒、腐乳、苦瓜、马齿苋、苦菜、糙米、玉米、烤馒头片、烤芋头、烤红薯等，都是一些常见常吃的食物；有时也要一些肉食，如红烧肉、叫

---

① 韶山毛泽东纪念馆：《毛泽东生活档案》，中共党史出版社1999年版。

花鸡、长征鸡、鱼等，高贵的基本上没有。

想吃脚板薯

有一次毛泽东告诉吴连登，说他要吃脚板薯，吴连登以为听错了，连问了两次还不明白，因为他从来没听说过，于是请他写出来。毛泽东在纸上写上"脚板薯"三个字。

吴连登查询了很多地方，最后才知道，这是毛泽东当年长征时在贵州吃过的一种薯。吴连登通过供应科买回了脚板薯，做给毛泽东吃。

这是毛泽东怀旧的一种方式。

总之，毛泽东不喜欢保健人员提供的食谱，他喜欢随心所欲，顺其自然。

吃饭随心所欲

吴连登是跟随毛泽东12年的生活管理员，平时所需要的东西都是他去买的；给毛泽东做好了饭，吴连登要先尝尝，以保证安全。所以，饭菜里如果有什么问题，他首先知道，而且熟知毛泽东的吃饭特点和爱好。

毛泽东吃东西是很随意的，没有什么特殊要求，但他有个说法，就是"我想吃什么，就是我的身体里缺什么，吃下去才能吸收得好，你们谁也不要限制我"。

这就难免要发生一些矛盾。医生为了他的健康，自然要提出一些营养方案，这些意见往往会和他老人家发生摩擦。

有人建议他吃高营养、高蛋白的东西。他说："你们说的那些山

1969年7月1日毛泽东和生活管理员吴连登合影

珍海味，我不喜欢吃，我不想吃的东西你们就不要勉强我，我吃了不舒服，就说明吸收不了……"

从饮食心理来讲，食欲是很重要的，被迫吃不喜欢吃的东西，同样达不到"营养"的效果。因此"我想吃什么，就是我的身体里缺什么，吃下去能吸收好"，这种观点也不是毫无道理。

毛泽东晚年的饮食基本上听凭保健人员、厨师的安排。从保存下来的菜谱看，毛泽东这一时期的饮食以高蛋白、高能量、低脂肪、低胆固醇为主，很适合高龄老人的饮食，这对于维持毛泽东"年迈羸弱"之躯，无疑具有重要的作用。

≫特殊的习惯

● 吃饭不挑食 ●

毛泽东吃饭不讲究，五谷杂粮、肉蛋奶副食样样吃，正因为如此，毛泽东无论在革命战争的恶劣环境还是新中国成立后的和平年代，一直保持充沛的精力，健康的体格。

逸闻趣事

菜上有虫说明没毒

毛泽东住在滴水洞时，一天，做饭的师傅不小心，没看到白菜叶上面有一条小虫。毛泽东在吃饭的时候看到了，服务员们心里都很紧张，但他却很幽默地说："菜上有小虫子不要怕，那说明它没有毒。"

他边说边用筷子把小虫丢掉了，然后说："这不就没有了嘛！"

毛泽东虽然是领袖，但是没有一点官架子，对下边的人很体贴。[①]

1966年6月毛泽东在滴水洞与工作人员合影

---

① 顾奎琴：《毛泽东保健饮食生活》，广东人民出版社 2003 年版。

毛泽东吃饭不挑食，有什么吃什么，而且肠胃功能很好，冷饭剩饭都能吃。

逸闻趣事

"这个给我留着，下次再给我拿来。"

毛泽东最爱吃肘子，但是保健医生不让他多吃，一般一周给他吃一次，如果肘子剩下多了，就告诉卫士："这个给我留着，下次再给我拿来。"

但是保健医生又不让他吃剩的，特别那个时候还有个苏联专家，绝对不准给毛泽东吃剩东西。他说的话不能不听，于是就想个办法：到时候他要忘了，就不了了之；如果他要想起来，就说卫士自己吃了。要说卫士吃了，他就不说话、不吭声了。

那么，剩菜弄哪里去了呢？工作人员是不能吃的，这是规矩，扔掉太可惜。于是工作人员就想办法，养了一条狗，等狗养大了还可以杀肉吃，一举两得。

挑食是健康饮食的大忌，挑食的结果，或是营养摄入不足，或是营养摄入过剩，都属于营养不良的范围。毛泽东吃饭不挑不捡，非常符合现代营养学提倡的多样化饮食观点。

●吃饭不高级●

毛泽东的饮食本来可以更丰富、更高档，可他偏偏不要这样。他不吃高贵菜，不吃山珍海味，一生简朴清贫，从不贪图享受。毛泽东不喜欢吃海参、鱼翅、燕窝等珍品，相反，他喜欢平民百姓常吃的饭菜；也不爱吃大虾和高级虾仁，却偏爱吃河沟里、池塘里的小鱼、小虾。他说："这些普通的东西好吃，有营养，也不贵，我不是吃得很好吗！还吃什么山珍海味呀，什么时候中国的老百姓都能吃上四菜一汤，那就好了。"他总是把自己当作劳动人民中的一员，喜欢平民化的饮食。

逸闻趣事

"本人生来不高贵，故高贵之物不敢问津。"

不知内情的人也许会猜测：按毛泽东的地位，他每餐都有美酒佳肴、山珍海味，肯定是十盘八碟的，应有尽有。其实，毛泽东的生活十分简朴。他严格要求四菜一汤。除了猪肉定时定量，平时吃得最多的是家常蔬菜。他吃米饭也有些"特别"，米要求是农家人吃的糙米，做饭时还要掺杂粮，有时还要求米饭内加点红薯。

有一回厨师杨纯清为毛泽东做了一碗"芙蓉鸡片"，毛泽东一片也没吃。毛泽东问清楚这道菜的名称后，对杨纯清说："听这名字我就不爱吃，现在不吃这东西，将来条件好了，我还是吃红烧肉过瘾！"

毛泽东对这些高级东西有自己的见解。他说所谓山珍海味并没有什么特殊之处。这些东西本来是老百姓吃的，一旦皇帝老子吃了，它的名望就提高了，到后来高不可攀、神乎其神起来。所以，那些有了权有了钱的人肯定要想方设法弄来吃的。吃了皇帝老子吃的东西，自己便成了皇帝，这叫沾光吧。

毛泽东说："本人生来不高贵，故高贵之物不敢问津。"

毛泽东一贯认为：人吃五谷杂粮和粗茶淡饭，能通便畅气。我们还是不要把自己养娇贵了。①

1958年毛泽东在河南农村

① 参见：顾奎琴：《毛泽东保健饮食生活》，广东人民出版社2003年版。

在毛泽东看来，吃高贵之物未必健康长寿，粗茶淡饭更有利于健康，平时做饭只要干净卫生就可以了。

逸闻趣事

"把这个菜端回去，谁买的就叫谁去吃。"

武象廷担任毛泽东的生活管理员没几天，一次毛泽东来到小灶厨房里，看见他正在厨房里忙碌，便走过来问："武象廷，你在这里干什么？"

"给小灶厨房买菜哩。"

"你改行了，好啊，我告诉你，只要你们饭菜做得干净卫生就可以了，不必买一些贵重的东西给我吃。比方说，现在是冬天，你就别买那些西红柿、黄瓜之类的新鲜蔬菜，现在买一条黄瓜的钱，到了夏天就能买一筐黄瓜，冬天买一条黄瓜只能吃一顿，夏天买一筐黄瓜能吃几十顿。"

到了伏天，因为武象廷请了几天假，就临时让王振海给毛泽东买菜。王振海头一次上街买菜，尽挑新鲜的有营养价值的买。结果，他买回来一些嫩玉米芯，也就是那刚刚开过花，还没有结粒的小玉米笋。王振海满以为这下给毛泽东买回来好吃的了。炊事员做好后，端去给毛泽东吃。

一看这玩艺，毛泽东便皱起了眉头，仿佛想起了自己的父母，在农田里辛勤耕种玉米时的劳苦。不管怎么劝，他就是坚决不吃这东西。并且，毛泽东有点不悦地说："炒这一盘菜需要多少棵玉米？要是这些玉米长熟了能打多少粮食？

1958年成都会议时与封耀松、张国兴、李润民。

我吃这样的菜，不是破坏生产吗？把这个菜端回去，谁买的就叫谁去吃。"

有一次，管理员张国兴在大地里看到掰玉米剩下的玉米杆上还长着不成熟的小玉米，剥去皮，还有一节小玉米笋。张国兴想，拿回些交给李师傅炒菜也许能行。带回去后，交给李师傅，结果他烹调出一盘美味香甜的"肉片炒玉米笋，"毛泽东吃了很多，几乎都吃光了。

同样是玉米芯，张国兴提供的，毛泽东却吃的很香，原因很简单，这是玉米掰剩下的，是节约。①

现在有些人吃山珍海味，泡高级饭店，吃得大腹便便，却易患高血压、糖尿病、癌症、心血管病，为什么？因为营养要么片面，要么过剩，高脂肪、高胆固醇、高糖，打破了身体承受能力，这些富贵病就吃出来了。相反，五谷杂粮易于消化吸收，营养均衡，使机体一张一弛，内脏气血充足，人就有精气神。古代养生讲究个欠字，辟谷就是很好的方式，一天不吃饭，只喝水，让机体充分休息。另外，富贵享受易生娇逸之气、懒惰之性，与养生相悖。艰苦朴素，是一种精神，一种追求，是对生命活力的最大释放，也有益于养生。所以毛泽东吃粗粮杂粮素菜，拒绝吃高贵菜，既补充了营养，又陶冶和锻炼了情操与意志，可谓双丰收。

毛泽东在中南海菊香书屋没有专门的餐厅，餐桌也是很简陋的小方桌，他一生只用竹筷、木筷吃饭夹菜，坚决反对使用任何所谓的高级精美餐具，除非外交场合。

毛泽东吃饭用的餐桌

---

① 参见：王守柱、李保华：《毛泽东的魅力》，中央文献出版社 2003 年版。

吃饭的餐厅、桌子和送饭的竹盒

毛泽东吃饭的餐厅

毛泽东没有专门的餐厅，每次都是在卧室或办公室吃。来客人时在办公室吃，那里有个四方桌，有一套沙发，有衣服架，铺有地毯，吃饭时把桌子摆好即可。毛泽东一个人吃饭时就在卧室里，他的床前有一张小桌。每天毛泽东一个人，或有一名值班卫士陪他在小方桌上吃饭。

毛泽东的饭菜每次都是厨师做好后，由卫士用竹盒装好送到"菊香书屋"。这个装饭菜的竹盒，是用竹坯子编织成的，形状是椭圆形，有4个隔层，分别放饭和菜。

"象牙筷子么，那是有钱人用的，太贵重了，我毛泽东拿不起！"

1949年9月的一天，毛泽东突然吩咐卫士："今天我要在家招待客人，中午就在这里吃饭，你们准备一下。"毛泽东很少留客人吃饭，更少亲自吩咐工作人员提前做准备。这次如此重视，来客自然有些特别。不一会儿，中共中央办公厅主任杨尚昆来给卫士们布置任务。他对李家骥说："你叫厨房多加几个菜，让招待科帮助搞好一点。"他还对小李说："你到招待科弄些好点的餐具来。"小李一听忙摇头摆手，说："主任，主席反对摆阔呢！"杨尚昆说："这次例外么，不然人家会笑话我们的。"杨尚昆这么说自然有其道理，因为毛家的餐具，包括竹筷子，实在难登大雅之堂。

李家骥感到事关重大，于是跑到李银桥那里汇报。李银桥是卫士长，听了他的汇报也很为难，便说："既然杨主任这么说，我们还是服从吧！"于是李银桥与李家骥一道去招待科借了一套新碗筷，其中筷子是象牙做的。

开饭前，毛泽东突然来到东房餐厅，似乎是特意来巡视检查的。他见餐厅布置得井然有序，不禁微微点头。突然，他看见了餐桌上的象牙筷，于是脸色一沉，大声说："谁让你们摆象牙筷？赶快给我拿下去！"

为毛泽东送饭用的竹提篮

李家骥在毛泽东走进东房时，心中便一直七上八下的，现在见毛泽东生气了，更是紧张得很。他硬着头皮解释说："主席，这是从招待科借来的……"毛泽东未等他说完，马上大声打断说："我叫你撤你就撤。"说完拂袖而去。

李家骥感到颇为委屈难受，他遵照毛泽东的指示换上了竹筷子，然后跑去向李银桥汇报。"刚才主席为摆象牙筷的事发火了。你看，我当初说过不能摆的嘛！只怪杨主任呢，现在主席火了，怎么办？"李家骥说。李银桥听了，也感到大事不妙。他安慰小李："我去跟主席解释清楚。"于是便朝毛泽东办公室走去，一边走一边回头对小李说："你回去准备吧，就要开饭了。"

李银桥见了毛泽东，先是自我批评一番："主席，象牙筷是我让借的，您要批评就批评我吧！我当初考虑主席平常很少在家里招待客人，不搞好一点，会让客人笑话，再说来客也不一般呢！"

毛泽东本来余怒未消，现在见李银桥来赔不是，心中火气顿时消了一大半。他用缓和的口气说："这件事么，我也有责任，怪我没有交代清楚。不过，我今天再重申一次，今后不管来客是谁，都要讲究节约，不能摆阔气，不能大吃大喝。而且，今后无论是待客还是自家吃饭，一律用竹筷子！"

毛泽东对于象牙筷已旗帜鲜明地表明自己的态度了，但个中原因大家都不甚了解。一次卫士长李银桥在与毛泽东闲聊时问到为何不使

毛泽东用的木筷子

用象牙筷子的事。

毛泽东听罢，说："我从小到大用的都是毛竹筷子呢，已经习惯了。"他还一语双关地说："象牙筷子么，那是有钱人用的，太贵重了，我毛泽东拿不起！"当然，这只是毛泽东的一种托词，并未触及其中的深层原由。①

作为人民领袖，毛泽东时刻想着广大人民群众，一直坚信自己的权位是人民赋予的，因此终生拒绝享受。在他看来，象牙筷是统治阶级、达官贵人用的，倘若使用象牙筷，不是与劳动者脱离了吗？不是高高在上了吗？同时，这与毛泽东生活恬淡、不务奢华的性格本质相悖，他根本适应不了那种锦衣玉食荣华富贵的生活。

新中国成立后，毛泽东外出频频。每次外巡，工作人员除了为毛泽东准备好床上用品、拐杖等"行头"外，还得为他准备竹筷或木筷。因为工作人员知道，毛泽东向来是说一不二，每每为他办事，都得考虑考虑他的态度，尊重他的习惯。

逸闻趣事

精辟独到的"筷子理论"

毛泽东第一次出访苏联时，工作人员特别为他准备了一双木筷子。因为苏联人吃饭用刀叉，他们担心毛泽东到莫斯科后，一旦没有为毛泽东准备筷子那可怎么办。所以，做到有备无患，万无一失。

毛泽东乘坐中国专列至中苏边境，从那里改乘苏方迎接的专列。在中苏边境换车后，无论是列车车厢设施，还是列车服务人员，都已是十足的"俄国化"了。待到吃第一顿苏式饭菜时，大家的感受更新

① 韶山毛泽东纪念馆:《毛泽东生活档案》，中共党史出版社 1999 年版。

奇。就餐前，苏方服务人员鱼贯而入，手中托着盘子刀叉利索地摆上了餐桌。毛泽东瞅着满桌西式佳肴和锃亮的刀叉，显得若有所思。这时，中方工作人员在琳琅满目的西餐具旁为毛泽东摆上一双木筷。毛泽东落座后，右手拿起木筷，左手抓起一把叉子，很认真地对大家说："你们说说看，这两样东西哪种好？"

师哲就坐在毛泽东身边，他第一个搭腔："我看，用习惯了两样都好。"

毛泽东侧过脸，问坐在另一边的陈伯达："你说哪种好啊，陈夫子？"

当时陈伯达正在艰难地用刀叉分割一块肉，而且口中已含了一大块。他抬起头，支吾着说："筷……筷子……好。"

毛泽东拿起一块餐巾擦了一下嘴说："对，我认为也是筷子好。"然后他掰着手指头细数起筷子的好处来。

"第一，筷子经济。不用花多少钱就可以买到，不愿意买么还可以用一根树枝或竹子修一下就是一双筷子。筷子反映了我们中华民族勤俭节约的精神。第二，筷子大众化。中国老百姓吃饭都用筷子，而且连日本人也用筷子。第三，轻便好带，不怕丢失，不怕被盗。有这么多的益处，你们说是不是筷子好？"

大家听罢毛泽东精辟独到的"筷子理论"后，纷纷说："对呀，还是筷子好呢！"苏方服务人员对毛泽东自带用具的习惯很是惊讶不解，但毛泽东却泰然处之，我行我素。[①]

毛泽东外出视察常常雷厉风行，有时说走便走，根本不给工作人员准备行李的时间。匆忙之中，工作人员也会忘记带上筷子或其他用具，吃饭时就遇上了麻烦。

毛泽东用的竹筷子

---

① 韶山毛泽东纪念馆：《毛泽东生活档案》，中共党史出版社 1999 年版。

逸闻趣事

"我就习惯用竹筷子！"

1956年，毛泽东去广州，说走就走，随行工作人员没时间做准备，只得背起平时准备好的行李上路。这次由卫士封耀松负责收拾行装。因为匆忙，没有时间细细思量，登上专列后不久，毛泽东开始用餐时，小封才发现忘记带筷子，他感到大事不妙。然而，事已至此，只能去专列招待部门借一双筷子。招待部门只有象牙筷，小封心中惴惴不安。开饭时，毛泽东一眼便看到了这双象牙筷，顿时脸色阴沉，火冒三丈，对封耀松大发脾气。其他同志见毛泽东如此生气，便极力婉言劝慰，希望毛泽东能将就着吃完这顿饭。可是，任凭大家怎么规劝，他就是不肯用餐，开始像孩子一样赌气"罢饭"了。

没办法，小封只得硬起头皮说："主席，我去服务员那儿借吧，看能不能借到。"毛泽东听后半天才吱声，说："你去吧！"于是，小封就如获大赦似的立刻跑到专列服务员值班室借筷子。但年轻的服务员们一般用勺子吃饭，很少使筷子。听了小封的诉说，颇为同情，也深感为难，但还是答应想办法帮他找一找。服务员费尽周折，好不容易找到一双早已弃之不用，而且长短不一粗糙不堪的竹筷子。他们无可奈何地问小封："这能行么？"小封满脸颓丧地说："有什么办法，先试试看吧。"然后转身便跑。封耀松没想到，毛泽东见了这双旧的竹筷，顿时眉开眼笑，连声说："好，好，我就习惯用竹筷子！"[①]

毛泽东一生都用竹、木质地的普通筷子吃饭。湖南家乡的父老了解到他这一生活特点后，便特意用黄羊木赶制了一批木筷，送往北京。这种木材质地细腻，做出的筷子不仅美观耐用，而且不会长霉变色。

[①] 韶山毛泽东纪念馆:《毛泽东生活档案》，中共党史出版社1999年版。

毛泽东用过这种木筷后，感到很是满意。此后，毛泽东便一直使用家乡父老赠送的这种木筷。毛泽东辞世后，人们清理遗物时，发现这种木筷尚留下不少。毛泽东身边的工作人员噙着热泪说："这是主席一生中用过的最高级的筷子！"

●吃饭不浪费●

毛泽东时时刻刻把自己当作人民中的一员，处处起模范带头作用。他的衣服补丁摞补丁；毛巾被不知缝补了多少遍；一双拖鞋破得连补鞋的都不愿意再补；郭沫若送给他的手表用了几十年，修了多次；开国大典礼服里面穿的是带两个大洞的内衣；牙刷直到用秃了才肯换；不睡高级床只睡硬板床；不用高级碗筷，只用普通碗、竹筷子……要举的例子太多太多。毛泽东为中国革命和新中国建设奉献了一生，去世后剩下的工资却寥寥无几。

逸闻趣事

毛泽东的工资与开支

吴连登同志自60年代中期开始在毛泽东家里当管理员。

他说："毛主席每月的工资是404.8元。主席每月的开支情况大体上是：

第一，每月10元党费；

第二，每月80多元的房租、设备使用费、水电费；

第三，每月生活费100元左右；

毛泽东日常生活费收支表

支出明细账

第四，每月为两个女儿和一位亲戚负担的生活费约在45元至90元；

第五，主席个人的烟茶费。

基本上能达到收支平衡。有时，工资用完了，遇有家庭招待方面的开支，吴连登便写报告，经主席画圈后，才能从中央特会室领取一点稿费，作为补贴。"

毛泽东生活上很注重节俭，他吃饭不留下一粒米，剩饭也不允许倒掉，下次热热再吃。他觉得自己吃的已经很好了，常常用筷子敲敲碗说，全国人民要是都能吃上这样的饭就好了。

逸闻趣事

吃饭不留一粒米

毛泽东吃饭时很仔细，碗沿、碗底不留一粒米。那筷子使用得极有功夫，一粒米也能夹起来。身边的工作人员常常见他顺手拾起桌上的饭粒放嘴里。

毛泽东拿起筷子时，总习惯敲敲碗盘感叹两句："什么时候农民都能吃上我这样的饭，那就不得了啦！那就太好啦！"

有时保健人员说："主席，这算什么呀？好东西有的是，您又不是没条件，吃不起。"

他认真地说："好大的口气，这还不够，还想吃什么？想当资本家了？"

当时毛泽东身边的人员吃的不比他差。保健医生建议他吃好一点，说一些名贵的菜肴，建议他吃一吃。

毛泽东皱起眉头："要开国宴呀？你那些菜贵是贵了，贵了不见得就好，不见得就有营养。依我说，人还是五谷杂粮什么都吃的好，小米就是能养人。小地主、富裕农民都比大资本家活得长，你信不信？"

保健人员无可奈何地点点头。①

凡看过毛泽东的遗物、了解他生活故事的人，无不肃然起敬。这种精神影响和教育了一代又一代人。

逸闻趣事

以身作则，勤俭节约

毛泽东经常教导人们说：

"要注意勤俭节约，处处爱护公物，注意节约水电。"

"一粥一饭都来之不易，一针一线也不应该浪费，这都是来自人民，是劳动人民流血流汗生产的果实，如果浪费了，就是白白丢了人民的劳动果实和自己手里的财富，影响我们国家财富的积累，万万不可这样做。"

"几棵小麦做一个馒头？几株稻子做一碗米饭？有谁算过这笔账？"

"我们的国家是一个大国，人口众多，如果一个人一天浪费一粒米，一年就要浪费掉365粒米。这样，八亿人民一年浪费的粮食积累起来，就能救济很多灾民，如果八亿人民每人每天再节约一粒米，其数量不就可观了吗？实行勤俭节约，反对浪费，能够使我们的国家富强了再富强，使人民生活水平提高了再提高。"

---

① 参见：顾奎琴：《毛泽东保健饮食生活》，广东人民出版社2003年版。

毛泽东是这样要求别人，也处处用这些原则严格要求自己。①

1967年7月20日在武汉与工作人员一起

毛泽东与人民同呼吸共命运，三年自然灾害时期，他不吃肉、不吃蛋、食不过量，并说到做到，一旦发现工作人员违反规定立即严厉批评。当他见了农民吃的糠窝窝头时，眼里噙满泪水。

逸闻趣事

"我们的农民不该还吃窝头么！"

1957年12月，卫士马维从家里回来，带回了一点黑面做的窝窝头，里面还掺杂大量粗糙的糠皮，又黑又硬。马维对主席和同志们说："乡亲们就是吃这个东西，我讲的是实话。"

毛泽东紧皱着眉头，用发抖的手接过窝头，掰开一块放入嘴中，嚼了几口，刚咽下，泪水就不停地淌下来。

毛泽东流着泪，继续掰着窝窝头说："吃，你们都吃，都要吃一吃。"卫士们和保健医生吃着窝头，都感到真难吃，很难咽下去。

---

① 参见：顾奎琴：《毛泽东保健饮食生活》，广东人民出版社2003年版。

毛泽东哭得厉害："吃啊，这是农民的口粮，是种粮的人吃的口粮……"

毛泽东没有吃午饭，也没有吃晚饭，他带着久久思考但仍然困惑的表情说："我们是社会主义么，我们的农民不该还吃窝头么！不应该么……"

1958年毛泽东在农村视察

过了很久，毛泽东又说："要想个办法，必须想个办法。怎样才能加速实现社会主义呢？"①

平时给毛泽东做饭也不浪费，如鱼吃了鱼尾，鱼头卖给大食堂，炖鸡炖骨头剩下的肉，吃不了也卖给大食堂，卖的钱再买菜。毛泽东的伙食费经过工作人员精打细算，他还觉得高，让工作人员再压一压。

逸闻趣事

"看样子要下狠心往下压了！"

毛泽东一家的伙食费每天定为3元，他看过计划说，伙食费定高了一点。卫士长李银桥解释说，3元中包括待客的钱。毛泽东提笔写了"照办"两个字。

毛泽东的饮食如此俭朴。可他老人家还一再让王鹤滨等同志为他压低伙食开支。有一次，王医生向主席汇报开支后解释说："我们想了点办法，但还是没有降低多少。"

---

① 参见：王守柱、李保华：《毛泽东的魅力》，中央文献出版社2003年版。

1953年3月毛泽东和王鹤滨在中南海

毛泽东说："这么难啊！看样子要下狠心往下压了！"说着，打手势向下按了按。

毛泽东见王医生"往下压"的态度不坚决，继续开导说："第一次国共合作时期，我在国民政府当一名宣传部长。我和爱人杨开慧同志，还有一个孩子，又请了一个人帮忙，一共四口。那时官没有现在大，薪水没有现在多，但生活过得蛮不错的，每月还有结余。现在呢？周围工作的同志是国家管的，汽车是国家管的，再花费那样多，就不应该了！"①

勤俭节约，是毛泽东一生真实生活的写照，是他留给后人宝贵的精神财富。

●吃饭门前清●

毛泽东吃饭时爱看书报，夹菜时常不看盘子，而且远处的吃得少，近处的吃得多，以至手下的菜吃完，夹不着才发现，这种习惯被工作人员称为"吃门前菜"。

逸闻趣事

研究毛泽东吃饭的秘密

毛泽东每餐吃得怎么样，在他身边工作的人员都是非常关心的，都希望他能吃得多些，身体好些。如果做好的饭菜，不管是什么原因，他吃得很少，就成了工作人员的负担，好像心坎上压着块石头。赶上哪位卫士值班，他的心情也就更加沉重，会认为自己没有尽到责任。

---

① 参见：王鹤滨：《在伟人身边的日子》，中国青年出版社2004年版。

因此，毛泽东喜欢吃什么菜，就成了观察和研究的重要课题了。在他身边工作的每一个人，不管是医生、卫士、厨师，都想发现这个"秘密"（因为毛泽东从不点菜，只是任由厨师去做）。可是，同事们观察了很久，还是搞不清楚毛泽东到底喜爱吃什么菜。

有一段时间，王鹤滨经常陪毛泽东吃饭，这个观察任务就自然地落在他身上。每餐饭后，王鹤滨都得向值班卫士或厨师报告观察的结果：毛泽东吃了多少饭，哪个菜吃得多些，等等。

一次，值班卫士张仙朋提着撤下来的剩饭菜，拉长着脸对王鹤滨说：

"王秘书，上顿饭你说毛主席炒茼蒿吃得多，喜欢吃，你看！这顿饭，炒茼蒿菜几乎连动都未动！"仙朋说着，打开了提饭盒，让他看了看那碟未动的炒茼蒿，接着带着责备的口气抱怨说：

"你怎么观察的呀！"说罢，他鼓着腮帮子走开了。他抱怨大概是因为王鹤滨的"假情报"使他在值班中丢了脸；厨师老廖也有类似的反映，也怨王鹤滨提供的"情报"不准确。王鹤滨也没有搞清楚这是怎么回事，心想，没有观察错呀，奇怪！

以后，经过多次观察，王鹤滨才弄明白了。原来毛泽东吃得多的菜，都是离他近的"门前菜"，距离远一点的菜，就吃得少一些，这与卫士或厨师放菜的位置有关。这样一来，哪个菜吃得多些，哪个菜吃得少些，随意性就很大了。①

● 吃饭速度快 ●

毛泽东吃饭快，大概和长期战争生活有关，战争年代没有正常的生活规律，打起仗来常常顾不上吃饭，饮食不可能有规律，毛泽东在吃饭上和连队战士一样狼吞虎咽。有时在打仗前毛泽东却表现得与众不同，别人急他却不急。

---

① 参见：王鹤滨：《在伟人身边的日子》，中国青年出版社 2004 年版。

逸闻趣事

毛泽东吃饭是有名的快，今天却吃得慢条斯理

1947年元宵节后，胡宗南调动23万人马、分五路进攻边区，并在西安集中一支伞兵，准备突袭延安。

彭德怀获悉情报，忙调兵遣将，并亲自劝说毛泽东尽早撤离延安。毛泽东说了两句话："我是要最后撤离延安的。""我还要看看胡宗南的兵是个什么样子呢。"

3月13日，胡宗南14个旅兵分两路，向延安发动猛攻。50多架敌机整天轮番轰炸。

16日中午，敌机投下的两颗重磅炸弹在门前不远处同时爆炸。门窗玻璃全部震碎，气流像强台风一样冲进来，窑洞里嗡嗡作响。

18日黄昏，延安东南方向枪声大作。敌人先头部队已经进犯到吴家枣园。彭老总是个急性子，说话像打机关枪一样快。他极少有这种焦急跑步的情况，喘着粗气吼："怎么主席还不走？快走快走，一分钟也不要呆了！"

王震忙说："主席，今天就谈到这里吧。你必须尽快撤离。"周恩来也劝："主席，时候到了，该走了。"

毛泽东稳稳坐在椅子上，问："机关都撤完了吗？"

"早撤光了。"好几个人抢着回答。

"群众呢？"

"走了。全撤离了。"

"嗯。"毛泽东满意地哼了一声，"好吧，吃饭！"

毛泽东吃饭本是狼吞虎咽，有名的快。今天，同志

1944年毛泽东和彭德怀在延安

们越急，他越吃得慢条斯理。他是下决心要看看胡宗南的兵是个什么样子呢！

彭老总急得要去夺他的筷子，到底还是忍住了："主席怎么还不走！龟儿子的兵有什么好看的？走走走，部队代你看了，你一分钟也不要呆了，马上给我走！"

毛泽东放下筷子，环顾一遍打扫过的居室，对站立身边的周恩来及所有工作人员说："我本来还想看看胡宗南的兵是个什么样子，可是彭老总不干，他让部队代看。我惹不起他，那就这样办吧。"

毛泽东走近吉普车，登车之际，突然转回头，发表宣言一样大声说："同志们，上车吧，我们一定还会回来的！"①

开国大典前后，毛泽东更忙，为了工作，吃饭时间压缩得更少了。

逸闻趣事

开国大典前毛泽东不到10分钟就吃完了饭

1949年10月1日黎明，毛泽东虽然像往日那样又倒在了床上，但下午就要举行开国大典了，他没有一点困意。

太阳已经转过正南方，时针也指向下午一时，毛泽东仅仅躺了几小时并没有入睡，又起床了！他今天的精神分外地好，很高兴地说："给我拿礼服来！"

卫士们看到毛泽东穿上这套礼服，更加威风凛凛，气宇轩昂。然而仔细一看，礼服里面穿的仍然是那件补了多次的衬衣。对此，他们不得不发出这

开国大典时毛泽东在天安门城楼上

---

① 参见：权延赤：《走下神坛的毛泽东》，内蒙古人民出版社 2001 年版。

样的感叹："毛主席就是这样一个人，衣着随便，十分简朴。有时为了礼节也不得不简单修饰，但那只是外表，内里绝不改变。"

到了吃饭时间，毛泽东在餐桌边坐定，端起饭碗，不到十分钟就吃完了饭。毛泽东一直保持着军人的作风，吃饭很快，碗筷一放，兴冲冲地朝办公室走去。他的心里装的永远是工作，是人民，是国家。

下午两点，毛泽东起身赶到勤政殿，主持召开了中央人民政府第一次会议。通过了《中国人民政治协商会议共同纲领》。会议中，毛泽东风趣且又十分感慨地讲："我们打了几十年的疲劳战，打出来了一个中华人民共和国，今天是建国的第一天，又是一个疲劳战了。我没睡几个小时，到天安门上还要站几个小时。看来咱们的命运就是打疲劳战吧！"

开国大典时毛泽东观看游行队伍

时间到了两时五十分，毛泽东站起身来，昂首挺胸地走向天安门，参加开国大典！①

新中国成立后，毛泽东日理万机，常常因为工作繁忙忘了吃饭，直到很饿了才叫卫士搞点吃的，吃饭时经常三下五除二把饭扒拉干净，接着又干工作。

逸闻趣事

"快给我吃，不得了啦。"

一天，卫士李家骥值正班。上一班的同志交代："主席一天一宿未睡，只吃了一顿，要劝主席吃东西，早点睡觉。"

_____

① 参见：王朝柱：《开国领袖毛泽东》，新世界出版社 2009 年版。

接班后，李家骥来到毛泽东办公室，见毛泽东正忙着写材料，便一边续水一边说："主席，时间太长了，搞点东西吃吧？"毛泽东没抬头也没吭声。李家骥以为不便再问，刚要走，见毛泽东眼睛盯着写字的纸，却抬起胳膊用铅笔在右上方比划一下，李家骥以为他是胳膊累了，活动一下，没往别处想，又回到值班室。

"叮……"不到20分钟，突然毛泽东叫卫士的铃响了。李家骥很高兴，连跑带颠地来到毛泽东办公室，问他是不是搞饭吃。只见他一愣，有点奇怪地说："我不是让你拿馒头片，怎么没拿来呀？"

李家骥也愣了，但马上反应过来，毛泽东要吃东西，赶快办才对。于是李家骥马上说："好，立刻拿来。"说完就朝厨房跑去。

来到厨房，见高师傅刚刚蒸出一笼馒头，便急忙说："高师傅，主席等着要吃东西，快点切片。"李家骥准备小菜。不到两分钟，便把毛泽东吃的馒头片以及平时常吃的辣椒、腐乳等小菜准备好了。

李家骥用小跑的速度来到毛泽东办公室，还没等走到他身边，毛泽东便伸手去抓馒头片，口里还说："快给我吃，不得了啦。"还没等李家骥把餐具和简单的饭食放稳，毛泽东已开餐了！他一手抓起几个馒头片并在一起，一口咬下一大半。

李家骥看到毛泽东饿成这个样子，难过极了，双眼噙满泪水，忙去给他倒了一杯热水。毛泽东头也不抬，边吃边说："好香。"毛泽东这么一说，李家骥更不好意思。李家骥带着检讨的口气说："主席，我没有做好工作，让您挨饿了。"毛泽东不介意地说："不能这么说，我的工作没搞完不能吃饭。因为这项工作关系到前方战场。时间就是生命，我早一分钟决策，就可能少一些牺牲，拖延一分钟就可能造成大灾难。"

毛泽东匆匆地吃了顿饭，稍稍休息又投入了紧张的工作。[1]

吃饭快也跟性格有关。毛泽东做事雷厉风行，想做的事立即就得

---

① 李家骥、杨庆旺：《领袖身边十三年》，中央文献出版社2007年版。

做，不拖拉，吃饭也一样，他不愿在吃饭上浪费太多时间。凡是跟毛泽东一起吃过饭的人都知道，他吃饭快，与他一块吃饭常常吃不饱。

逸闻趣事

陪毛泽东吃饭吃不饱

王任重在50年代常陪同毛泽东视察和吃饭，他说："陪主席吃饭吃不饱，我们没有吃完，老人家就吃完了。接着吃不礼貌，不吃又不饱，真没办法。"

有时来客人，毛泽东吃得也快，自己扳不住，他也知道自己吃得快，怕客人吃不好，便劝人家别急，慢点吃，他便抽起烟来，一边吸烟一边陪坐，等客人吃好再离开。①

毛泽东与王任重、张体学。

从健康和养生角度讲，吃饭快是个很不好的习惯，食物没有经过充分咀嚼，没有唾液的预消化直接进入胃中，胃里一下子进去很多食物，很容易造成蠕动慢，消化不良。但毛泽东已经养成并适应了这种饮食习惯，胃口一直很好，这不能不令人称奇。

●吃饭"不老实"●

毛泽东常常利用吃饭的空余时间看书，有时一手拿筷子一手拿着书报。他吃菜常常不品味，也不看着盘子夹菜，眼睛盯在书报和文件

① 参见：顾奎琴：《毛泽东保健饮食生活》，广东人民出版社2003年版。

上，想的也是书报文件上的东西。

"刚才还咯吱咯吱的，怎么一下子变那么绵软呢"

一次卫士封耀松值班，早已过了吃饭的点，趁送暖水袋时提醒毛泽东该吃饭了。他正在批写什么，头也不抬说："怎么又吃饭了？"

封耀松说："您已经快十个小时没吃东西了。"

"有这么长时间了？"毛泽东把最后几个字写完，抬头望望他，又望望窗外，想了想说，"嗯，那就搞点饭吧。"

封耀松用竹篮子把饭菜提来，四菜一汤，一碗二米饭，两个小碟：辣椒和霉豆腐。毛泽东吃饭手不离卷。他斜坐在木椅上，两眼盯着报纸。大概是看到一篇好文章，他两目有神，神色随着报纸的内容起伏变化；嘴巴无滋无味，单调地重复咀嚼动作；右手像一只机械手，在菜盘和嘴之间运动，筷子始终落在最靠前的一个盘子的一边。结果，一盘炒空心菜只夹了少半边，筷子便夹不着菜了。

封耀松悄悄转动菜盘，让毛泽东的筷子落在有菜的位置，又及时将荤素两盘菜换个位置。

"嗯？"毛泽东嚼了几口，突然一怔，目光转向饭桌，露出警惕之色，似乎在说，"味道不对呀！"他想吐掉嘴里的菜，封耀松忙说："是我把两盘菜掉了个儿。"

"嗯。"毛泽东松口气，咽下嘴里的菜，"我说不对劲么。刚才还咯吱咯吱的，怎么一下子变那么绵软呢……"他目光又转

毛泽东与封耀松合影

向报纸。

"主席，吃饭的时候不要看了，影响消化。"封耀松这点儿知识是保健医生教的。

毛泽东倒听劝，放下报纸端起碗，三扒两划将饭送入口，便撂了筷子，拿着报纸朝办公桌走去。[①]

毛泽东吃饭"不老实"的另一个表现是"擂鼓"，一边夹菜吃饭，一边双脚在地板上不停地拍打，发出咚咚的声音。

逸闻趣事

"这是锻炼么，可以帮助消化。"

1963年12月26日毛泽东和周福明合影

有一次，卫士对他这一习惯不甚理解，便问："主席，你为什么每次吃饭都踩地板呀？"

毛泽东回答说："这是锻炼么，可以帮助消化。"而且，毛泽东为他这一独特的锻炼方式取了一个动听的名字："擂鼓"。

的确，每当毛泽东"擂鼓"时，虽不说惊天动地，但响声之大，节律之快，就连在大门口值外勤的警卫战士也能清晰听到。后来，毛泽东住地附近的不少人只要一听到"擂鼓"声，便知道毛泽东开始用餐了。

毛泽东很长一段时间都是在一张小藤桌上用餐。这张藤桌四条腿绞在一

---

① 参见：顾奎琴：《毛泽东保健饮食生活》，广东人民出版社 2003 年版。

起，不太高，毛泽东坐在床沿上吃饭时，双脚踏不到藤桌格条上，脚后跟不着地，而且身子还要稍稍前倾一些才行。坐在这样的桌子前吃饭"擂鼓"，确实令人痛苦难受。

后来周福明调到毛泽东身边工作。他不仅做毛泽东的理发员，而且兼做卫士和其他杂勤。小周年轻胆大，脑筋灵点子多。他见毛泽东喜欢吃饭"擂鼓"，而藤桌又小又矮，便想为毛泽东做一个较合适的餐桌。

周福明设计的小餐桌

有一天，毛泽东请小周陪他一起吃饭，小周见机会来了，便一边吃饭一边与毛泽东商量起来。小周说："主席，我帮您设计一张新桌子吧，您这么吃饭多累呢！"

毛泽东不大相信小周会做桌子，但还是同意让他试一试。于是小周对他说："主席，您坐着，我来量一下尺寸。"然而，小周身边未带卷尺，毛泽东卧室里也没有尺子，于是他就地取材，拿起一张《参考消息》做起了尺子。小周陪着吃完饭后便立刻奔回值班室，用卷尺重新量了尺寸。

小周设计新餐桌时考虑到毛泽东是坐在床沿上吃饭的，而床沿比一般的凳子要高出许多，于是便相应地将正在设计的桌子抬高了几厘米。同时，他还在桌下设计了一块一尺来宽的木板，该木板呈45度角倾斜，离地几厘米。小周想，主席吃饭"擂鼓"时就可以双脚踩在这块木板上了。设计好后，小周便把制作任务交给了中南海木工班。不久，木工班就按照小周的设计做出了新餐桌。

新餐桌搬进毛泽东卧室时尚未油漆。毛泽东坐上去试了试，甚为满意。从此，毛泽东便一直坐在这张造型独特的餐桌上吃饭、"擂鼓"。不过，工作人员都觉得，新餐桌也带来了"副作用"，因为毛泽东"擂鼓"的声音更大了……

毛泽东很喜欢这种独特的一人餐桌，工作人员为此多做了一张以作备用。后来，摆放床头的那张小餐桌刷上了漆，亮亮的，很是醒目。毛泽东每天就坐在这张餐桌旁用餐，因为饭菜温度高，时间一长，刷亮的餐桌上烙下了许多印痕。工作人员见此，便准备在上面铺一张桌布，但这一变换必须征得毛泽东的同意。毛泽东听罢建议，一口谢绝。他说："这样不是很好吗？为什么要改变？每天吃过饭，只要用抹布一擦，干干净净的，多方便多省事，不要浪费那个桌布钱了。"

毛泽东平时吃饭也不愿一个人，总要招呼身边的卫士或秘书跟他一块吃，说说笑笑，边吃边聊。

逸闻趣事

"同你们边吃边聊，我就换脑子休息。"

毛泽东说："我一个人吃不下饭，和你们边吃边聊，我可多吃一点饭。"

他还说："工作时，我全部精力用在办公上。如果我一个人吃饭，没有人说话，我脑子还会在办公桌上。同你们边吃边聊，我就换脑子休息。"

工作人员怕他吃饭时还在考虑问题，得不到休息，也就乐意陪他边吃边聊，让他心情愉快，"换脑子"休息休息。[1]

---

[1] 李敏、高风、叶利亚：《真实的毛泽东》，中央文献出版社 2003 年版。

≫个性的口味

时至今日，一说起毛泽东的饮食，大家立即就会想到辣椒和红烧肉。的确，香味与辣味是毛泽东比较喜欢的两种口味；但毛泽东也喜欢清淡口味和苦味，这一点大家知道的比较少。虽然只是饮食的四种口味，但深究起来，却蕴含着深奥的意趣。

●喜欢辣味●

毛泽东在日常饮食上保持着湖南人喜辣的习惯，吃饭离不开辣椒，这是毛泽东饮食的一大特点。"菜无论荤素，皆以辣子佐之"，以辣得满头大汗为乐事。平时吃饭，有菜没菜都可以，可辣椒是不能少的。不管是在战火纷飞的年代，还是在新中国成立后的二十几年间，辣椒陪伴了毛泽东的一生。

在战争年代，辣椒随身好带且能御寒，除湿气，确实是饮食中必备的东西。当时能吃上一顿辣椒，对毛泽东来说就是美味佳肴了。没有别的菜，毛泽东就用黑面馍夹点辣椒便是一顿饭，还吃得蛮香。在延安还盛传"毛泽东就着西瓜吃辣椒"的佳话。

逸闻趣事

"这辣椒是从哪里弄来的？"

1930年5月，毛泽东在江西搞调查时，他的警卫员知道毛泽东爱吃辣椒，便一大早跑出去挨家挨户地寻找。

在江西，辣椒并不是每家每户都有。警卫员找了好久，终于在一位老乡家的窗前，发现了几串晒干的红辣椒。于是，警卫员兴奋地跑过去。

警卫员指着挂在窗前的红辣椒，向老乡问道："我们首长爱吃辣椒，不知你的辣椒能不能给我一点？"

老乡听了，二话没说，伸手就摘了一串鲜红的辣椒送给警卫战士。

吃饭的时间到了。在毛泽东的饭菜中，多了一碗红红的辣椒。

毛泽东非常高兴，坐到桌子旁，一边举筷品尝，一边问道："这辣椒是从哪里弄来的？"

"向老乡要的。"警卫员得意地回答。他想，这下毛委员可要表扬我了。

没想到，正在兴致勃勃地吃辣椒的毛泽东却放下筷子，站了起来，说："要的？"他走到警卫员跟前，和蔼地问道："参军后，连长给你讲了'三大纪律，八项注意'没有？"

警卫员有点丈二和尚摸不着头脑："没有。"

"这件事不能怪你，主要是我们对新战士宣传党的政策不够，教育还跟不上。一会儿告诉连长，叫司务长从我的伙食费里把辣椒钱给老乡送去，还要向人家道歉。"毛泽东耐心地对警卫员解释起来。①

"果真不辣，这真叫大而无用。"

一次，毛泽东在搞农村调查时，为了酬谢帮助他调查的群众，请他们吃饭。这顿饭有两道菜：一碗豆角和一小碗炒灯笼泡辣椒。

毛泽东的筷子只夹了点豆角，那一碗辣椒连碰也没碰一下。

"毛委员，你不吃辣椒吗？"有人觉得奇怪。

毛泽东笑着回答说："吃的，不过近来胃不太好，不大敢吃。"

在座的群众向毛泽东介绍说："这是我们本地的辣椒，叫灯笼泡。别看它个大，却不辣。"

"哦，是这样，我们湖南的辣椒可不同，虽然都是小指头那么

---

① 参见：顾奎琴：《毛泽东保健饮食生活》，广东人民出版社 2003 年版。

小，却辣得厉害。"毛泽东一边说，一边夹了半个大辣椒，试着咬了一口，嚼一嚼，笑着说："嘿，果真不辣，这真叫大而无用。"

毛泽东又咬了一口，幽默地说："凡事不能光看外表。像它，看起来样子这么大，以为一定辣得厉害，可它实际上却一点不辣。湖南椒虽然小却辣得很。正像现在反动派一样，别看他表面上强大，其实却是中间空空的'灯笼泡'，而我们个个都是'湖南椒'。"

一席话，说得大家都笑了起来。①

"那碗辣椒到哪里去了？"

在江西瑞金的时候，有一次，为吃辣椒，毛泽东还和贺子珍发了脾气。那时正值盛夏，贺子珍为毛泽东炒了一碗辣椒。毛泽东一连吃了好几顿，还舍不得全部吃光。贺子珍端出来一闻，这才发觉辣椒早变味了。于是，贺子珍将剩下的辣椒都倒掉了。

中午，毛泽东回来了，一边洗脸，一边问道："那碗辣椒到哪里去了？"

贺子珍回答说："倒掉了。"

毛泽东一听这话，顿时火起，连洗脸盆带水全扔到地上了。贺子珍气得跑了出去，到晚上才回来。

事后，毛泽东了解到事情的原委，很后悔当时的鲁莽。不过对于那点辣椒，他仍觉得可惜："把它再煮一下，是不是吃了不要紧？"②

"这个辣子我吃不下！"

1936年2月，毛泽东亲率一军团、十五军团和第二十八军，东渡黄河，渡河前厨师老高准备了一包辣椒。不料在偷渡黄河过程中，竟把那包辣椒弄丢了。渡河部队占领留誉镇后，才发现，再找已经来不及了。

开饭时，毛泽东兴致勃勃地走来，一见没有辣椒，脸沉了：

---

① 参见：顾奎琴:《毛泽东保健饮食生活》，广东人民出版社 2003 年版。
② 王伯福:《毛泽东轶事大观》，山东人民出版社 1997 年版。

"哎，辣子呢？"老高像犯了错误似地低着头解释，以为毛泽东一定要发火。没想到他反而安慰起老高来："没得事，没得事，情况特殊么。"结果，毛泽东草草地吃了一顿毫无辣味的饭。

这天饭后，老高找到卫士小白，要他想点法子找些辣椒来。小白当时不到18岁，个子又小，像个大小孩，便化装成小贩，到街上买辣椒。

小白从留誉镇这头走到那头，竟未买到一个辣椒。后来，他冒险跑到30多里外还是阎军占领的中阳镇，才买到半斤干辣椒。

晚上，老高用辣子作料，给毛泽东做了菜，并用油炸了一小碟切成一小段一小段的红辣椒。毛泽东看到油炸辣椒，馋了，抓起筷子就夹了一段放到嘴里嚼起来。大概太辣了，他半咧着嘴，边吹气，边说："哇，好香呀！"

忽然，他好像想起了什么，放下筷子问老高："这辣子从哪儿弄的？"

老高如实说了。毛泽东严肃起来："怎么能费这么大的劲为我弄辣子呢！"他把碟子朝桌边上一推，"这个辣子我吃不下！"果真，他再也没向那个辣椒碟子伸筷子。

饭后，毛泽东把小白叫了去，说："小白，我谢谢你。以后，可别再这么做了。"

毛泽东严于律己，关怀部属的精神深深地感动了身边的同志。后来在霍县城边的一个村子里，碰到了一个卖干辣椒的摊子，小白一下子就把摊上的辣椒全买了下来，鼓鼓囊囊地装了一大包。

谁知，这天的辣椒端上桌，毛泽东却叫撤下去。他说："你们总想让我吃得满意些，可是部队连饭都吃不饱了。我不吃这个，标准高了。"

"吃点辣椒，不算特殊。"小白忍不住嘟囔了一句。

"在平时，是不算，可现在就不同了。"

见小白还站在那儿嘟着嘴，就说："别愣在那儿给我提意见了，快吃饭去吧！"

四月初，部队攻下了襄陵镇，还捉了阎锡山的一名县长，毛泽东高兴了，对小白说："告诉老高，给我做一碟油炸辣子。"

老高迅速动手，饭菜一会儿就做好了。菜有油炸辣子和毛泽东最爱吃的红烧肉等。开饭了，他只吃一块红烧肉，却把一碟辣椒吃了个净光，辣得满头大汗，显得很开心。①

送给斯大林的特殊礼品

1942年，斯大林派人给毛泽东送来了丰厚的礼品。回赠什么东西才能与这些厚礼相称呢？爱吃辣椒的毛泽东很自然地想到了他最为珍贵的辣椒。毛泽东给斯大林写了封信，让人缝了个大布袋，装上他亲

毛泽东访苏时与斯大林在莫斯科

手播种、培育、收获的红辣椒。毛泽东说："延安这里，没有什么特别的东西，我就给斯大林同志送这点礼品，表示我的谢意吧。"

于是，这袋毛泽东亲手种的辣椒便越过千山万水，飞到了苏联最高统帅的手中。②

自己开荒种辣椒

1949年，毛泽东住在北京香山双清别墅。为了能让毛泽东吃上可口的饭菜，警卫班的战士在自己住的院子里，开垦了一亩地，种上了毛

---

① 《毛泽东的特殊爱好》，《纵横》1994年第五期

② 王伯福：《毛泽东轶事大观》，山东人民出版社1997年版。

1949年毛泽东在北京香山

泽东喜爱吃的辣椒和其他蔬菜。

一天，毛泽东散步来到警卫班的院子里，意外地看到了绿色的小苗苗。他弯下腰，仔细地端详了一会儿菜苗，笑眯眯地说："我几天没来，你们这里就大变样了。"

战士们看到毛泽东露出了满意的笑容，便七嘴八舌地告诉他："这些辣椒是特意给主席种的。""咱们现在住在这里，有条件自己种菜了。"

"谢谢你们。"毛泽东站起身，拍了拍手上的泥土，风趣地说："不劳动者不得食，我没有参加劳动，怎么能白吃呢。下次浇水时，我也来浇。我参加了劳动，以后吃的时候就理直气壮了，吃起来也就更香了。"①

"你能帮助我搞点湖南辣椒吗？"

毛泽东平时吃饭顿顿离不开辣椒，没有辣椒，他吃起饭来就觉得没有味道，但医生又偏偏不让他多吃辣椒。这对毛泽东来说，是非常难受的。

1956年，毛泽东在武汉时，悄悄告诉湖北省委负责同志说："我身边的医生不许我吃辣椒，你能帮助我搞点湖南辣椒吗？"

那位同志设法从湖南韶山弄来了两斤辣椒，制成成品后，送到毛泽东那里。由于有了湖南辣椒，毛泽东每餐竟能多吃半碗米饭。但是纸包不住火，不久，这个秘密还是被保健医生发现了。②

①② 顾奎琴：《毛泽东保健饮食生活》，广东人民出版社2003年版。

正因为经过革命战争的洗礼，在奋斗与抗争中得到锻炼，毛泽东创造性地赋予辣椒以革命精神、不屈的斗争品格。他家乡有一首《红辣椒》歌，歌里讲：辣椒因为只供人食用，没有生活意义而感到不满；辣椒嘲笑白菜、菠菜、青豆的浑浑噩噩，没有骨气的生活；最终领导了一场蔬菜起义。毛泽东把辣椒放在蔬菜之王的地位，还赋予它革命性，可见毛泽东对辣椒的喜爱。

吃辣椒，从生理上讲可以考验一个人的胆量和魄力。这与毛泽东爱挑战的性格是一致的。所以他曾开玩笑说："能吃辣椒是革命的象征。敢吃辣才敢于革命，不敢吃就是不敢于革命。"只要一谈到辣椒，毛泽东总是把他的辣椒革命理论介绍一番，以至于很多领导干部、身边的工作人员为了表示自己的革命性主动吃起辣椒，连江青吃饭时还时不时地夹毛泽东的辣椒。

逸闻趣事

《辣椒歌》

有一次，毛泽东对工作人员说："大凡革命者都爱吃辣椒。因为辣椒曾领导过一次蔬菜造反，所以吃辣椒的人也爱造反。我的故乡湖南出辣椒，爱吃辣椒的人也多，所以'出产'的革命者也多。"有时他还唱起湖南的《辣椒歌》：

远方的客人你请坐，听我唱个辣椒歌，

远方的客人你莫见笑，湖南人待客爱用辣椒。

虽说是乡里的土产货，天天不可少，

要问这辣椒有哪些好，

随便都能数出十几条。

去湿气，开心窍；

健脾胃，醒头脑；

青辣椒，红辣椒；

剁辣椒，酸辣椒。

油煎爆炒用火烧，样样有味道，

没得辣椒不算菜，一辣胜佳肴。

远方的客人，你莫见笑，

湖南人实在哟，爱辣椒。

就连这说话，也带一点辣椒味，

出口哇哇响哎，听起火撩撩。

只要你细细品品味呀，你就会发现，

辣椒的后面，心肠好哇依子哟。

"辣椒是穷人的大荤。"

1936年7月15日至10月初，毛泽东在保安的窑洞里经常会见美国记者埃德加·斯诺，也经常请他吃饭。

有一次，毛泽东请斯诺吃饭，主食是馒头，另有一点辣椒、青菜和贺子珍用野果制的甜食。那时，毛泽东每月只有伍元的津贴，比士兵的生活待遇强不了多少。

毛泽东一边吃馒头、辣椒，一边风趣地对客人说："吃辣椒多少能反映一个人的斗争精神，革命者都爱吃辣椒……湖南就出了不少革命家，如黄兴、陈天华以及红军队伍中的彭德怀、罗荣桓、王震、贺龙等。而在世界上爱吃辛辣食物的国家，往往盛产革命者，如法国、西班牙、墨西哥、俄国……"

1939年，毛泽东和斯诺在延安的合影

斯诺倍感毛泽东伟大、可亲、平易近人，也乐观风趣地反问道："意大利人也是以爱吃辣椒和大蒜出名，怎么现在不出革命家，反而出了墨索里尼？"

斯诺举的这一个例子，把毛泽东问住了，接着他笑着说："辣椒是穷人的大荦。哈，哈……"①

新中国成立后，毛泽东的伙食还是相当简单，餐桌上总是两荤一素和一个荤素搭配的菜，但辣椒还是每餐必不可少的。有时是一盘辣椒酱，有时是一碟干炕辣椒，其中干炕辣椒都是整个儿炕熟的，有小红椒也有小青椒，都是很辣的那种，身边工作人员没人能咽一小口，毛泽东却能一口一个，而且吃得津津有味。辣椒是辣的开胃剂，增进食欲，没有辣椒，他吃起饭来就觉得没味道，甚至还影响到食欲。

逸闻趣事

"你们东北辣子还点着？乱弹琴。"

一天，毛泽东靠在床上批阅文件，卫士进来请他吃饭。这名卫士是新来的，毛泽东不放心，便用很浓的湖南口音问道："辣子拿来了吗？"

这位东北的小卫士听到毛泽东的吩咐后，忙朝厨房跑。可惜的是他搞错了，把辣子听成了蜡烛。大白天的要蜡烛干什么？卫士回来一进门便问："主席，蜡烛点着吗？"

毛泽东只顾批他的文件，头也不抬说："点着？你们东北辣子还点着？乱弹琴。去拿锅上炕一炕，要整根地炕，不要切。"

卫士愣了半晌，拿着蜡烛往外走。走到门口，还是忍不住，转过身来小心翼翼地又问了一句："主席，我……还不明白，怎么拿锅上炕？"

"不要放油，干炕就行。"

"可是……锅要放在火上吗？"

---

① 王伯福：《毛泽东轶事大观》，山东人民出版社1997年版。

毛泽东在床上读书

"不放火上怎么炕？蠢么！"毛泽东抬起头，有些不耐烦了，眉头皱起一团。

"可是，炕化了怎么办？"卫士欲走不能，欲留不敢，嘀咕着不知所措。

这时，毛泽东忽然笑了。他已经发现了那支蜡烛，越笑声越大，越笑越开心。小卫士不知所以然，只好陪着笑，是越笑越难堪。

"辣子，我要辣子。"毛泽东用手比划着，作了一个吃到嘴里的辣状，说："吃的辣椒。"①

在吃辣椒上毛泽东也有自己的特点：

第一，喜欢吃很辣的辣椒。

第二，辣椒基本是整个做的。

第三，辣椒的做法以干炕或油煎为主。

第四，辣椒单独作为小菜，炒菜基本上不放辣椒（除非有的菜里面必须有辣椒，如辣子鸡、回锅肉等）。

四菜一汤举例：

主菜：烤鳊鱼、荷包豆腐、烧丝瓜、韭菜、猪蹄汤。小菜：炒青椒、五香鱼、糖蒜。

主菜：炒小鸡、炒肉片、烧大白菜、鸭血豆腐汤、烧瓠子。小菜：青虾、烤青椒。主食：米饭、馒头。

主菜：冬笋肉丝、烧鲜鱼、焖小鸡、烧荷兰豆、菠菜汤。小菜：辣鱼、辣子。主食：米饭。

---

① 黄允升：《开国领袖毛泽东逸事》，中央文献出版社1999年版。

毛泽东晚年依然不改食辣习惯。当时，他罹患多种顽疾，连吞咽都已十分困难，但还时常想吃一点儿辣椒。于是工作人员便用筷子在辣椒酱里沾上一点点，送到他嘴里。他高兴地说："好香噢，一直辣到脚尖了！"

喜食辣味，能刺激食欲，使毛泽东每顿饭吃的更香；这种"辣"，也反映着毛泽东富于挑战和抗争的精神、不屈不挠而又热情奔放的个性、忘我的工作热情和对人民的赤子之心。

●喜欢油大●

毛泽东吃菜喜欢油大，他吃的是混合油，并亲自规定：猪油与植物油3:7混合，植物油主要是花生油和茶籽油。工作人员把3斤猪油炼出后与7斤花生油或茶籽油混合，加入葱姜大料熬一下装入容器备用。毛泽东喜欢吃这种油，觉得做的菜"香"，尤其是炒素菜，吃在嘴里很"滑"又软，口感好。关于植物油与猪油（动物油）哪种更有利于健康，争论很大，现在普遍的观点是以植物油为主加少量动物油，这与毛泽东的吃法吻合。虽然当时不懂得油的提炼加工，但花生油、茶籽油加猪油的混合油，已经是比较科学了。

逸闻趣事

"谁叫改的谁去吃！"

一次，保健人员怕毛泽东吃的猪油脂肪、胆固醇太多，让厨师用别的植物油炒菜。结果他的嘴还真灵，一下子就吃出来了："你们的菜是怎么做的，不香啊！"

工作人员说："医生说了，您不能吃猪油。"

他一听就不高兴了，说："我怎么不能吃猪油？"

"脂肪太多了。"

"我说菜怎么不香呢，你们给我换了油！"

"他们是为了您的健康……"

不待说完，毛泽东就很不客气地说："谁叫改的谁去吃！"

见毛泽东生气，工作人员只好换油重新炒菜。[①]

除了辣椒之外，红烧肉是毛泽东另一大饮食爱好，他爱吃很肥的红烧肉，吃起来香，瘦的不过瘾。有关毛泽东喜欢吃红烧肉，最早的记载是：据毛泽东的同学周世钊和蒋竹如的回忆，1914年毛泽东进了湖南第一师范以后，该校每星期六打"牙祭"吃红烧肉，用湘潭酱油（老抽）加冰糖、料酒、大茴（八角）慢火煨成，肉用带皮的"五花三层"，八人一桌，足有四斤肉，那时毛泽东就爱吃这个菜。

毛泽东参加革命后，吃过江西的红烧肉，也吃过福建的红烧肉，到达陕北后，又吃过陕北的红烧肉。后来所谓的"毛氏红烧肉"是有其源流的。不过战争时期条件艰苦，很难吃上一顿红烧肉，以后条件稍微好点了，偶尔能吃上几顿解解馋。

逸闻趣事

在延安吃红烧肉

1939年元旦过后，延安比较困难，惠金贤所在的警卫二连刚调来不久，经济困难。快过春节时，食堂的炊事员杀了一口猪，毛泽东派管理员慰劳二连半爿猪，还带了一封热情洋溢的慰问信。

二连怎么办？大家一商量，干脆过春节时请毛泽东来吃一顿饭。研究定了，由指导员张吉厚出面请毛泽东。张吉厚在春节那一天，就去了。

"饭我就不吃了，谢谢你们的好意。你回去跟大家讲清楚。"毛泽东说。

张吉厚不走，选张吉厚去请就是因为他能说。他说："主席，全

---

① 顾奎琴：《毛泽东保健饮食生活》，广东人民出版社2003年版。

连的干部战士推选我来请你，你不去，我交代不了。"

"哟，看来你是下命令了？"毛泽东说："那不去不行了，你就请了我一个？"

"就请你一个。"

"还有其他人吗？"

"没有。"

"那我再推荐几个行不行啊？"

"行啊。"

"周恩来、任弼时……好，就这样定了，往下通知。"毛泽东说。

连队没有专职炊事员，都不会做菜，连长惠金贤临时指定三排长杨起云负责做饭。杨起云就按陕北人的习惯，摆了八大碗。尽是大肥肉，三尖大块，一块一两多，足有拳头大。

毛泽东望着满桌子大红肉块，吃惊地问："你们陕北就这么会餐，这大肉块子谁能吃得了？"

惠金贤说："咱们在陕北，当然要按陕北的习惯来了。"

"那你带个头，先吃下一块。"毛泽东说。

"我吃肉不行，"惠金贤说，"我给你找个人。"

毛泽东用筷子夹了夹，笑着说："这是谁的杰作？"

"杨排长做的。"惠金贤回答。

"那请他先吃。"

杨起云能吃肉，拿起筷子，夹了一大块，放进嘴里，几下子就滑下去了。他一连吃了两块，毛泽东鼓掌："你真行啊。"

惠金贤说："主席你也吃一点。"毛泽东看看肉都可以用"巨大"来形容了，还是犹豫，说："分成几块，几个人吃行不行？"

惠金贤说："行嘛。"

毛泽东小心翼翼地用筷子夹了一小块，先用舌头舔了舔，感觉还行，又努力咬了一大口，这时候香味全出来了。

在战争年代吃红烧肉，成为他除辣子之外的又一大嗜好。他在打

1947年7月毛泽东在陕北小河村与机要人员合影。

了胜仗或写文章过度用脑后，提出的要求只是一碗红烧肉。①

其实，毛泽东在延安吃红烧肉的机会很少，都说他爱吃红烧肉，那只是特定环境下的特定嗜好。在这种艰苦条件下，肚子里没有油水，偶尔有一顿红烧肉，能不喜爱吗？那时爱吃红烧肉不是毛泽东一人，基本上都爱吃，见点肉馋得不得了。红烧肉在当时环境差、工作强度大、基本上都缺营养的条件下，起到补充能量的积极作用，用毛泽东的话说"吃红烧肉补脑子"。

逸闻趣事

"搞碗肥些的红烧肉，吃了补补脑子。"

1947年，人民解放军在沙家店战役中，打了个大胜仗，俘敌6000余人。已经三天两夜没睡觉的毛泽东，看过两三封电报之后，在帆布躺椅上坐下来，对李银桥说："银桥啊，你去想想办法，帮我搞碗红烧肉来好不好？我要吃，要肥的。"

李银桥答应说："打了这么大的胜仗，吃碗红烧肉还不应该？我马上去搞！"

———————————
① 参见：顾奎琴：《毛泽东保健饮食生活》，广东人民出版社2003年版。

毛泽东疲倦地摇了摇头，用很缓和的语气强调说："不是那个意思。这段时间累了，用脑子太多，你给我搞碗肥些的红烧肉，吃了补补脑子。"

听毛泽东这么一讲，李银桥心里顿时感到难过起来：毛泽东已是三天两夜没合眼了啊！

走出窑洞，李银桥遇上了周恩来，向周恩来讲了毛泽东的想法；周恩来便同李银桥一起，去找了厨师高经文。周恩来叮嘱道："高经文同志，这碗红烧肉一定要做好；以后只要有条件，就要给主席做些肉吃，即使没条件，也要想想办法，要千方百计。"

1962年4月毛泽东和卫士长李银桥合影

时间不长，高经文精心烹制的红烧肉做出来了，色泽红润，肥而不腻。周恩来用鼻子闻了闻香味儿，很满意地笑了一下："不错嘛，快给主席送去！另外不要忘了炒辣椒！"李银桥马上将这碗冒着热气的红烧肉连同一盘炒辣椒一起端给了毛泽东。

毛泽东一见红烧肉，立刻来了精神，随即起身接碗在手，先用鼻子深深地吸一吸香气，两只眼睛眯成了一条线，连声赞叹说："香！啊，真香！"

李银桥双手递过筷子，毛泽东伸出大手把筷子一抓，不管三七二十一地就是几大口肉，再夹几筷子炒辣椒，顷刻之间就三下五除二地把肉和辣椒都吃了个精光。

毛泽东身边工作人员都知道，他爱吃红烧肉。每逢大的战役或连续工作几昼夜后，身边工作人员就想办法给毛泽东搞到一碗红烧肉。

1949年，济南解放。毛泽东非常高兴，手里挥动着攻克济南的电报，将胜利的消息告诉卫士们。一个卫士调皮地将打胜仗与红烧肉联系起来："主席吃了红烧肉，指挥打仗没有不赢的。"

毛泽东在延安转战途中

毛泽东听了，哈哈大笑："红烧肉就是补脑子嘛！"①

"脑子是要补，可是也要讲条件"

1947年底，当时延安大食堂断了粮，战士们天天吃煮黑豆，吃得人人胀肚，没完没了放屁。毛泽东生活也很苦，他常用手在额头上用力揉搓。工作人员们心里很急，粮食都吃不到，还去哪里搞红烧肉啊？凑巧贺老总托人从河东捎来一块腊肉，李银桥忙叫炊事员炒了一小碟给毛泽东。

腊肉端上桌，毛泽东问明来历后，便叫李银桥撤下去，说："你们想叫我吃下去，可是我怎么能吃得下去呢？"

李银桥争辩说："这是为了补脑子，为了工作，可不是为了享受。"

"脑子是要补，可是也要讲条件，条件不同，补脑子的方法也不同。银桥啊，你给我梳梳头吧。"毛泽东接着又给李银桥讲黑豆有营养，蛋白质足够脑子用，梳头可以促进血液循环，把有限的营养首先补充给脑子。

---

① 参见：顾奎琴：《毛泽东保健饮食生活》，广东人民出版社2003年版。

那块腊肉以后再没人动，一直保存到新年前，用来款待了由华东赶来开会的陈毅司令员。[1]

"一个星期给我吃两次肥肉，我肯定打败蒋介石！"

到西柏坡后，条件好了些，见毛泽东很劳累，卫士们便想搞点好的给毛泽东吃。知道了这种情况后，毛泽东嘱咐卫士们："你们不要为我吃的东西费力气，一个星期给我吃两次肥肉，那就足矣。"

打三大战役，他仍是用红烧肉补脑子。为了改善毛泽东的伙食，炊事员还是商量着多变些花样。可是，毛泽东对

1944年毛泽东在延安

李银桥说："不要乱忙，我不是为了吃口味，你弄了我也不吃，我就是补补脑子好工作。你只要一星期给我保证两顿红烧肉，我肯定打败蒋介石！"工作人员们照他说的办了。他果然彻底打败了蒋介石。[2]

新中国成立后几十年，他还是始终不渝地喜欢这道菜，如果问他要吃什么，他就不由自主地点红烧肉。

逸闻趣事

"是不是最近张飞没赶集了？"

解放后，毛泽东将主要精力投入到国内建设，往全国各地跑的也多了。1953年，毛泽东在杭州住了3个多月，主持写出了我国第一部宪法。他还以极大精力关注农村和农业生产，并且主持制定了过渡时期

① 参见：李银桥、韩桂馨：《在毛泽东身边十五年（修订版）》，河北人民出版社2006年版。
② 参见：王伯福：《毛泽东轶事大观》，山东人民出版社1997年版。

毛泽东在书房

的总路线。

这段时间，毛泽东下乡多，写东西也多。他写东西和指挥打仗一样，不分昼夜。这时，他吃饭总是很随便，要一催再催，才喝一茶缸麦片粥或吃一茶缸挂面，都是卫士们在电炉上给他做。但是有一条：每隔三四天，要给他来一碗红烧肉，而且要肥点的。

如果好长时间没有红烧肉，毛泽东便会亲自到厨房，诙谐地说："怎么，是不是最近张飞没赶集了？"

遇到这种情况，炊事员就给他做一碗，解解馋罢了。①

1959年开始自然灾害频繁，1960年是最困难的一年，这一年毛泽东7个月没吃一口肉，有时工作一天只吃一盘马齿苋或炒菠菜。由于营养不良，缺少蛋白质，毛泽东和很多群众、干部一样得了浮肿病，脚背和小腿肌肉都失去了弹性，一按一个坑。当工作人员劝他注意营养时，他却开起了玩笑："脚脖子都长胖了，你还说我缺营养。"

逸闻趣事

"不吃肉，不吃蛋，吃粮不超定量！"

三年困难时期，毛泽东曾多次到杭州。有一次在杭州住的时间较长，毛泽东明显的瘦了。卫士和服务人员看在眼里，疼在心上。他们想出了一个主意，把自己饲养的一头猪杀了，做了一锅红烧肉。开饭时，毛泽东还没走进餐厅就闻到了香喷喷的红烧肉味，嘴里不停地念叨着："好香哟！好香哟！"

---

① 顾奎琴：《毛泽东保健饮食生活》，广东人民出版社2003年版。

毛泽东看到餐桌上放着一碗红烧肉，劈头就问："这肉是哪里来的？"卫士们互相交换了一个眼神，没有回答。毛泽东严厉的目光在每个人的脸上移动着，气氛一下子紧张起来。

"主席，这是我们警卫班的同志自己饲养的，你吃点吧。"卫士恳切地说。

毛泽东心里热乎乎的，态度缓和下来："可不能破了我们定的规矩嘛。拿回去吧。"

"就这么一小碗，你就吃了吧"卫士眼眶里闪着泪花，再次请求说。

1960年1月1日，毛泽东同身边人员和浙江杭州工作人员在丁家山散步时合影。

"不吃，拿回去。"毛泽东态度很坚决。

"主席，这猪可是咱们自己饲养的，不是买来的，就一小碗，尝尝吧。"

毛泽东和卫士你来我往地争执着。毛泽东望着这些真诚可爱的小战士，慈祥地笑了。他意味深长地说："到全国人民都吃上猪肉的时候，再吃吧。"

"全国人民都在定量，我也应该定量。是不是肉不吃了？你们愿意不愿意和我一起带这个头啊？"毛泽东历来是交待了的事情就要照办。

大家爽快地回答："愿意！"

毛泽东听后高兴地宣布："那好。我们就实行三不：不吃肉，不吃蛋，吃粮不超定量！"①

———————————

① 黄允升：《开国领袖毛泽东逸事》，中央文献出版社 1999 年版。

弄巧成拙

1962年4月19日毛泽东在中南海颐年堂和机要秘书高智合影

有一次，毛泽东在颐年堂会见几位客人，让秘书准备饭菜，并陪客人一起吃。秘书和做饭的师傅心里十分高兴，心想这下总可以给主席改善一下伙食，让他吃点肉了。炊事员做了两个素菜、两个荤菜，其中一个是毛泽东喜欢吃的红烧肉。

吃饭时，秘书高智就坐在毛泽东身边招呼客人，为客人夹菜。当高智的目光落到毛泽东身上时，就见他夹一筷子素菜，吃些米饭，然后又夹素菜，可就是不碰荤菜。

此时，高智心中着急，但灵机一动，他一边劝客人，为客人夹了一块肉，一边趁机夹起一块红烧肉放在毛泽东碗里，毛泽东吃了些米饭，把这块肉也吃了。一会儿高智又给毛泽东夹了一块肉，毛泽东没说话，用眼狠狠地瞪了高智一眼，吓得高智再也不敢夹了。[①]

毛泽东吃的红烧肉在不同时期、不同地方、不同师傅的做法都不同。那么，真正正宗的红烧肉，是怎么做的，是哪个地方的呢？根据查找的资料来看，全国很多地方都有红烧肉，湖南、湖北、江西、北京等地都有，做法基本相同，只不过肉的品种、加工细节、配料稍有不同。但毛泽东吃的正宗的红烧肉来自三个地方：一是毛泽东的老家韶山，用传统方法做的红烧肉，应该属于最正宗的了；二是中南海厨师为毛泽东做的红烧肉，虽然每个师傅做法不尽相同，但根据毛泽东的口味、特点做成，做法大致相同，就是现在流行的毛氏红烧肉；三是毛泽东巡视到江西时在专列上吃的江西红烧肉，从口味上得到了毛

---

① 黄允升:《开国领袖毛泽东逸事》，中央文献出版社1999年版。

泽东的称赞，属于口味上的正宗。不管哪个地方，用什么方法做的红烧肉，毛泽东基本上都喜欢吃，只不过有的吃起来更过瘾而已。

逸闻趣事

正宗的韶山红烧肉

据毛泽东的侄女毛小青女士讲，正宗的红烧肉应该是猪的五花肉和红薯一起烧制的。其做法是先把红薯切块过油，硬皮，然后将五花肉腌制好，过油，最后将肉与红薯放一块，红薯在下，肉在上慢火炖熟。这样烧制出来的红烧肉，颜色诱人，鲜嫩可口，油而不腻，咸中带甜。

韶山属于山区，除了水田，再就是适合种植红薯，红薯的产量很高，是当地重要的副食。以前农民平时很少吃肉，只有在逢年过节才舍得吃上一顿。特别是过年时，招待客人总要有点肉吃，但肉不多，于是就想出了这种办法。这样，上面是红烧肉，下面是红薯，二者颜色相近，乍一看一大锅，既显得有面子，又能吃得饱，还解决了肉的不足问题。

从现代营养学观点来看，这种做法很有合理性：首先，红薯的营养价值不必多说，经常食用有益于健康；其次，红薯与红烧肉一起烧制，减少了单纯吃红烧肉的油腻性，也就是一次性吃的脂肪少了；最后，二者一块烧制，口味更佳。①

毛泽东与幼年毛小青

---

① 毛小青述。

正宗的中南海红烧肉

中南海的厨师为毛泽东烧制红烧肉是颇费心思的，因为红烧肉原料一般很肥，做熟后吃着香，考虑到脂肪多对身体不好，他们就想办法。首先，选用上好五花肉或肋条肉，皮上的毛燎刮干净后，切成酒盅大的肉块；然后先放入有少量葱姜和水的锅底爆煮，将肥肉中的油尽量煮出来；最后加少量豆豉炒干，再上糖色，加入少许黄酒、汤等，小火煨烧。这样烧制的红烧肉，肉虽肥，但油脂大都溢出，好吃又不腻。为了去肥腻，有时厨师还在肉中配放芋头或笋干。

正宗的江西红烧肉

1957年，毛泽东去江西，吃过火车上为他做的江西红烧肉。毛泽东吃过之后，流连忘返，不止一次说火车上的红烧肉好吃。

最后大伙研究为什么毛泽东喜欢吃江西的红烧肉。原来汪东兴是江西人，到江西后，他就从那边给毛泽东带来些新鲜猪肉，那时的猪

1963年毛泽东在江西南昌郊区

吃的都是农家粮，肉质好，而且做法也不一样。在火车上做饭的厨师，是经过挑选的，在做红烧方面很有经验，他把煨好的猪肉用烤箱烤一下，然后再烧。在烧红烧肉时，往大勺里扔几块大料、桂皮、葱姜，不放酱油慢火烧出来。其好吃的原因，就是在特殊地点、用特殊方式、用江西的猪肉做出来的。红烧肉做好后，切成很大的块，毛泽东能吃五六块。[1]

毛泽东爱吃红烧肉，但不能每天都让他吃，不然体重超标，高血压、心脏病都找上门来，就成问题了。可是不给他吃红烧肉，就违反了他的习惯，这不是跟他对着干吗？其实毛

---

[1] 顾奎琴：《毛泽东保健饮食生活》，广东人民出版社2003年版。

泽东并没有吃多少红烧肉，因为在打仗的时候没有条件吃。毛泽东有个特点，他要认准一个理儿，你想推翻，就得说出道理来，你说不过他，就得服从他，可你要把他说服了，他就听你的。最后工作人员跟毛泽东商量后"约法三章"：

第一，肉可以吃，但以瘦肉为主。他原来的老习惯就是吃肥肉。

第二，以解馋为主，解馋就是调调口味，不是一次把一盘全吃了。

第三，吃红烧肉的次数适当掌握。不能天天吃，一月吃两三次，这样营养补足了，又解了馋。

最后毛泽东同意了，厨师也就这样执行了。

逸闻趣事

"有人经常'搞点鬼'，不让我吃"

1955年4月，毛泽东家里的几位亲戚毛泽嵘、毛仙梅、文炳璋来到北京。毛泽东设便宴招待几位家乡来客。饭菜都是非常普通的几样，因为毛泽东今天特别高兴，还特意烧了一碗红烧肉。

吃饭中间，文炳璋有几分好奇地问毛泽东："主席你平常都喜欢吃点什么菜呢？"这时毛泽嵘抢着说："主席三哥最喜欢吃红烧肉呢！"因为毛泽嵘是第二次来了，他知道毛泽东爱吃红烧肉的习惯。

毛泽东高兴地说："泽嵘算是了解我，吃红烧肉可以补脑子嘛！不过喜欢归喜欢，也还不一定吃得到，有人经常搞点鬼，不让我吃呢。今天算是伴你们的福，沾大家的光啊！"

毛泽嵘有点愤愤然："主席三哥吃点红烧肉谁还搞什么鬼？"他心想，当了国家主席，不说吃什么山珍海味也就罢了，吃点红烧肉算得了什么？

毛泽东见毛泽嵘误会了他说的"搞鬼"的意思，就解释说："有人不让烧给我吃，这人就是江青，说什么红烧肉里含胆固醇太多，不能多吃。"

毛泽嵘搞不清楚什么是胆固醇，就大大咧咧地说："那有什么关系？主席三哥有空回韶山，我们餐餐搞红烧肉给你吃，吃它个饱，吃它个厌。"

毛泽东听了毛泽嵘随便说说的话，竟情绪高了起来。他兴奋地连声说："那好，那好啊！你们现在条件好了些，能经常吃到红烧肉了吗？"他说得很认真，话里带着一些期望。

没想到这一问，餐桌上顿时安静了下来，谁也不去回答毛泽东的问题。其实毛泽嵘这次来北京，就是要说乡下的情况，超征粮食，很多农民吃不饱。了解情况后毛泽东受到了强烈的震动，深感问题的严重，当即让秘书打电话，请在京的中央主要领导人都到他的家里来。后来，中央通过实地调查，发现地方上确实存在超征粮食的问题，立即予以纠正，维护了农民的利益。①

除了红烧肉之外，毛泽东还喜欢猪肘子、回锅肉等做的比较肥的菜，但经厨师烹饪加工后，含油量大大降低。四菜一汤举例：

主菜：红烧肉、炒海带、炒苋菜、沙锅鱼头。主食：汤面。

主菜：回锅肉、东安鸡、空心菜、木耳菜汤。小菜：花生米、小香肠。主食：蒸饺、米饭、稀饭。

主菜：东坡炖肘、青蒜炖肉、油焖白菜、素炒茼蒿。小菜：洋葱、鸡肝、糟豆腐乳。主食：桂花炒饭。

今天，营养界普遍反对多吃高脂肪的食物，毛泽东喜欢吃红烧肉，但有所限制，再加上粗粮、蔬菜的合理搭配，因此不利之处大大降低。

●喜欢清淡●

毛泽东喜欢辣味、香味，喜欢吃腐乳，应该口味厚重才对，怎么

---

① 参见：李琦：《毛泽东与联系群众》，中央文献出版社 2004 年版。

又喜欢清谈呢？其实这不矛盾，因为厚重与清淡所指的内容和角度是不同的，是对立统一的。毛泽东喜欢的清淡口味简单说就是：口味不重，少放作料，原料卫生，保持原汁原味。

第一，限制放盐。毛泽东规定每天吃盐不超过三钱，虽然这个量比我们现在规定的多，但已经有量的限制，他知道过量吃盐会造成心脑血管疾病。

逸闻趣事

"韩师傅不是韩师傅了，变成咸师傅了。"

有一次韩阿富师傅给毛泽东烧菜，盐放多了，菜咸了。

毛泽东把他叫去问："你这个大师傅姓什么？"

韩师傅不知道毛泽东说的是什么意思，就说："我姓韩啊！"

毛泽东看了看他说："我看你这个韩师傅不是韩师傅了，变成咸师傅了。"

1970年毛泽东和厨师韩阿富合影

毛泽东对工作人员工作缺点、错误的批评，既缓和又幽默，让他们能乐于接受和改进。[1]

第二，食物无污染。那个年代种植蔬菜及其他农作物很少使用农药、化肥，中央主要领导人吃的蔬菜、粮食、副食基本上是特供，种植基地使用农家肥，来源清楚。这样就保证了食物从种植、加工到采摘无污染。

---

[1] 李敏、高风、叶利亚：《真实的毛泽东》，中央文献出版社2003年版。

第三，原料新鲜。粮食吃的是当年的，蔬菜都是每天新采的，鸡鱼是现宰杀的，肉也是新鲜的。

第四，保持原样。粗粮粗做，原样煮熟、烤熟或蒸熟，如吃糙米、小米、各种豆、烤红薯、烤芋头等；绿色蔬菜新鲜做，蔬菜尽量不切碎，整个炒熟。

第五，多蒸煮炖，少炒炸烧，少放作料。做鱼，多清蒸多炖汤少红烧；红烧肉也是很少放酱油，或不放酱油，用糖上色，然后炖熟，并且少放作料（特别是味精），尽量保持原汁原味。常吃的米粉肉、粉蒸牛肉、梅菜扣肉以蒸炖为主。当然有的菜必须油炸、炒的另当别论，这样的菜吃得较少。炒的时候也不是一直炒熟，而是用油炒到微熟时放入鸡汤或奶汤，这样有菜有汤营养丢失少。炒菜时不放酱油少放调料，是一大特点。

逸闻趣事

"还是原汁原味好"

毛泽东在农村查看庄稼

毛泽东对作料不太感兴趣，他说："还是原汁原味好，这叫'保持本色'"。他一般不吃酱油，炒蔬菜时保持蔬菜的原色原味。做荤菜时作料能不放就不放，如果做某道菜必须放作料的尽量少放。有时做鱼头汤时，为了保持原汁原味，有的厨师就把生姜先熬成汁，然后把姜汁倒进鱼汤内，这样就吃姜不见姜了。

他喜欢吃野菜，工作人员就从河边、田地、山上采来，这样的菜更天然。有时工作人员在房前屋后种些辣椒、茄子、冬瓜之类的蔬菜，他吃得很开心、很高兴。

他告诉身边的厨师："一天不要超过三钱盐。"后来工作人员就做了一个小秤（类似天平），每天称盐，防止菜做咸了。毛泽东说咸鱼淡肉，因此大师傅做鱼的时候稍微多放点盐，做肉特别是红烧肉时少放盐。

他要求蔬菜整棵炒。这样能保持蔬菜的高纤维，能增强肠胃的蠕动，能减轻他经常性便秘症状，对防止心血管疾病，对维护身体健康起着重要作用。

"保持本色"一语双关，既反映了毛泽东生活的平凡，又折射出毛泽东精神的伟大。同时，毛泽东"本色"的饮食观，与当今提倡的科学饮食是一致的。

清淡的口味符合现代养生观，对预防一些慢性病很有好处，并且营养易充分吸收，在体内产生的垃圾和毒素少，内脏负担少。毛泽东清淡的饮食习惯，对维护他的健康起着重要作用。

●喜欢苦味●

毛泽东对苦瓜、苦菜、盖菜等苦寒类菜，表现出特殊的兴趣。他说自己能吃"苦"，是一语双关，既指身体上精神上能吃苦，也指饮食上能吃苦。战争年代行军打仗，鞍马劳顿，吃不好穿不好睡不好，毛泽东没怨言；受到打击、排挤能忍辱负重，最终奋起。饮食上毛泽东爱吃苦味的菜，一方面他了解苦性的东西有益健康，能败火、明目、清油腻、提食欲；另一方面毛泽东从小养成了吃苦味菜的习惯；还有一方面是忆苦，吃苦瓜、苦菜能忆起革命战争时代的苦日子，不忘本，更是为了激励自己、磨练自己。

"以苦为乐"

毛泽东与农民交谈

苦瓜是湖南农民夏季常常吃的家常菜，这种菜种在房前屋后，生命力很强，无需耗费太多精力。毛泽东同其他湖南人一样，钟情苦味的蔬菜。

毛泽东在小时就特别爱吃苦瓜，放牛的时候曾经去摘过人家的苦瓜。他用一根很长的木棍子，上边钉上一个钉子，往苦瓜上一扎，就把苦瓜弄了过来。后来，人家就去告诉毛泽东的妈妈，说："石三伢子（毛泽东的小名）用木棍子把我家的苦瓜都给扎走了。"一般的小孩子都不爱吃苦的东西，可毛泽东从小就爱吃苦，养成了吃苦的习惯。

他曾对工作人员说："苦瓜这种菜，我的家乡很多。有些人吃不惯，是怕它的苦味。我不但吃得惯，还一生都爱吃，就图它这个苦味。我这个人一生没少吃苦，看来是苦惯了，以苦为乐了！"①

毛泽东不仅自己吃苦味菜，还劝自己的子女、工作人员多吃，并给他们讲革命年代如何吃苦菜，度过艰苦岁月。

"哎呀，多好的菜，好吃得很啊！"

1950年初春，毛泽东到北京郊区视察，警卫王振海挖了不少苦菜。

---

① 参见：顾奎琴：《毛泽东保健饮食生活》，广东人民出版社2003年版。

毛泽东发现后，亲切地问他："你手里拿的这是什么啊？"

"是苦菜。"王振海回答。

"你吃过吗？"

"我小时候吃过。"

毛泽东点点头说："弄点给我吃好吗？"

"这些都可以给你！"王振海答道。

"这么多我一个人吃不了。你带回去大伙都尝尝。"

回城后，工作人员把一堆苦菜洗净，装了两大盘子。这天正好是星期天，李敏、李讷、还有叶子龙的两个姑娘燕燕和二娃都在。

晚饭开始了，毛泽东高兴地指着桌子上的菜对孩子们说："你们能不能吃苦？"

孩子们对他这个提问搞不清楚什么意思。李讷未加考虑地说："爸爸，在延安、西柏坡苦不苦，我都过来了，我不怕苦！"

"在莫斯科我们有时连饭都吃不上……"李敏接着说起在苏联卫国战争时的艰苦生活。

还没等李敏说完，二娃插话说："毛伯伯，我不怕吃苦。"燕燕听了大家的回答，似乎有点明白过来，对毛泽东说："毛伯伯你今天是不是在考我们啊？"

这时李敏、李讷也品过味道来了，说："爸爸在考我们。"

毛泽东笑笑说："说考也行，不说考也行。来吧，我们先吃这个菜。"这时他用筷子夹着苦菜就往嘴里送，边吃边说："哎呀，多好的菜，好吃得很啊！"

孩子们见老人家吃了苦菜，也都跟着吃起来。没吃几口，这四个姑娘直吧嗒嘴。李讷大声说："爸爸，好苦啊！"其他孩子也说："真苦啊！"

毛泽东边笑边说："我问你们怕不怕苦，你们说不怕，叫你们吃又说苦。"

"爸爸，你真坏，嘲弄我们。"小李讷撒娇地指责她的"小爸爸"。

1954年毛泽东和孩子们在一起

毛泽东被他的大娃娃批评了，也不生气。仍笑容可掬地解释道："爸爸怎么能嘲弄自己的大娃娃呢。你们太小了，解放前农民在三座大山压榨下，有的为了活命就是靠苦菜维持生命的。老百姓嫌苦能行吗？现在我们条件好了一些，常吃点苦菜、苦瓜有好处，它可以使我们不忘记过去，不忘记人民群众，还可以起调胃口的作用。你们医生叔叔就建议我吃点苦瓜苦菜，用这种办法调胃。"说着他又夹了一筷子苦菜送到嘴里。

孩子好像在听他讲故事，忘记了吃菜。他边嚼边指指说："快吃，别忘了吃菜。"

"爸爸，苦菜还有刺呢。"李敏好像发现什么似的。

"对啊，苦菜比苦瓜贡献大。"

接着他又深入浅出地讲起来："大革命失败后，我们在极其艰苦的条件下从事武装斗争。在长征的时候，有时连苦菜都吃不上。只好吃草根、树皮和皮带。在陕北国民党封锁我们，我们就开展大生产运动，顽强地活下来，还坚持抗战。我们就是靠这种不怕苦不怕死的精神战胜国民党反动派，建立新中国的，我们还要靠这种精神建设一个新中国。"

由于毛泽东把能不能吃苦和能不能革命联系起来，大家都好强地大吃起苦菜来。

毛泽东看看这几个天真的孩子接受了他的教诲，高兴地说："好，我们多吃一点。"大家吃得很有滋味，像不是吃苦菜而是吃甜菜。这顿饭都吃得很香，吃得也很多，有的菜还见了底。他拿起一个盘子，风趣地说："来，我们也来个三光政策。"说着把盘子里的一点菜汤倒入汤碗内。几个孩子也学着把汤倒入饭碗里。①

劝工作人员吃苦瓜

1962年的夏天，毛泽东在中南海游泳池游泳。卫士周福明给他提来了一盒饭，里面盛着粥、两块面包和一小碟苦瓜。毛泽东光把粥喝了，其余的留给了小周，让他吃掉。小周二话没说把面包吃了，只剩下那一小碟苦瓜。

"苦瓜为什么不吃呀？"毛泽东发现了问题。

"苦瓜，太苦。"小周回答。

毛泽东一听这话，一本正经地用手指着他说："你连这点苦都吃不了。"

为了表现自己能吃苦，小周几口就把苦瓜消灭了。至今，每当提起这件往事，周福明也觉得好笑："主席这么一说，我还能不吃？再苦也得吃。"不过这次之后，倒还真喜欢吃苦瓜了。②

1963年毛泽东在上海郊区参观葱地

毛泽东对苦瓜、苦菜的性能很了解，他认为苦的东西能败火、明目，更是以苦为乐。

---

① 参见：李琦:《毛泽东与联系群众》，中央文献出版社2004年版。
② 参见：亓莉:《毛泽东晚年生活纪事》，中央文献出版社2004年版。

逸闻趣事

"人吃点苦很有必要。"

有一次，毛泽东同工作人员一起用餐，菜中便有一盘苦瓜炒鸭肉。这是他很喜欢吃的一道菜。他劝工作人员多吃，千万不要怕苦。

他说："凡苦的东西，对人体都有好处，苦能去火明目嘛！人吃五谷杂粮，难免上火，有时生气也上火，这叫虚火。这种人吃点苦很有必要。我这个人也爱上火，所以命中注定要吃苦。不如主动去吃，免得火气太大。火气大，不是伤人，便是伤己噢！至于明目，更是它的大好处，我现在有点老眼昏花了，时时吃一点，免得看不清事理噢！"

毛泽东经常吃苦瓜，不过苦瓜多以小菜形式出现，例如：

主菜：寒菌蹄花、番茄炒蛋、素炒菠菜、鸡油瓢菜。小菜：炒小辣椒、干煸苦瓜、甜酸泡菜、糟白鱼。

主菜：红烧肉、炒芥菜、烧百合、沙锅鱼杂。小菜：炒苦瓜、酱豆腐。

主菜：萝卜丝鲫鱼、韭黄炒肉丝、煎茄子、烧口蘑西点。小菜：炒大肥肠、煎苦瓜。

从中医上讲，苦味对健康很有益：

第一，苦味可促进食欲。苦味能刺激舌头的味蕾，激活味觉神经，也能刺激唾液腺，增进唾液分泌；还能刺激胃液和胆汁的分泌。这一系列作用结合起来，便会增进食欲、促进消化，对增强体质、提高免疫力有益。

第二，苦味可清心健脑。苦味食品可泄去心中烦热，具有清心作用，使头脑清醒，更好地发挥功能。

第三，苦味食品可使肠道菌群保持正常的平衡状态。这种抑制有害菌、帮助有益菌的功能，有助于肠道发挥功能。

第四，苦味可泄热、排毒。中医认为，苦味属阴，有疏泄作用，对于由内热过盛引发的烦躁不安，有泄热宁神之作用。泄热、通便不仅可以退烧，还能使体内毒素随大小便排出体外。

"以后我就点这个菜——苦瓜炒鸡丁。"

毛泽东的厨师一般也不知道他确切的吃饭时间，每次做饭他们都是按食谱提前把料备好，接到通知就可随做随上。

有一次早晨5点多，于存师傅还躺在床上睡觉，他一听到通知说主席该吃饭了，就一骨碌从床上爬起来，人虽起床了但仍然迷迷糊糊。毛泽东这顿饭的主菜是宫保鸡丁，配料一般有鸡丁、花生米、黄瓜丁、葱花等。由于睡劲还没过去，所以，炒熟鸡丁后本应该放葱丁，他却把一盘苦瓜条"哐叽"就倒进鸡丁里去了，等回过神来，已经晚了，鸡丁就准备一份，想改已经来不及了，因为已经到了开饭的时间，毛泽东吃完饭就该休息了。所以这道菜只能如实地对他讲。

毛泽东与于存合影

当菜上来时，毛泽东盯着这盘"苦瓜炒鸡丁"也觉得奇怪，问："这是谁发明的？"

当知道事情经过时，毛泽东的兴趣就来了，第一口就吃了这道菜。因为工作差错，组织上对于存进行了批评。他知道后对于存风趣地讲："他们整你了吧？他们觉得不好，我觉得很好，以后我就点这个菜——苦瓜炒鸡丁。"[1]

常吃苦味，对促进毛泽东的健康起了一定作用，同时，也享受到了"以苦为乐"的崇高精神追求。

---

[1] 参见：亓莉：《毛泽东晚年生活纪事》，中央文献出版社2004年版。

≫家乡的挚爱

毛泽东说：遇家乡人，讲家乡话，喝家乡酒，吃家乡菜，是生活中一大乐趣。

毛泽东很恋旧，他穿过的衣服再破也舍不得仍，用过的东西再旧也舍不得丢，一件睡衣、一根竹杖、一双皮鞋……一用就是几十年。在吃饭上毛泽东也恋旧，总忘不了老家的菜，从他四菜一汤的菜谱上，总能找到湘菜的影子，招待客人也常用湘味。

毛泽东喜欢吃他的家乡饭，喜欢吃小时候吃的那些东西。比方说泥鳅啦，青蛙啦，河沟子里的小虾啦等等。别看这些不起眼的小东西，做起来很麻烦，有的厨师根本不会做，还要问他当时是怎么做的。

逸闻趣事

家乡的饮食习惯

有一次，毛泽东提出要吃泥鳅蛋羹，或是泥鳅豆腐，工作人员试着做了一次，他说："你们做的方法不对。"他们按照他说的办法，把泥鳅买回来，在清水中养上两天，再打上一个鸡蛋，泥鳅吐出肚里的脏东西，又吃进了鸡蛋，然后再把这小东西和豆腐一块做，叫泥鳅钻豆腐，毛泽东吃得可高兴了，他说："这是我进城以后吃到的小时候最喜欢吃的菜。"

因此，毛泽东四菜一汤中常常有泥鳅这道菜，如：

主菜：炒腰花、沙锅鳅鱼、炒油菜、烧豆角。小菜：洋火腿、炒海带。

主菜：红烧鸡块、粉条肉丝、炒苋菜、烧茄子、鳅鱼汤。小菜：松花、火腿、小鱼、炒苦瓜。

有一阵子毛泽东特别喜欢吃老玉米和红薯，还说用火烤的老玉米才好吃。工作人员就给他买了些老玉米来，在煤火上烤了，他说味不对，后来才知道他吃的是用柴火烤的。以后再给他做老玉米时，就先蒸半熟，再烤一烤，他也很高兴。

1959年6月毛泽东在韶山田边与乡亲们交谈

这就是毛泽东的一些吃法，依旧保持家乡的饮食习惯。

毛泽东爱吃一种野菌，春天的时候，就是在清明节的前后，山上就会有这种菌。

逸闻趣事

"有虫子的吃了才不会有毒。"

1959年毛泽东回韶山时，和工作人员一起上山采菌，在一个地方看到有很多菌，工作人员钻进去，可又出来了。

毛泽东就问："你们刚钻进去，怎么又出来了？"他们不敢说。

毛泽东说："把你们采的菌拿过来让我看看。"原来是菌上面有一种小虫子。

他说："这没关系，你们不吃我吃！如果这个菌上面没有虫子，吃了就不好，有虫子的吃了才不会有毒。"这样说也是有一定道理的。[1]

---

① 参见：韶山毛泽东纪念馆：《毛泽东生活档案》，中共党史出版社 1999 年版。

1959年6月在韶山和乡亲们合影

毛泽东时常忆起他母亲做的酸菜，以及霉豆腐、豆豉、火焙鱼、苦瓜干……建国前没条件做，偶尔从湖南老乡那里弄一点吃。新中国成立后毛泽东常让身边的厨师做给他吃，有时候也告诉厨师应该怎么做才好吃，但做出来的味道一直没有他母亲做的正宗。

逸闻趣事

"味道好得很！地道的家乡味"

毛泽东爱吃家乡菜，自从在延安吃过谢觉哉做的湖南小菜后，赞赏不已。有时毛泽东直接向谢老"要食"，有时让人捎来条子，点名要家乡风味的"茶食"。每逢这时，谢老就高兴地督促爱人王定国来做，他以往根本不下厨，但为了毛主席，总是碍手碍脚地在厨间帮王定国做菜。毛泽东要的"茶食"，王定国既没有做过，也没吃过，便只好照谢老讲的大概意思，琢磨着做，还专门去请教过别人，终于给毛泽东送去了他要的"茶菜子"。毛泽东说："味道好得很！地道的家乡味，十多年没吃过了！"

毛泽东还爱吃谢老两口做的"酸茄子"、"霉豆腐"和"泡辣椒"。每当收获新鲜蔬菜，谢老总要亲自摘收第一茬送给毛泽东。毛泽东对谢老赠送的小菜从来是照收不误，有时谢老没送过去，杨家岭的管理员就来拿回去给毛泽东吃。①

火焙鱼与豆豉辣椒

毛泽东喜欢吃锅焙鱼，也叫火焙鱼，是用湖南山区小水塘里面一种长不大的小鱼做的，在北方用一种叫做小麦穗的鱼做。做火焙鱼时不用开膛，鱼的内脏都不拿出来。其做法是用火也可以，锅也可以，在锅上焙熟。湖南农民的做法是把那个鱼烤干，之后用烟熏一下就是火焙鱼。

给毛泽东做火焙鱼时，方法有了改进，就是把鱼洗净后，放热油锅里用油过一下，捞出来后浇上事先做好的鸡汤，再加上些葱、姜、豆豉、辣椒，就放在锅里蒸，蒸一个小时就可以吃了，这样做出来更有味道。吃的时候夹到小盘里，他就连骨头都一起吃了。

豆豉辣椒的做法很简单，就是将辣椒用开水过一下，拿到太阳下晒干，然后放点姜、豆豉，加点葱一炒，很香的。

毛泽东经常让厨师做湖南的腊味菜，工作人员知道他的饮食喜好后，会每天适当地安排一些家乡菜，有时他也主动要求做给他吃。老家人知道毛泽东爱吃家乡菜，经常送些给他。

逸闻趣事

"咽后方知滋味长"

寒菌是湖南的一种特产，作为菜肴的调味料，常德壶瓶山生长的野山菌制作出来的菌油最为著名，普通人家也会制作菌油，属地方风味。这种野山菌的特点是只有一个5分硬币那么大，而且只有在油里头泡着，吃起来才脆，味道也比较可口。每天给毛泽东当小菜来吃一点，也不用加工，把它从油里捞出来放在盘子里，就那么吃了。他很

---

① 参见：中共中央文献研究室：《缅怀毛泽东（下）》，中央文献出版社1993年版。

喜欢吃，每次都吃完，只剩下一点油。

寒菌的吃法很多，可以当小菜来吃、凉拌吃、红烧吃、做汤吃，也可以当做配料。1958年，毛泽东湖南老家送过来一罐子寒菌，就是把寒菌用油泡在罐子里，密封后拿来的。这道小菜吃了十几年。

寒菌油也是高级调味品，内含丰富的蛋白质、维生素和矿物质，其味清香鲜。汤菜、面食中加上一匙半勺，看着鲜，嚼着香，简直是"咽后方知滋味长"，不愧高级调味品的美誉。寒菌在毛泽东四菜一汤里也经常出现，如：

主菜：寒菌炖蹄花、炒茼蒿菜、炒木耳菜、肉末古炸。小菜：炒瓜丝、蒜泥白肉。

1953年春，齐白石老人九十大寿，毛泽东特意送上四件寿礼：一罐湖南特产茶油寒菌，一对湖南王开文笔特制长锋纯羊毫书画笔，一支东北野参和一架鹿茸。

由此可见，毛泽东将油寒菌作为湖南特产送给齐白石，说明很喜欢这道菜。

"真够味！这只有在家乡才能吃到！"

1959年3月毛泽东到湖南，石荫祥知道毛泽东对饮食不十分讲究，他将白菜帮用开水烫一下，挤出水分切成丝，用红椒丝煸炒成菜给毛泽东下饭，很多人都目瞪口呆，他却成竹在胸。毛泽东吃了果然很高兴，赞叹道："真够味！这只有在家乡才能吃到！"

1974年，毛泽东来长沙一住就是4个月，为了让主席吃到适口营养的菜肴，石荫祥常常将水鱼、野兔做成丸子的样子给主席吃，并配上九味碟，毛泽东很爱吃。①

---

① 参见：于来山、陈克鑫、夏远生：《毛泽东五十次回湖南》，湖南人民出版社2009年版。

在滴水洞吃家乡菜

1966年6月毛泽东在韶山冲滴水洞居住时，一般凌晨四五点钟睡觉，上午9点钟左右起床，一天仅休息4个多小时。他一天吃两顿饭，第一餐在下午一两点，第二餐在晚上11时左右。每餐不超过四菜一汤。

家乡的冬笋、香椿、蕨苗、地菜、马齿苋这类最具乡土味的菜，毛泽东更喜欢。一次，工作人员采到一点马齿苋，在河里捉到几条小鲫鱼，又在塘里捞了些小虾，毛泽东吃了很高兴。

1966年6月21日毛泽东在韶山滴水洞和中央警卫合影

当时吃的食谱：红烧鲫鱼，火焙米虾炒辣椒，清炒马齿苋，苦瓜烧肉，雄鱼头打葱汤，干饭二两、烤玉米一只或稍加面条。[①]

毛泽东常吃的家乡菜有以下几类：

蔬菜类：辣椒、笋、空心菜、苋菜、油菜、苦瓜、丝瓜、木耳菜、冬寒菜、苦菜、马齿苋、蕨菜、茼蒿、豆角等。四菜一汤举例：

主菜：酸辣鳝鱼、炒空心菜、萝卜排骨汤、茭白肉丝、烧西葫芦。小菜：炒豆角。主食：馒头、米饭。

主菜：炒苋菜、红白肚、蒸腊肉。小菜：咸鸭蛋。

主菜：辣炒山鸡、炒牛肉片、烧丝瓜、炒太古菜。小菜：炸小鱼、小香肠。主食：米饭、馒头。

腊味类：腊肉、腊鱼、腊鸭、腊肠、腊狗肉等。四菜一汤举例：

主菜：烧小白菜、蒸腊肉、荷包蛋、炒瓜丝。小菜：炝黄瓜、火

---

① 参见：于来山、陈克鑫、夏远生：《毛泽东五十次回湖南》，湖南人民出版社2009年版。

腿。主食：炒面。

　　主菜：什锦拼盘、白菜煎翅、香酥鸭子、鸡油菜心。小菜：腊鱼、腊狗肉、苦瓜。主食：面条。

　　肉类：红烧肉、粉蒸牛肉、米粉肉、扣肉、回锅肉、红烧肘子、烧鱼块、炖鱼头等。四菜一汤举例：

　　主菜：炒回锅肉、烧鲜鱼、炒冬寒菜、烧荷兰豆。小菜：香肠、苦瓜。主食：米饭、包子。

　　主菜：炒苋菜、烧茄子、炒田鸡、排骨冬瓜汤。小菜：炸小鱼。

　　主菜：蒸扣肉、红白豆腐汤、炒空心菜。小菜：蒸小鱼、烤青椒。主食：米饭、稀饭、馒头。

　　菌菇类：油寒菌、野菌等。四菜一汤举例：

　　主菜：烧牛筋、清汤水鱼、炒苦瓜、烧鲜蘑。小菜：炒苦瓜、酱口条。

　　主菜：烧寒菌、豆芽排骨、鸡油瓢菜。小菜：香油茼蒿、湖南腊肉。主食：芋头米饭。

　　野味类：泥鳅、火焙鱼、小虾、青蛙等。四菜一汤举例：

　　主菜：葱烧猪爪、炸鳅鱼、炒蒜苗、鸡油大白菜。小菜：生煎锅贴。主食：鸡蛋炒饭、面包、黄油。

　　主菜：爆虾米、青蒜炖牛肉、沙锅冻豆腐、干贝烧丝瓜。小菜：火焙鱼、酱豆腐。主食：二米饭。

　　主菜：烧西葫芦、炒木耳菜、爆牛肉、炒肚花。小菜：炸小鱼、炒白菜。主食：烩西饼。

　　其他类：茶菜子、酸茄子、霉豆腐、泡辣椒、豆豉炒辣椒、苦瓜干、山楂果、青椒干、臭豆腐等。四菜一汤举例：

　　主菜：东安子鸡、炒牛百叶、炒小白菜、炒木耳菜。小菜：炸臭干子、炒小鱼。

　　主菜：炒冬寒菜、韭黄肉丝、油炸臭豆腐、菠菜汤。小菜：炒腊肝、酱豆腐。主食：牛奶、面包。

　　毛泽东离家不忘家，遇新不忘旧，当官不忘本。小时候吃的很不起眼的东西他却看得很重，这是一种情谊：物虽贱，感情厚。对家乡菜的厚爱，使毛泽东在辛苦的工作中保持足够的食欲，维持了一种精神上的兴奋与劳累之后的满足，愉悦的心情带来精神上的放松，这种休息比任何高级菜肴更有"营养"。

≫素杂的偏爱

　　毛泽东身边的厨师大都说毛泽东的饭好做，做什么、怎么做没有要求，但要他吃的高兴、顺心，就必须了解他爱吃什么，吃饭的特点和基本要求。毛泽东一生的饮食都是平民化的，对于不起眼的东西，以及老百姓吃的粗粮、艰苦岁月吃的饭菜、野菜野味都特别青睐。要说毛泽东的饮食偏爱，从品类的角度上讲就是素和杂。

　　毛泽东常吃的素食，有以下几种：

　　米面类：米饭、面条、饼、包子、饺子等。四菜一汤举例：

　　主菜：白菜沙锅、炒红白肚、炒冬寒菜、炒蒜黄肉片。小菜：酱豆腐、烧豆角。主食：米饭、开花馒头。

　　主菜：白肉大白菜汤、炒鳝鱼、烧茄子、炒菠菜。小菜：炒鸡肝、烤青椒。主食：二米饭、蒸包子。

　　常见蔬菜：大白菜、菠菜、西红柿、苋菜、紫苋菜、油菜、空心菜、苦瓜、丝瓜、竹笋、菜花、木耳菜、冬寒菜、龙须菜、紫菜苔、小油菜、水萝卜、辣椒、青椒、蒜苔、青葫芦、豌豆苗、瓠子等。四菜一汤举例：

　　主菜：烧肉片、炒空心菜。小菜：腐乳、苦瓜。主食：豆米饭。

　　主菜：炒小白菜。小菜：洋火腿、炒生菜。主食：牛奶、烧饼。

　　主菜：炒木耳菜、酱爆肉、炒双脆、烧瓠子。小菜：花生米、香干肉丝。主食：炒面。

　　主菜：清蒸水鱼、小白菜、水萝卜。小菜：青椒炒肉丝、苦瓜。

　　菌菇笋类：春笋、冬笋、芦笋、竹荪、木耳、香菇、银耳等。四菜一汤举例：

　　主菜：白菜炖肉块、白汁肠卷、生煸豆苗、鸡油冬笋。小菜：咸蛋、炝黄瓜。主食：煎锅贴。

主菜：红烧肉、萝卜丝鲫鱼、炒苋菜、烧鲜蘑。小菜：炒香干、炒豆角。主食：沙锅饺子、二米饭。

野菜：马齿苋、苦菜、蕨菜、野苋菜等。四菜一汤举例：

主菜：番茄、雪菜、炒马齿苋、烩芦瓜。主食：烧饼、米饭。

主菜：炒苋菜、蒸烧鲫鱼、油焖大虾、白菜清汤。小菜：腌鸡丝、蒜泥白肉。

豆制品：黄豆、豆芽、豆腐、豆豉、豆干、腐乳、腐竹、臭豆腐等。四菜一汤举例：

主菜：炒牛百叶、砂锅鱼头、炒白菜、烧牛筋、炒腊肉。小菜：油炸臭豆腐。主食：二米饭、米粉。

主菜：红烧狮子头、西红柿炒鸡蛋、麻婆豆腐、苋菜汤。小菜：腊肉、豆豉炒辣椒。主食：烤玉米。

蛋奶类：鸡蛋、鸭蛋、鹅蛋、鹌鹑蛋、鸽子蛋、牛奶等。四菜一汤举例：

主菜：青萝卜炖白肉片、烩鸽蛋、炒菜薹、鸡油白菜。主食：葱油烧饼。

主菜：炖羊肉、煎带鱼、炒盖菜、猪排。小菜：炒芹菜、炒鸡蛋。主食：红豆米饭、肉丝汤面。

关于素食，这里面有几点须加以说明：

第一，毛泽东的饮食以素为主，基本吃素。每天四菜中两个以上素菜，汤也多为蔬菜汤，小菜中多以蔬菜为主。

第二，素菜中蔬菜种类很多，南北方的都有，相对来说更喜欢南方的蔬菜，毛泽东很少吃凉拌菜。

第三，毛泽东吃的蔬菜基本都是整棵做熟，保持原样，这样保持蔬菜的粗纤维，能增强胃肠蠕动，有效缓解便秘症状。

第四，在蔬菜之中，毛泽东也有"偏爱"，那就是喜欢味道比较

"特殊"的菜，如芹菜、苦瓜、马齿苋、苋菜等，只是工作人员细心观察才能发现。一般情况下，厨师做什么蔬菜，毛泽东吃什么蔬菜，这几样比较"怪"味的蔬菜是百吃不厌。

逸闻趣事

"这叫冬寒菜……这菜很好吃。"

1944年9月18日，毛泽东等中央负责同志与全体代表会餐。

1938年春天的一天，在延安的毛泽东开完会回来，突然在延河河滩边停住步，指着一些圆叶子草对警卫员说："你们看，这是一种野菜，能吃，回去以后，你们给我搞一点炒炒吃。"

警卫员知道当时延安缺菜，但不知好吃不好吃，都犹疑起来。

毛泽东说："这叫冬寒菜，我过去吃过。"他让炊事员老周炒冬寒菜，接连吃了好几次，但警卫员们仍不吃。

毛泽东动员他们说："这菜很好吃，你们也可以拔些来当菜吃，不是现在没有菜吃吗？"

警卫员们明白了，主动挤时间去拔野菜，从而缓解了当时没菜吃的困难。[1]

---

① 王伯福：《毛泽东轶事大观》，山东人民出版社1997年版。

"野菜是我们的功臣，我们不能忘记它。"

1959年3月13日，毛泽东在接见美国著名的黑人领袖杜波伊斯夫妇之后，和机要员一起吃饭。那天饭桌上菜不多，有一小碗鸡块、一小盘蒸鱼、苦瓜、烤辣椒，另外一盘是野菜。毛泽东让机要员尝尝野菜的味道，还问她们野菜好吃不好吃。有的尝了野菜的味道，确实有些苦涩，但是还是回答"好吃。"当时他笑着问，"不一定是心里话吧？"

毛泽东接着说："你们年轻人吃一点野菜有好处，不要忘记过去。"

他看着盘中的野菜深情地说："野菜是为革命立过功的，它养活了我们很多人，在红军长征的艰苦年代，野菜喂饱了我们的肚子，还用野菜给战士治伤。"

他又语重心长地对工作人员说："野菜是我们的功臣，我们不能忘记它。"

毛泽东身边的服务人员都是北方的孩子，常常发生语言上的误会。他喜欢吃野菜，野生的苋菜，北方叫"xian菜"，毛泽东（湖南人）叫"han菜"，本来有的菜，也以为没有。服务人员告诉他有"灰条菜"，他又不知为何物。

在延安时，一般都是在山洼里挖个坑当厕所，这样的地方背风，加上有肥料，野生植物长得特别茂盛。野菜当然也特别肥大，其他地方找不到时，也到这些地方去挖。毛泽东在吃野菜时，总要问他们是从哪里挖来的，勤务员不好说，又不敢

1954年毛泽东和牧羊人交谈

撒谎，只好实说，他们怕影响毛泽东的食欲，其实毛泽东根本就不在乎，照样吃得津津有味。因为农民种粮种菜，哪一样也少不了施肥。

　　1967年，毛泽东视察大江南北，沿途视察了很多地方，最后在上海下车住在招待所里。那年上海天旱，三个月没下雨，市面上的青菜供应很紧张，上海市民半夜就去排队买菜。可能他知道了这种情况，有一天他在院子里散步时，指着路边的野菜说："现在天旱青菜紧张，我们可以采一些马齿苋炒着吃嘛。"但是8月的马齿苋已经开花结籽了，确实太老了，工作人员只好选一些比较嫩的给他吃，老的留给工作人员吃，就这样吃了好几餐野菜。①

"好！弄些来给我吃，好吧。"

　　一天，毛泽东正在万寿路新六所的大院内散步，看到护士朱宝贵在拔苦菜，便走到小朱的面前，略低着头对着朱宝贵，好像老师考学生似的问道："你手里拿的是什么呀？"毛泽东用手指了指小朱手中的苦菜。

　　"是苦菜。"朱宝贵回答。

1952年2月毛泽东在北京近郊访问农民

"你吃过吗？"毛泽东又亲切地问。

"吃过。"朱宝贵肯定地回答。

毛泽东听后，微笑着点了点头，大概是认为小朱的回答是满分了。接着又说："好！弄些来给我吃，好吧？"

朱宝贵在院子里挖了

---

① 参见：李敏、高风、叶利亚:《真实的毛泽东》，中央文献出版社2003年版。

些苦菜交到了厨房，并告诉厨师是毛泽东要吃的。厨师不知道毛泽东要怎么吃，也可能不知道苦菜的最佳吃法，就炒熟了，端到毛泽东的餐桌上。

毛泽东见到后说："不是这个吃法，应该吃生的。"厨师告诉朱宝贵再弄点吃生的。朱宝贵很快又采来了一些，用水洗净，并添上了一小碟面酱送过去。于是餐桌上多了两道菜，一碟是炒的苦菜，一碟是生的苦菜，他把苦菜都吃光了。①

"我们不赏花了，来吃花吧！"

菊花不仅可供人观赏，也可泡茶和食用。无论白菊花或黄菊花均可用于制作美味佳肴。菊花气味芬芳，常喝菊花茶可以散风清热、平肝明目。菊花可鲜食、干食、熟食、蒸食、煮食、炒食，可凉拌，可做馅。

1949年的一个晚上，毛泽东的保健医生王鹤滨被叫到中南海紫云轩，要他陪毛泽东吃饭。王鹤滨走进来一看，餐桌中间放着一个火锅，火锅旁的蔬菜当中，有一碟白菊花瓣，格外引人注目。他想这菊花何以开在餐桌上？菊花瓣也能吃吗？

正在这时，毛泽东走了进来，看到王鹤滨用疑问的目光盯着碟里的菊花瓣，不无幽默地对他说："王医生，吃吃看，我们不赏花了，来吃花吧！"

不吃不知道，一吃挺奇妙。王鹤滨用筷子夹起菊花瓣，在翻滚的火锅汤里一蘸，花立刻软了下来，汤滚花鲜，入口之后，虽略有一丝药味，却抵挡不住清香软嫩的诱惑，感觉很好，便习惯性地点了点头。

毛泽东见状，笑了笑，说："王医生，怎么样？还可以吧！咱们的老祖宗很早以前就知道吃菊花了。"说罢，他也夹起菊花瓣，伸向火锅，然后放在嘴里细细地品味……

① 参见：王鹤滨：《在伟人身边的日子》，中国青年出版社2004年版。

毛泽东接着说："你知道屈原吧，他就是'朝饮木兰之坠露兮，夕餐秋菊之落英。'看来，那个时候吃菊花算是清贫之举了。咱们也来个清贫之举吧，也来个'夕餐秋菊之落英'，不过这菊花瓣是工人同志从栽培的菊花上特意采下来的。"

毛泽东又夹起一筷子伸向火锅……①

"豆制品我喜欢吃。"

一次徐涛和毛泽东谈论饮食。徐涛说："豆制品的蛋白和肉类蛋白一样都是优质蛋白，油皮、腐竹含蛋白40%～50%，湖南豆豉含蛋白是30%，都比肉中蛋白含量高，我给你安排的食谱里，豆制品也不少。"徐涛刚说完，毛泽东接着说："豆制品我喜欢吃。"②

毛泽东吃饭真正体现了一个"杂"字。这个杂字有两层含义：

首先，"杂"从品种上表现为多样化。饮食多样化，营养更均衡，符合现代健康饮食观点。

其次，"杂"从内容上表现为粗俗化。主食上毛泽东常吃五谷杂粮，饭后吃点烤玉米、烤红薯或烤芋头，做法上不打碎，整个做熟，粗粮粗做。毛泽东吃的不起眼的食物，用老百姓的话说就是比较"俗"的东西。

逸闻趣事

在陕北吃黑豆

解放战争时期，胡宗南十几万人进犯陕北，抢夺粮食，给陕北带来粮荒。毛泽东率领的中央机关从梁家岔开始，天天顿顿吃黑豆。黑豆营养价值高，但吃多了容易胀肚子。有一次，毛泽东正写《中国人

---

① 王鹤滨:《在伟人身边的日子》，中国青年出版社 2004 年版。
② 徐涛:《毛泽东的保健养生之道》，《缅怀毛泽东》，中央文献出版社 1993 年版。

民解放军宣言》，因为吃黑豆胀肚子，便出去散步。当时，不论男女老少，都因吃黑豆胀肚子，没完没了地放屁。

走到院门口，毛泽东看到了站岗的警卫战士朱老四。朱老四由于经常抽烟，牙齿很黑，加上他又喜欢咧嘴，常露着满口黑牙。毛泽东看到了他的黑牙，故意睁大眼睛问："哎呀，老四同志，你的牙齿怎么这么黑哪？吃黑豆吃的吧？"

朱老四"嘿"地咧嘴笑了，接着"噗"地放了一个屁。

"不？噢，不是就好。"毛泽东点了点头。这一句，引得朱老四和跟在主席身边的卫士都笑起来，毛泽东也笑了一阵子。

笑过之后，毛泽东对大家说："吃黑豆是个暂时的困难。陕北就这么大个地方，每年打的粮食，只够自己吃的。现在敌人来了十几万，又吃又毁，粮食就更困难了。不过，这也不要紧，我们要度过这一关，再过几个月，就不在这里吃了，到敌人那边吃去。"

说完，毛泽东看了看朱老四。朱老四因为笑的太厉害，又"噗"地放了个屁，然后用力说了一句："吃狗日的！"

"哈、哈、哈……"同志们全都哈哈大笑。①

毛泽东常吃的"杂"的食物，有以下几种：

粗粮杂粮：红糙米、小米、各种豆、薯类（红薯、芋头、马铃薯）、玉米、高粱米、麦片等。四菜一汤举例：

主菜：豆苗哈士蟆、烧草鱼、辣子爆牛肉、炒大白菜。小菜：炒苦瓜、烩鸡血。主食：毛芋头蒸饭。

主菜：烧鳝鱼卷、空心菜、茄子。小菜：怪味鸡、蒜泥白肉（热的）。主食：白薯、玉米、稀饭。

主菜：汤爆肚、回锅肉、炒瓢儿菜、黄瓜小虾。小菜：炒鸭肠、肉末豌豆。主食：白豆米饭。

野味：野兔、野鸡、野鸭、麻雀、斑鸠、青蛙、蛇肉等。四菜一

---

① 王伯福：《毛泽东轶事大观》，山东人民出版社 1997 年版。

汤举例：

主菜：黄油焖鹌鹑、葱油青鱼头、烧盖菜心、沙锅什锦。小菜：素炒豆苗、蒜黄腌肉。主食：二米蒸饭。

主菜：炒田鸡、土豆肉片、炒空心菜、海带肉片汤。小菜：腊狗肉、蒸小鱼、炒雪里红。主食：米饭。

主菜：炒小白菜、烧牛肉、烧茄子、榨菜肉片汤。小菜：炒油渣、烧豆角。主食：豆稀饭、米饭。

不起眼的食物：鸡头、鸡脖子、鸡爪子、肚头、鱼肠子、猪下水、杂碎等。四菜一汤举例：

主菜：爆牛肉、烧冬寒菜、土豆肉片、鱼杂沙锅、炒大白菜。小菜：炒肚丝、小鱼。主食：豆稀饭。

主菜：炒鸡杂、烧鲥鱼、炒苋菜、烧百合、牛奶芙蓉汤。小菜：炒苦瓜、咸鸭蛋、酱豆腐。

主菜：蒜黄炒肉片、炒盖菜。小菜：炒鸭肠、烧豆角。主食：牛奶、面包、蛋炒饭。

使人容光焕发的皮冻：猪皮、猪皮冻、鸡皮冻、鱼冻、牛肉冻。四菜一汤举例：

主菜：海带炖排骨、香酥鸭子、炒空心菜、烧水萝卜。小菜：烤猪皮、烧鸭血。主食：米饭。

长征系列：长征鸡、八宝饭、辣椒拌梨。四菜一汤举例：

主菜：烧大白菜、长征鸡、菠菜豆腐、奶油汤。小菜：苦瓜、酥炸鱼。主食：馒头、稀饭。

毛泽东"发明"的菜：萝卜苗做的"娃娃菜"、桑叶做的"叶蛋白"。四菜一汤举例：

主菜：咖喱仔鸡、煎虾排、鸡油丝瓜、炒萝卜苗。小菜：炸小鱼、蒜苗肉片、青椒、酸黄瓜。主食：八宝饭。

逸闻趣事

钱钱饭与二米饭

陕北不产大米，白面也很少，老百姓主食以小米为主。毛泽东在陕北时期，吃的主食，一是钱钱饭，二是二米饭。钱钱饭就是把小米与黑豆碾成的片（当地人称其为钱钱）掺在一起煮成的饭。这是毛泽东在延安时最常吃的主食。

二米饭是用大米和小米混合制成，这种饭在解放后仍是毛泽东餐桌上的看家主食。那时副食以蔬菜为主，极少见到肉，油也不多。

"想吃你就吃呗，别跟我们大家耍滑头么！"

解放战争时期，一次在石屹崂，毛泽东主持召开了一次中央扩大会议。这是一次军事会议。周恩来、任弼时及彭德怀、贺龙、陈毅、陈赓、王震等各部队的负责人以及中央后委的杨尚昆等参加了会议。会议结束后，毛泽东关照他们举行一次会餐，款待诸位领导同志。高朋满座，很长时间没有相见了，这次聚首，自然备感亲切。饭桌上充满了热烈、欢快、轻松的气氛。

交杯换盏时，厨师把一碗菜放在桌上，说："这个菜叫'三不沾'，请各位领导都尝尝！"

这是一道用鸡蛋做的菜，因为油比较多，吃时不沾筷子不沾碗不沾嘴，所以取了个菜名叫"三不沾"。

这时陈赓把鼻子凑到碗边："好香啊！哎，诸位，在上海有一次我在街头一个饭馆吃饭，正吃着，来了个讨饭的，你们猜是怎么要法？"说着，他"扑！扑"往碗里吐了两口，"你看，这还怎么吃，我只好把饭给了他。噢，该死，该死！我怎么真吐了！"

毛泽东大笑着说："好你个陈赓，想吃你就吃呗，别跟我们大家耍滑头么！"

陈赓也笑了："还是主席了解我，那我就恭敬不如从命了！"说着，他捧起碗来，几筷子就把一碗三不沾报销了。

在轻松的气氛中，各部首长们奔赴各地，由此拉开了战略进攻的序幕。①

"你就去搞些粗米来吃嘛！"

1951年的秋天，正是新稻进仓的时候。一天，王鹤滨陪毛泽东进餐，他端起一碗洁白的米饭，用筷子指了指碗中的饭说：

"王医生，不要老是给我吃细米饭呀！搞点粗米来做饭吃嘛！"说罢，用眼光瞄着王鹤滨，观察他的反应，见他没有立即回答，又说：

"从你们医生的观点来说，粗大米不是更富有营养吗？是吧？"他的视线仍未离开王鹤滨，期待他说什么。

当时王鹤滨尚没有弄清楚毛泽东的问话是不是含有更深刻的意思，是为了营养问题，还是为了节省粮食的事，才使他不愿意吃太细的米呢？毛泽东探索的目光，使王鹤滨未加深思地便从医学的营养卫生角度回答说：

"是的，主席，粗大米中维生素的含量丰富。"

因为正在用餐，粗大米的另一个好处，王鹤滨没有说出来。就是粗大米含有大量的内皮，有利于通便，对长时间从事脑力劳动的毛泽东大有好处。

毛泽东听到王鹤滨的回答，便用指令性的口气说："那好嘛！你就去搞些粗米来吃嘛！"

弦外之音犹如说："你这个医生，怎么搞的嘛，既然认为吃粗大米好处多，为什么不早点搞来给我吃呢！"

机关里没有粗大米，城里的粮食供应点也没有粗大米，这往何处去找呢？王鹤滨想起来了，住在香山的时候，看到在玉泉山一带有不

---

① 李敏、高风、叶利亚：《真实的毛泽东》，中央文献出版社2003年版。

少的稻田，随着毛泽东去香山双清别墅时，就曾看到秋风吹起的金色稻浪，并听说京西的稻米还小有名气，好吃，可与天津的小站米相媲美。王鹤滨便去玉泉山下的一个村庄去碰碰运气。

这个不大的郊区农村，就在玉泉山附近的东北侧。来到村头后，王鹤滨便挨门挨户地寻找起来，终于在一家翻身农户家看到了希望。

这家的大门虚掩着，王鹤滨轻轻地推开大门，站在不大的院子里，向着北房，用不大的声音喊道：

"老乡！请问，你家有粗大米吗？"王鹤滨像是在抗日战争时期在农村向农民借东西一样，喊着"老乡"。他的呼叫声把男主人从北房里请了出来，见到王鹤滨，就面带笑容地问道：

"要什么样的粗大米呀？你怎么没有去粮店看看。"男主人很客气地与他搭上了话。

"粮店没有，我要碾得很粗的大米，只要去掉稻谷的外壳就行。"王鹤滨向男主人说明想要的大米规格。

"你真找得巧，我家还真的碾了点粗大米。"男主人微笑着说。

听到他的话后，王鹤滨眼睛亮了一下，真是喜出望外，粗大米终于找到了。王鹤滨用近乎乞求的口吻说：

"卖给我一些粗大米行吗？要不，我用细大米换你的粗大米也行！"

男主人见他买粗大米的心情急切，也带笑地说：

"这粗大米是我们留着自己吃的，你要买这粗大米干什么？你们吃得下吗？"男主人大概看王鹤滨机关干部的模样，便开玩笑似的"将"了一军。

"你们家吃得下，我们也能吃得下，咱们不都一样吗？"王鹤滨一方面拉着近乎，一方面心里想道：老乡呀！你还不知道这粗大米买回去是给谁吃的呢！

"请你拿点你们家的粗大米我看看，行吗？"王鹤滨怕不是粗大米，想先看看"货色"。

男主人回到北屋，很快用双手捧来一点粗大米伸到他的眼前。

"就是这样的粗大米，行吗？！"王鹤滨把头凑过去细看，只见大米粒很大，个个完整，没有碎米，个个米粒带着胚芽，还粘着内皮的细小颗粒（即细糠），这米加工得真够巧的，不能再粗了。王鹤滨看后，赶快连声说道：

"行！行！太好了！"此时，他只怕老乡不卖给他而完不成任务，连忙道"行"，"好"。

粗大米买来后，王鹤滨向毛泽东报告说："主席，粗大米买到了，是玉泉山附近产的。"

"那很好！今天就给我做来吃！"毛泽东也很高兴，他急不可耐地想要尽快吃上粗大米饭。王鹤滨把粗大米扛到厨房，交给了厨师老廖，并告诉他立即给毛泽东用这粗米做饭。

饭蒸好了，廖师傅没有让值班卫士端走，却把王鹤滨叫到了厨房，老廖用手指着刚刚蒸好的一碗米饭，用浓重的湖南口音说：

"王秘书，你看看，这是啥子米哟！不成个饭样子！"他愁眉苦脸地说。

王鹤滨一看粗大米做成的饭是一粒一粒的，合拢不起来，并且饭里带着稀汤，倒像是在北方农村吃过的大麦仁做成的饭。很清楚，廖师傅担心这样的饭毛泽东要是不喜欢吃，可就要丢他厨师的脸面了。

王鹤滨安慰他道："廖师傅，这是主席指示要做的粗大米饭，你就把饭送去吧！"虽那么说，可王鹤滨心里也犯嘀咕：毛泽东是不是喜欢吃它呢？

廖师傅顾虑重重地蹙着眉头，用双眼的余光看着那碗粗大米饭，慢慢腾腾地向紫云轩走去……

王鹤滨没有离开菊香书屋，担心着毛泽东这顿饭能否吃好，当值班卫士把碗筷撤回值班室后，忙走到毛泽东身边，用试探的口吻问：

"主席！粗大米饭好吃吗？"

"很好嘛！"他满意地微笑着回答。

在较长的一段时间内，毛泽东几乎天天吃这样的粗大米饭。①

"龙凤会"

毛泽东每到一地也喜欢品尝地方风味，他和普通人一样，吃东西喜欢尝个新鲜。他是个大学问家，博古通今，对各地的特点、地方风味自然熟悉。每次品尝风味菜肴都由他自己提出，自己出钱，并且和省市领导干部及身边工作人员一起共同品尝，一边品尝，一边接近群众，倾听群众呼声。

毛泽东在一次去广州视察工作的时候，提出要吃蛇肉。于是，他身边工作人员同当地工作人员一起到蛇餐馆厨房，看饭店的厨师做菜的具体过程，一方面是监厨，另一方面为了看看蛇肉是怎么做成的。

那天，给毛泽东做的蛇菜叫"龙凤会"。工作人员问："什么叫'龙凤会'呀？"

厨师回答说："你看一会儿就知道了。"

只见厨师到装蛇的笼子里猛地抓住一条蛇的脖子，往案子上一放，用锥子照头部一锥，就钉在案子上，再用锋利小刀顺脖子一刀，直划到蛇尾，剥了皮。然后切下头，取出内脏，剔出肉放在一边，同做好的鸡肉放在一起，加上各种作料烧炖。噢！明白了，"龙凤会"就是蛇肉和鸡肉放在一起做成的一道美味佳肴。

"龙凤会"送到餐桌上，陪同的广州市委领导，让毛泽东先吃，

1958年4月毛泽东由陶铸陪同在广州视察

<hr />

① 王鹤滨：《在伟人身边的日子》，中国青年出版社2004年版。

并告诉他，这是用蛇肉、鸡肉做的，名叫"龙凤会"。毛泽东听后，尝了尝，连连点头，吃得十分香甜。他和大家一边吃，一边谈笑风生，非常高兴。①

"这类的稀有动物我们应该保护它，怎么能吃呢？"

毛泽东在江西庐山

1970年夏天，毛泽东从九江上了庐山，住进庐岭一号楼，江西省委一位负责同志提着一个大桶来对管理员吴连登说：这里面是一条很难得的大娃娃鱼，它很好吃，肉质鲜美，是我们特意搞来送给毛主席吃的。

当时，吴连登沉思一会说："这一类的野味，主席未必吃，最好你们还是拿回去。"他们执意不肯，就留下了。

之后工作人员把娃娃鱼的事报告毛泽东，他说："我不吃，娃娃鱼生长在山沟沟里，很不容易呀，这类的稀有动物我们应该保护它，怎么能吃呢，快把它放回去。"

"拿回去打'牙祭'呀！"

红军长征时，干部战士每人每天的伙食费是一角五分钱，毛泽东也执行同一标准，毫不特殊。卫生员钟福昌和警卫员们总是分头想办法去买腊肉、鸡蛋、辣椒和酒酿这些他喜欢吃的东西，在规定的伙食标准内尽量改善伙食。可是每当这些饭菜端到他面前时，他就用怀疑的目光严肃地询问：是从哪里来的？是不是违犯了纪律？别的同志是不是也吃这样的饭菜？因为红一军团每次打胜仗时，常给毛泽东送来

---

① 李敏、高风、叶利亚：《真实的毛泽东》，中央文献出版社2003年版。

战利品，所以钟福昌他们就用一句老话回答："一军团送来的。"不然他是不肯吃的。

有时面临严重的粮荒，战士们每天只能吃两顿青稞、包谷，有时一天只能吃一顿，每顿只能吃半饱，把两天的粮食分做三天吃。这是红军部队为求生存而斗争的严峻时刻。毛泽东与战士们同甘共苦，吃同样的伙食。有一次，部队吃青稞面混合着野芹菜、豌豆叶子熬成的汤，当警卫员吴吉清给毛泽东端去这样的饭菜时，脸上露出了为难的神色，毛泽东看出来了，就说："现在全军都在吃青稞混野菜，我们也要吃，你没听说盘古时候，神农氏为了给人治病，他尝过百草吗？我们今天为了北上抗日，也得吃点苦。吃苦是光荣的事，没有今天的苦，就没有明天的胜利。当然，这种苦只有我们才能吃得下去，因为我们深信革命一定能够成功。"在那艰苦的岁月里，毛泽东坚持和红军战士同吃野菜，同尝甘苦。

在一次行军途中，毛泽东在路边的沟壕里发现了一包东西，停了下来，他蹲下看了看，对身边的陈昌奉说："你去把它拣起来，看看是什么东西？"

陈昌奉跳下水沟，拣起来一看，是人家扔下的羊下水（羊肠、羊肚、羊肺等），欢喜地对毛泽东说：

"主席，羊下水。"

"拿回去打'牙祭'呀！"毛泽东高兴地说。

毛泽东从陈昌奉手里接过嗅了嗅："嗯，有点异味。"

"主席，能吃吗？"

"不要紧，洗干净，多煮煮，高温消毒。"

炊事员拣回来收拾收拾，烹调好后，他与身边人员津津有味地吃了起来，算是长征路上的一次打牙祭。当时毛泽东身边的工作人员，几十年后回忆这一段往事时说："现在想起来我都鼻子发酸。"[①]

"兔子肉真是好吃得很"

在延安时，警卫员看见毛泽东没白天没黑夜地办公，老想给他搞点什么补补，就悄悄去捉了麻雀。毛泽东吃了很高兴，就随便聊起来，有的说野味中数野兔子肉好吃。毛泽东说："那是一道名菜啊，天上的龙肉，地上的兔，兔子肉真是好吃得很。"

大家正想着怎么给毛泽东弄一只野兔子来。说来也巧，就在这天饭后，一只野兔子一蹦一跳从山上来到院子里。大家七手八脚，关起门来不一会儿就抓住了。当晚，就把一盘香喷喷的兔子肉放在毛泽东的饭桌上。

这事越传越神，说是土地爷送来的。毛泽东笑呵呵地说："哪来的土地爷，这完全是一件偶然的事。不过，这里面包含一个偶然性和必然性的关系问题。"

新中国成立后，为了改善毛泽东的生活，工作人员曾到机场附近、山区打兔子给他吃。许世友爱打猎，有时许世友把打的野兔送给主席。有时毛泽东外出到他那里，总少不了美味的兔子肉。①

"好东西要多吃几顿"

一次，叶子龙送来一条加工好的熊掌，担心毛泽东不吃，就让厨师想办法让他吃下去。

第一次给毛泽东送饭，厨师王近仁切了薄薄的两片放在盛凉菜的小碟里，试试主席吃不吃。结果毛泽东全吃了。

第二次送饭，他放了四片，退回来的又是空碟。看到毛泽东爱吃，第三次放了六片。

这一回，毛泽东传下话来："美味不可多得，好东西要多吃几顿啊！"

王近仁没想到毛泽东作为一国的领袖，生活会如此朴素。②

①② 参见：顾奎琴：《毛泽东保健饮食生活》，广东人民出版社2003年版。

"这只鸡怎么没头没脚哇？"

毛泽东不喜欢吃海味，什么海参啦、鱼翅啦他都不爱吃。相反，对那些不起眼的东西，什么泥鳅、猪下水啦倒是很喜欢吃的。别的领导根本不吃的东西，他这里都可以端上餐桌，如猪肚他就很喜欢吃，特别是猪肚头，比较厚，还是脆的。爆肚，他也爱吃，而且要用碗装，不用盘装。

毛泽东爱吃带骨头的肉，吃鸡也是如此，不带骨头的鸡肉，他吃起来就感觉不那么香。到了晚年，他喜欢吃"叫化子鸡"，高兴了就说："来一只叫化子！"并讲述叫花子鸡的故事。有时工作人员给毛泽东捉来麻雀、鹌鹑、青蛙等吃起来比较麻烦的野味，他很爱吃，也不怕麻烦。

毛泽东还爱吃鸡头、鸡爪子、鸡脖子。有一次工作人员给他做了鸡，把鸡头、鸡爪子都扔到一边。端上去以后，他说："这只鸡怎么没头没脚哇？"送饭的同志说："扔了。"

毛泽东笑着说："该不是大师傅给吃了吧！"从此以后，给他做鸡，都是整个的。[①]

"辣椒粉拌梨……好吃得很呀！"

红军长征途中，一次毛泽东到了通渭城杨得志驻地。

因为事先不知道毛泽东要来，肖华问杨得志："毛主席来了，搞点什么欢迎他呀？"

杨得志也不晓得该怎样接待他。当时通渭城街上只有卖梨的，只能买些招待毛泽东。当时条件很差，一张桌子腿脚直摇晃，这还是借了几家才借到的。梨子洗好后，放在一个铁盆里，摆到桌子上。

毛泽东很快牵着马来了，杨得志他们感到毛泽东明显消瘦了。毛泽东个子本来就高大，一消瘦，就显得有些单薄了。

[①] 参见：顾奎琴：《毛泽东保健饮食生活》，广东人民出版社 2003 年版。

毛泽东见到杨得志、肖华、耿飚、冯文彬等人后，十分高兴，热情地同大家一一握手。大家异口同声地说：

"主席瘦多了，身体还好吧。"毛泽东拍拍身上的尘土，笑着说："瘦一点好，瘦一点负担轻嘛。"接着，毛泽东关切地询问了部队的情况。

杨得志指着盆子里的梨子说："主席吃点梨子吧。"

毛泽东一边吸烟，一边看着铁盆里的梨子说："梨子呀，好东西，你们有辣椒粉吗？"

杨得志感到奇怪，毛泽东怎么看着梨子想起辣椒粉了？急忙说："有。"

杨得志说着，便让人去拿。

毛泽东接过辣椒粉，望着杨得志说："得志同志，你这个湖南人吃没吃过辣椒粉拌梨子啊？"

"我没有吃过。"

"哎，好吃得很呀！"

毛泽东说着，把辣椒粉撒到梨子上。

"不是说有酸甜苦辣四大味吗？我们这样一拌，是酸甜辣，没了苦了。来，你们尝尝看。"毛泽东说罢，很有兴致地吃了起来。[①]

"那就叫做'长征鸡'如何？"

为了让毛泽东能吃上家乡口味的菜，厨师王近仁按照湘菜的烹调工艺，做了一道拿手的湘菜"东安鸡"。没想到，"东安鸡"被卫士原封不动提回来了。原来，毛泽东说"东安鸡"是地主老财们吃的，他只吃"长征鸡"。

延安时有一次叶子龙夫妇正在吃饭，住在隔壁的毛泽东走了进来，看到桌上有一碗鸡肉，开玩笑说："好啊！叶子龙，你们吃这么

---

① 参见：杨得志：《我见到的毛泽东同志》，《缅怀毛泽东》，中央文献出版社1993年版。

好的东西，为什么不叫我？"说着用手抓了一块放进嘴里，夸道："味道不错，这菜叫什么名字？"

叶子龙说这是邓发的夫人陈慧清在长征路上教他做的。那天，经过很长时间的行军，一天都没吃饭了，休息时，陈慧清对我和同样饿得发慌的另一个小鬼说："邓发同志在香港做工时，学会了做菜的好手艺，特别是做鸡拿手。现在我教你们一种：把鸡洗净切块，用作料腌一个小时，然后放油锅里炸成金黄色取出，锅里放豆豉、红辣椒炒香后将鸡块倒入，煸炒几分钟即可。"

1962年4月19日毛泽东与叶子龙

毛泽东一边吃，一边笑着说："原来这道菜还有来历呢，那就叫做'长征鸡'如何？你不要保密，以后有条件也给我做来吃一吃。"

以后，叶子龙给毛泽东做过好多次"长征鸡"，直到进城后，这道菜仍是毛泽东餐桌上的保留菜。

其实"长征鸡"没有固定的做法，因为红军长征时，生活极度艰苦，鸡、鱼、肉难得一见，偶尔改善一下生活，不是缺油就是少盐。那时吃鸡，找不到合适的作料和配菜，常常是土豆、萝卜、茄子一起下锅，炖熟了就吃。"长征鸡"是战争年代艰苦生活的写照，吃起"长征鸡"，毛泽东就想起那个艰苦的年代，他只愿吃平民化的东西。①

"八宝饭"

"八宝饭"是毛泽东最爱吃的主食。毛泽东吃的"八宝饭"，不

---

① 参见：顾奎琴：《毛泽东保健饮食生活》，广东人民出版社2003年版。

是由什锦、果脯、红枣、花生米、莲子、糯米、白糖和猪油组成的高级正宗八宝饭，而是长征路上常吃的把米、豆、谷、薯合在一起煮熟就行的"八宝饭"。

厨师王近仁刚到中南海，头一回给毛泽东做饭，有些紧张。更令他紧张的是遇到了"巧妇难为无米之炊"的难题：食谱上开列的主食是"八宝饭"。可王近仁走进厨房一看，"八宝饭"的原料，竟然一"宝"也没有！

王近仁又紧张，又为难，急忙跑出厨房，向卫士长李银桥汇报。跟随毛泽东多年的李银桥一听就笑了，对他说："王师傅，主席要吃的八宝饭，可不是你在饭店里做的那种。你只要把大米、小米、玉米、绿豆、红豆、黄豆、蚕豆、四季豆，放在一起煮熟就行了。主席在长征路上，经常吃这种饭，已经吃出了感情。"其实在战争年代粮食短缺，如果没有那么多豆，还可以把红薯、山芋等掺在一起煮，反正只要把各种杂粮掺在一起够八种就行。

于是，王近仁洗米刷锅，做起他厨艺生涯中粮豆品种最多的一顿"八宝饭"。饭熟之后，锅盖一揭，米香豆香弥漫。这顿饭，毛泽东吃了不少，王近仁这才放心。在以后的日子里，王近仁也越来越多地知道了毛泽东的饮食特点：杂食，吃什么都行。

毛泽东的"八宝饭"与现代的"腊八粥"有异曲同工之妙。与其他饭相比，八宝饭集粮豆之大成，富有营养价值。粗粮、细粮、豆类，一锅同煮，能充分发挥食物的互补作用，比吃一种粮食或豆类营养丰富，其实这也应了老百姓常说的一句话：五谷杂粮最养人。[①]

"这道娃娃菜营养价值很高"

毛泽东把萝卜苗称作"娃娃菜"，一般人不吃萝卜苗，因为它清苦粗

---

① 参见：顾奎琴：《毛泽东保健饮食生活》，广东人民出版社 2003 年版。

糙。毛泽东说："我就是爱吃它的苦味。"毛泽东不仅爱吃"娃娃菜"，而且还把这道菜推荐上了国宴。这道菜是用萝卜苗和叶柄烧制而成。

1960年，毛泽东在武昌东湖客舍设国宴招待朝鲜客人时，向外宾介绍："这道娃娃菜营养价值很高，中国皇帝也吃娃娃菜。萝卜在中药书上有地位，叫'地阳参'，很补人哩。"

关于"娃娃菜"的说法，史料无从稽考，倒把在场的好多人逗笑了。后来，每次国宴，毛泽东总想起娃娃菜。①

1958年11月会见金日成

"叶蛋白"

在毛泽东的食谱中，由毛泽东命名的还有一道主食叫"叶蛋白"。三年自然灾害时期，毛泽东得知不少百姓在吃树叶、吃草根。为了和全国人民一起共渡难关，毛泽东通知食堂吃树叶。这的确难为了厨师。吃树叶会不会中毒？影响了他的身体健康谁负得了责？

不得已，王近仁从院里采来槐树叶，用绞肉机将叶子粉碎，放在水盆里浸泡，捞出挤干水和玉米面掺在一起蒸花卷、烤饼干，当主食吃。想不到他用槐树叶做成的饼干，得到了毛泽东的赞许，并欣然给它取了个名字叫"叶蛋白"。②

人类的饮食是多样化的，但人与人又有不同，有的人只吃数种，或只吃常见的、吃过的食物；或偏辣偏咸偏酸，或喜素喜肉，或只喜欢珍贵佳肴，都属于偏食。毛泽东博览群书，知识丰富，在饮食与营养方面有科学而独到的见解，他吃的素和杂，真正做到了多样化饮食。

---

① ② 参见：顾奎琴：《毛泽东保健饮食生活》，广东人民出版社2003年版。

≫鱼类的钟爱

毛泽东终生都爱吃鱼，战争年代没条件吃鱼，新中国成立后四菜一汤中一般少不了鱼。他吃的鱼种类很多，主要有胖头鱼、武昌鱼、白条鱼、鲢鱼、桂鳜、青鱼、鲥鱼、鲫鱼、鲤鱼、草鱼、边鱼、鳅鱼、黑鱼、鲶鱼、黄鳝、泥鳅、麻姑丁鱼、马哈鱼、黄花鱼等。

逸闻趣事

"叫它'四星望月'好不好？"

1929年的一天，毛泽东率红四军从井冈山突围，抵达江西省兴国县。

兴国县的干部请毛泽东品尝当地著名的菜：蒸笼粉鱼。这道菜做法讲究，将鱼肉切成薄片，放在一个小竹蒸笼里浇上辣椒、大蒜、姜末、芝麻，旺火蒸熟。蒸熟时香味辣味扑鼻而来。毛泽东起初对兴国竹笼盛菜颇感诧异。一尝鱼肉，又辣又香，正对他的口味。过了一会儿，毛泽东搁筷问道："这道菜怎么个叫法？"当地干部说："没正经名字，叫米粉鱼。"另一个同志接口道："粤菜都讲究个名字，请毛委员给起个好名字吧！"

毛泽东兴趣盎然地说："是要起个名字，名正则言顺嘛。你们看，中间的蒸笼像是星星，叫它'四星望月'好不好？"

新中国成立后，兴国的厨师到中南海为毛泽东做过"四星望月"。兴国这道风味菜，就以这个美丽的名字，载入中国名菜谱，端上国宴席。

毛泽东早年特别爱吃鲤鱼，在陕北杨家沟时，卫士们常去附近河沟里捉鲤鱼。有一次，远在河东的贺龙还专门为他捎来几条大鲤鱼。毛泽东喜欢吃鲤鱼的习惯，甚至连外国人都知晓。据说，毛泽东两度访苏时，苏联"老大哥"都想方设法为他弄活鲤鱼吃。

逸闻趣事

"你们现在用劲把水搅浑，这叫做浑水摸鱼嘛！"

毛泽东在西柏坡时，有一天带着几个警卫员到野外散步，来到一个较清的水塘边停住了步。

他问王振海："你说，这池塘里有没有鱼？"

王振海回答："这土水塘里没有鱼。"并说明了理由。

毛泽东说："咱两个下去捞鱼，如果捞出鱼来，说明你的经验不全面。如果真的这个水塘里没有鱼，说明你的经验还有普遍性。"他打赌后立时就要脱衣下塘，被警卫员制止了。

警卫员孙勇、王振海等脱衣下到水塘里，摸起鱼来。有个警卫员叫了一声，说觉着有鱼碰腿了。一会儿几个人都说有鱼。孙勇抓住了一条，扔到岸上，足有一斤多重。王振海也抓住一条。

毛泽东精神振奋起来，在岸上喊话："你们现在用劲把水搅浑，这叫做浑水摸鱼嘛！"

几个人在塘内一起搅动起来，一会儿就把水搅浑了，鱼被呛得露头吸气，一会功夫就捕上来十余条鱼。

毛泽东站在塘边上高兴地说："好了，够你们美餐一顿了。"①

1948年在西柏坡

① 王伯福：《毛泽东轶事大观》，山东人民出版社 1997 年版。

"要是送来死鱼，就给他们扔出去。"

1949年毛泽东在河北西柏坡会见米高扬

1949年1月，斯大林派苏共中央政治局委员米高扬秘密访华。在河北省平山县西柏坡村，毛泽东等中共领导人热情地欢迎并招待了米高扬一行。在酒席上，苏联翻译指着桌上的红烧鱼问："是新捞的活鱼吗？"在得到肯定的答复后，米高扬他们才吃鱼。"

对饭桌上苏联人的傲慢行为，毛泽东颇为不满，深深地记在心里。一年后，毛泽东出访苏联，他向随行的中餐厨师严格下令："你只能给我做活鱼吃，他们要是送来死鱼，就给他们扔出去。"

果然，苏联人送鱼来了，是死鱼。厨师遵照毛泽东命令给"扔了回来"。苏联人慌了，找来翻译一问，才知道毛泽东只吃活鱼，不吃死鱼。于是，苏联人向中国客人郑重保证，马上抓活鱼送来。这件事很快传开，克里姆林宫的大小人物都知道：毛泽东吃鱼很讲究，不是活鱼不吃。

1949年12月11日到达莫斯科

其实，在国内毛泽东吃鱼并不讲究，死鱼剩鱼都吃。这次在苏联他非要吃活鱼，不过是以其人之道还治其人之身，作为回报做给苏联人看的。这不仅反映了毛泽东的性格，而且体现了民族的尊严。

1957年，毛泽东第二次出访苏联时，有了前次的教训，苏方早早地准备好了活鲤鱼。①

① 参见：韶山毛泽东纪念馆：《毛泽东生活档案》，中共党史出版社1999年版。

　　关于吃鱼，毛泽东还灵活地运用到外交领域，留下了一段传世佳话。

"烧滑水"

　　1972年2月21日中午，美国总统尼克松一行乘坐的"空军一号"专机准时降落在北京东郊机场。这天中午，钓鱼台国宾馆为远道而来的美国客人，准备了第一次午宴。为欢迎尼克松夫妇的到访，毛泽东还亲自为他们增添了3道菜：烧滑水、鱼翅仔鸡、牛排，并指定由中南海烹调大师程汝明做好后，送到钓鱼台国宾馆。

　　这次午宴上有一道菜叫"烧滑水"，对于不喜欢吃多刺鱼的外宾来说，这道菜并不合适，但毛泽东执意要加上去。就这样，由毛泽东钦点的烧滑水、鱼翅仔鸡、牛排这3个菜，一同端上了尼克松夫妇的餐桌。当尼克松及夫人知道这三道菜是毛泽东及夫人江青特意为他们安排的，感到非常高兴，而且吃得很干净。吃完之后他们连声道谢，并表示感受到了中国人民的好客之情。

　　毛泽东特意点烧滑水这道菜，有特殊的意义。烧滑水，这道"怪"菜鲜为人知，实际上是用青鱼的尾部做主料，精心烧成。那是鱼身上最有力的一段，是鱼游水时的推进器。毛泽东此举，意在表达一种愿望：中美双方要以尼克松此访为契机，不断推动两国及世界关系向前发展。

　　毛泽东虽然爱吃鱼，但对鱼的来路一定要问清楚，如果有悖他的原

1972年2月21日，毛泽东会见美国总统理查德·尼克松。

则，他一定不会吃的。

逸闻趣事

"把鱼放掉吧！"

1965年夏天，毛泽东的专列到了江西，停在一个铁路叉道上。那天上午，毛泽东安排的是请当地领导同志到列车上开会、谈话。列车所停之处的道旁是水沟。在江西有水就有鱼。工作人员提议，下水给主席摸鱼吃。于是他们一齐响应，男同志纷纷脱掉鞋子，挽起裤子下到水沟里摸起鱼来。有的站在沟边，一边看热闹，一边帮助他们拣鱼往水桶里放。人欢鱼跳，热闹非常。大伙兴高采烈地说："今天要给主席改善生活哩！"因人多，工夫不算太长，装了大半桶大大小小的鱼，其中还有个别的小红鲤鱼，在水桶里翻腾，大家都为这次的收获而兴奋异常。等主席那边的会开完了，他们也就收摊上了车。

毛泽东正坐在沙发上抽烟休息，工作人员兴致勃勃地跑到他那里说："主席，今天给您改善生活，辣椒炒小鱼。"毛泽东问是怎么回事，工作人员就把摸鱼的事一五一十讲了一遍，原以为他听了会高兴的，没想到他反问道：

"鱼活着没有呀？"

"都活着呐。"

"谢谢同志们噢，告诉他们，把鱼放掉吧！还放回原来的池塘里去。"

"那不是谁家的池塘，要是池塘我们也不会去捞人家的鱼，那是铁道旁边的小水沟，水是下雨积存的。"

毛泽东听工作人员说完很认真地说："那虽说不是哪一家哪一户的池塘，可它是江西人民的水沟啊！"

在毛泽东的一再坚持下，大伙只好按他的意见提着水桶把鱼又全部放了回去。

毛泽东不吃江西水沟沟里的鱼，说明老人家仍然牢牢地遵守着红军时代他亲自制定的"三大纪律八项注意"——"不拿群众一针一线"，不与民争利，秋毫无犯那一条。①

1969年毛泽东和身边工作人员及警卫战士合影

晚年的毛泽东很喜欢吃胖头鱼，对鱼头炖豆腐这道菜，他是"百吃不厌"。

逸闻趣事

"这头比一般鱼的头大……应该聪明吧。"

有一次，吃胖头鱼汤，毛泽东望着那汤里又肥又大的鱼头，又用他特有的幽默和浪漫联想开了。

他指了指鱼头说："这头比一般鱼的头大，不知这种鱼比别的鱼聪明不聪明，想来是大脑发达，应该聪明吧。多吃这种大鱼头，一定会使大脑发达。来来，你们也都吃点，我可希望你们越来越聪明噢。"毛泽东的玩笑话，使席间充满了轻松欢乐的气氛。

---

① 参见：李敏、高凤、叶利亚：《真实的毛泽东》，中央文献出版社2003年版。

毛泽东还喜欢吃鱼冻，而且都在每次用餐的最后才吃，鱼冻是鱼汤冷却凝结而成的，腥味自然要重的多，一般人吃一口都受不了。他却吃得很香，饭后总要吃上那么一口。

逸闻趣事

"鱼腥肉香，都要领略"

有一次，又是吃完了饭之后，工作人员便问毛泽东："主席，您吃的那种鱼冻太腥了，有什么好吃的，您干吗总要吃它？"

"你算说对了，我就是要吃这种腥味呢。鱼不腥就不是鱼了，鱼腥肉香，都要领略，吃一口鱼冻，饭一下子就都顺下去了。"

鱼腥肉香，恐怕只有毛泽东才会提出这样的理论，一般人吃鱼唯恐除不掉腥味，而他却不怕。由于吃鱼太多，他曾与工作人员半开玩笑，说要向鱼儿说道歉。

逸闻趣事

"鱼儿呀，毛泽东给你们赔不是来了。"

一次，毛泽东与护士长吴旭君聊天时说："我在世时吃鱼比较多，我死后就把我火化，骨灰撒到长江里喂鱼。你就对鱼说：鱼儿呀，毛泽东给你们赔不是来了。他生前吃了你们，现在你们吃他吧，吃肥了你们好去为人民服务。这就叫物质不灭定律。"

毛泽东吃的大多是淡水鱼，而且爱吃小鱼，小虾，海里的鱼吃的比较少。这些小鱼都是囫囵做熟，吃时连骨头带内脏一块吃了，营养价值很高又补钙。50年代不像现在对补钙量要求得那么确切，但保健医生也让毛泽东多吃小鱼、小虾，所以他不会缺钙。与养殖的鱼相对而言，野鱼的营养价值更高。如泥鳅，所含脂肪成分较低，胆固醇更少，属高蛋白低脂肪食品，且含不饱和脂肪酸，有利于人体抗血管衰老，以前很多人不知道它的营养价值，不被人重视。

逸闻趣事

吃小鱼虾与炒龙肠

吴连登等工作人员，经常在中南海用竹筐捞小鱼小虾给毛泽东吃，在玉泉山住着时，就捞河沟子里的小鱼。那些鱼，大的也不过手指头般，用面滚一滚，放在油里一炸，再放点辣椒，毛泽东吃得十分高兴。小白条鱼、鲢鱼，他都是吃小的。

毛泽东还喜欢吃炒龙肠——也就是炒大青鱼的肠子，那东西一般人是根本不吃的。从营养角度看，毛泽东很会吃，把鱼的精华吸收了。而如今，很多人吃鱼时把头、肚子里的东西去掉，做鱼的汤倒掉，只吃点鱼肉，是极大的浪费。

毛泽东还有一个理论，就是他认为刺多的鱼吃起来香，刺少的是懒鱼，有无道理且不考虑，由此足以说明毛泽东喜欢吃鱼的程度。

1966年7月毛泽东和吴旭君在武汉东湖宾馆合影

逸闻趣事

"少刺的鱼是懒鱼"

毛泽东爱吃刺多的鱼，他认为这种鱼肉香。如武昌鱼，刺多但吃起来很香，他爱吃，也因毛泽东的诗作而出了名。

　　毛泽东爱吃骨头刺多的鱼，自然有他的理由，他曾对厨师杨纯清说："人和鱼也有相同的地方。少刺的鱼是懒鱼，它们不爱动，光长肉。这种鱼营养价值不高。"

　　毛泽东常吃翘嘴白和小麻姑丁鱼，这些鱼的刺很多，杨纯清把这些鱼烤干油炸，他吃起来特别开心。

　　毛泽东菜谱中，鱼的做法也多种多样，除了以清蒸、炖汤为主，还有炒、烧、炸等做法，无论哪种做法，都有一个共同点，就是用水烹制。毛泽东要求做鱼必须放水。现代医学研究发现，被油炸后的蛋白质，会产生一种化学物质——杂环胺类。它已被证明是剧毒的致癌物质，比已知的致癌物质黄曲霉还要毒70%至110%。清蒸、炖汤能最大限度保存营养，放汤能防止鱼蛋白质由于高温而变质，是很科学的吃法。四菜一汤举例：

　　主菜：干烧鳊鱼、口蘑烧猪肚、煎牛扒、冬瓜清汤。主食：二丁包子、鸡汤面条、烩水果。

　　主菜：沙锅鱼头、炒牛百叶、炒芥蓝、炒白菜。小菜：烤辣子、炒苦瓜。主食：米饭、包子、馒头。

　　主菜：豆豉烧豆腐、菠菜、沙锅丸子、清炖牛肉。小菜：炒虾子、香鱼、煎青椒。

　　主菜：炒鸡杂、烧鲥鱼、炒苋菜、烧百合。小菜：洋火腿、炒苦瓜。主食：发糕。

　　主菜：粉条牛肉丝、炒芥菜、烧鲫鱼、凉拌茄子。小菜：蒸洋火腿、炒鸭肠。主食：米饭、馒头。

　　主菜：五香鸡、烩虾仁、菠菜汤。小菜：拌酸黄瓜、肉末芥菜。

　　鱼头炖豆腐这道菜搭配很合理，因为豆腐中富含钙质，但单独食用豆腐时，其中的钙质不容易被吸收利用，当与鱼头同炖食用时，豆腐中的钙质就更容易被人体吸收。

逸闻趣事

"要用水烧鱼，这样烧出来的鱼味儿浓、肉鲜。"

毛泽东吃饭要求不高，但得符合他的口味、他的习惯。他曾经对厨师于存说："为我做饭，没有什么规律，难为你了！"

第一次做饭时，于存师傅给毛泽东做了道烧鱼。本想端上去他一定高兴，谁知，竟又端了回来，他不爱吃。原来，他不了解毛泽东吃鱼的习惯。

毛泽东说："要用水烧鱼，这样烧出来的鱼味儿浓、肉鲜。"对鱼，他很有研究。

于师傅把毛泽东的话记在了心里，以后烧鱼都用水烧，按照老人家的要求，精心烹调各种美味鱼肴。

一天，他给毛泽东做了一个干烧武昌鱼，因武昌鱼本身没有土腥味，又是用水烧的，符合要求，所以毛泽东吃得津津有味。[1]

建国初期，江河湖泊多未被污染，鱼类也大多是野生的，所以营养价值非常丰富。毛泽东吃的鱼无论南方的还是北方的，基本上都是活的鱼，如不能活着运来就用冰保鲜，最大限度地保持鲜活，且多为野生的，对健康很有益。毛泽东爱吃鱼的习惯，符合现代的科学饮食要求，值得学习推广。

---

[1] 《遵化文史》，2009 年第 4 期，总第 9 期

>> 丰富的小菜

　　毛泽东每天吃饭有个特别之处，就是除了四菜一汤之外，基本上每餐不少于两个小菜。小菜用小碟子盛着，量不多。毛泽东吃的小菜相当多，面很广，一天有六七个。

　　毛泽东吃的小菜里，经常有腊鱼、腊肉和辣椒。他吃的辣椒都很辣，非得有真功夫不可。

逸闻趣事

"这个朝天椒，大概就是辣椒里的阎王爷哩！"

　　毛泽东对辣椒的偏爱是始终如一的，有时甚至到了贪馋的程度：其他菜可以不吃，辣椒万万少不得。如果有两天不吃辣椒，饭量几乎减半。但辣椒吃多了，对身体无益。因此，工作人员对毛泽东吃辣椒是：严格把关，既要满足需要，又要从严控制，掌握适量。

　　为了让毛泽东少吃点辣椒，在东湖宾馆工作的傅家宽师傅想了一个办法，给他做一盘油泡辣椒。他专门选用一种最辣的辣椒——朝天辣，又叫姊妹椒。这种辣椒又尖又小，奇辣无比。他把朝天椒切成条状，放入开水里烫一分钟，然后捞起来凉拌，再加麻油浸泡。

1965年4月毛泽东在武汉东湖宾馆散步

那顿饭毛泽东吃得满头大汗，嘴里咝咝倒吸凉气，米饭比平常吃得多。他边吃边说："这个朝天椒，大概就是辣椒里的阎王爷哩！"

傅家宽试探地问："主席吃不来吧？"

毛泽东却连说三个"好吃"。

接着，毛泽东又风趣地谈起他的辣椒经，说："吃辣椒是要有决心的。要不怕辣，不怕苦。辣椒是个好东西，大凡革命者都爱吃它。我们湖南家家都种辣椒，人人都吃它，人人都革命。"

毛泽东还回忆说：长征的时候，吃不到肉不大想肉吃，只是老想有辣椒吃就好了。[①]

再有就是湖南的豆豉、广东的豆腐乳和湖南、杭州的臭豆腐，这些都是毛泽东小菜里常有的。

逸闻趣事

"爱吃一定是人体有这种需要"

对于吃东西，毛泽东顾忌的不多，甚至全无顾忌。只要是他想吃、爱吃的，他认为就可以吃。

毛泽东喜欢吃一种白色的腐乳。在湖南，腐乳又叫"霉豆腐"，显然是经过霉变的食物。叶子龙做毛泽东机要秘书时，因为会做腐乳，常常替毛泽东制作这道菜。后来，负责毛泽东生活的工作人员，还从京西宾馆请师傅传授腐乳制作技艺。

然而，保健人员对此却极为担忧，因为从医学上看，霉变过的食物是不宜进食的。有一次，医务人员私下里将毛泽东吃的腐乳送去化验，结果发现其中细菌含量大大超标。于是，他们将化验报告上呈毛泽东，建议他从此不要再吃。可是毛泽东依然如故，坚决不肯放弃这一美味。

---

① 陈远发：《毛泽东在湖北的饮食生活》，《文史精华》2006年第10期

1963年毛泽东在散步

他说："人感到又好吃也爱吃的东西还是能吃的。爱吃一定是人体有这种需要，这也许是一种什么潜在的东西，但究竟是什么，我也说不清。不过，世界上的事，说不清的也太多。这也是好事，都说清了，科学还研究什么，不研究了，还有发展吗？"

有一次饭已经吃完了，毛泽东又将筷子伸向酱豆腐，提起筷子时，半块酱豆腐连着表面菌丝拉得很长，像面条一样，毛泽东稍一犹豫，把半块酱豆腐全塞进嘴里。

工作人员说："主席，多咸呀！快吐了吧！"

毛泽东说："它跟我捣蛋，以为我不敢吃它！我才不吐呢。我这个人哪，不喜欢走回头路，不干后悔的事。"[①]

有些小菜比如苦瓜，他很爱吃，今天给他吃，明天还可以给他吃，只要做法不一样，就没关系。没有合适菜的时候，把空心菜的梗切下来，放点豆豉一炒，给他当小菜吃，他吃得也挺好的。

特别说明一下，毛泽东每顿饭必不可少的不仅有辣椒，还有一小碟蒜泥。调蒜泥很讲究，有时要加入十来样调味品，最简单的做法是：把剥好的一头蒜捣成蒜泥，再用盐、香油一拌，就可以吃了。他的这一生活习惯对他的身体很有益处，蒜具有很好的杀菌作用，能开胃并能预防感冒、防止感染，特别是能有效抑制腐乳中的有害菌。

毛泽东常吃的小菜有以下几类：

辣椒类：油煎小青椒、干焙辣椒、辣椒酱、干煸小青椒等。四菜

---

① 参见：韶山毛泽东纪念馆：《毛泽东生活档案》，中共党史出版社1999年版。

一汤举例：

主菜：比目鱼、炒油菜、荷叶里脊、黄花汤。小菜：煎小青椒、蒜泥。

主菜：蒸鳊鱼、氽丸子、肉末豆腐、豇豆。小菜：干焙辣椒、苦瓜。

腐乳类：霉豆腐、豆腐乳、豆豉、豆豉炒辣椒等。四菜一汤举例：

主菜：咖喱排骨、白汁鳊鱼、素炒盖菜、什锦火锅。小菜：生煮花生、豆腐乳、酸甜泡菜。

主菜：沙锅鱼头、带丝排骨、白汁茄块、素炒菠菜。小菜：甜酸盖菜、糟豆腐。主食：煎大米饭。

鱼虾类：五香鱼、炸小鱼、火焙鱼、辣鱼、小干鱼、小虾等。四菜一汤举例：

主菜：辣炒山鸡、烧三色萝卜、炒牛肉片、烧茄子。小菜：炸小鱼。主食：小米饭。

主菜：炒太古菜、咖喱鸡、沙锅鱼头。小菜：五香鱼、小鱼。主食：米饭、馒头。

蒜泥类：蒜泥、蒜泥辣椒、蒜泥蔬菜、蒜泥牛肉等。四菜一汤举例：

主菜：糖醋白菜、陈皮牛肉、烧茄子、鸡丝生菜。小菜：蒜黄肉丝、咸蛋松花。主食：汤面。

主菜：炒海带、炒苋菜、爆虾米、青蒜炖牛肉。小菜：蒜泥白肉。主食：鸡蛋炒饭。

腊肉类：腊肉、腊鱼、腊肠、腊鸭等。四菜一汤举例：

主菜：口蘑烧猪肚、煎牛扒、冬瓜清汤。小菜：腊肉、卤味。主食：米饭、稀饭、卷子。

主菜：炒苋菜、烧鱼块、烧茄子、蛋卷沙锅。小菜：腊鱼、拌黄瓜。主食：烤玉米、烤红薯。

其他类：香肠、蛋鱼卷、炸鳝鱼、苦瓜、油寒菌、烩鸡血、炒海带、炒鸡杂、腊八豆、炒油渣、腌芥菜、炒莴笋、烧荷兰豆、蒸熏鱼、蒜薹炒肚丝、松花蛋、荷包蛋、咸鸭蛋等。四菜一汤举例：

主菜：蟹黄海参、米粉蒸肉、炒菠菜、烧水萝卜。小菜：韭黄炒香肠、烩鸡血。

主菜：葱烧羊肉、炒油菜薹。小菜：炸鳝鱼、炒芥菜。主食：牛奶、面包。

小菜在毛泽东的饮食中起着重要作用：

第一，小菜能调节口味，增加食欲。比如辣椒、蒜泥、腐乳，几乎每天都有，毛泽东很喜欢吃，有了这几样小菜调剂，主菜吃得更香，主食吃得也好。

第二，小菜能丰富品种，每天多吃几样菜。工作人员在毛泽东每顿饭四菜一汤的基础上，加上几个不重样的小菜，增加菜的品种。

第三，用小菜试验，为主菜做准备。有些菜毛泽东没吃过，不知喜不喜欢，如果贸然以主菜做出来毛泽东不吃那就不好了，一则浪费，二则毛泽东没吃好影响工作。所以想让毛泽东吃好，不光做以前常吃的、喜欢吃的，还应增加新菜，使他的营养跟得上，这时就先做个小菜试试。如果毛泽东对这个小菜很感兴趣，爱吃，以后就可以做成主菜。

第四，小菜能补充量的不足。如果四菜一汤中的主菜不够吃的话，小菜能起到补充的作用。

二、毛泽东的四菜一汤

　　很多人知道毛泽东吃饭是四菜一汤，但四菜一汤中都吃什么，怎么搭配不甚了解。经过对比，毛泽东四菜一汤中的食物与世界卫生组织推荐的最佳食物基本吻合，在50至70年代能做到这点相当不易。又经过与卫生部发布的《中国居民膳食指南》相对比，我们惊奇地发现，毛泽东除了三餐不定时、体重偏高之外，几乎完全与指南的要求一致。那么四菜一汤里究竟包含着哪些科学秘密？

>>四菜一汤的说明
>>与世界卫生组织推荐的
　食品排行榜的比照分析
>>与《中国居民膳食指南》
　的比照分析

>>四菜一汤的说明

毛泽东的四菜一汤是对毛泽东饮食品种和数量的规定，是公开的。新中国成立后毛泽东每顿饭是三菜一汤，后来经济好转了，考虑到他工作繁忙，日理万机，为保证他的健康，从数量上调整为四菜一汤，这样既能保证足够的营养又不奢侈浪费。

如果只毛泽东一个人吃饭，绝不超过四个菜，有时三个菜，有时两个菜，也有一个菜的，另外有一个汤、两个以上小菜；如果有工作人员或客人陪吃饭，基本原则是多一个人加一个菜。所以在工作人员记录的菜谱中，菜的数量不都是四菜一汤，多于四个菜的必定有工作人员陪同，或招待客人。例如：

主菜：鳅鱼沙锅、米粉蒸肉、烧鱼肚、炒大白菜、烧菠菜、烧茄子。小菜：洋火腿、炒大肠、黄瓜小虾。主食：米饭、稀饭。（注：3个客人）

韶山毛泽东纪念馆珍藏的部分毛泽东四菜一汤菜谱。

有人会想，毛泽东每顿饭四个菜一个汤，外加几个小菜和主食，他能吃得了吗，吃不完不是浪费吗？其实厨师每天给他做菜的量都不大，基本上是根据他的饭量做的，差不多吃完。另外，毛泽东吃饭用的碗碟不大，建国初期用小盘子盛，后来怕凉改用带盖子的小碗盛，一碗菜有时几筷子就能夹完，汤也是一小碗，小菜用很小的碟子装，而且这顿吃不完下顿拿来再吃。

毛泽东吃饭用的扣碗

毛泽东每天正餐一般吃两顿，也有一顿、三顿甚至更多的，也有两天一顿、两天三顿、三天一顿的。由于睡觉时间颠倒，所以毛泽东的早餐相当于常人的午餐，午餐相当于晚餐，晚餐则相当于早餐。

经过对120余顿饭进行统计，毛泽东吃的种类相当多，有70多种蔬菜160多种做法，鸡鸭有50多种做法，鱼类有100多种做法，牛羊类有30多种做法，猪肉类有100多种做法，其他肉类有10多种做法，蛋奶类有10多种做法，豆及豆制品类有20多种做法。

毛泽东的四菜一汤搭配很合理，四菜中一般有一个素菜，一个荤菜，两个荤素搭配菜，每顿基本上都有鱼。例如：

主菜：鸭掌沙锅、炒空心菜、麻婆豆腐、烧鲋鱼。小菜：陈皮牛肉、黑鱼籽。主食：二米饭、稀饭、烫面饼。

毛泽东在日常饮食中多吃熟食、热菜，很少吃生的食物和凉拌菜，基本上不喝冷饮。

毛泽东每天吃的四菜一汤包含着饮食的品种、数量、营养、搭配等信息，今天研究毛泽东的饮食是否科学，主要就从每顿四菜一汤是否合理入手。

当今饮食科学研究快速发展，观点很多，出版了很多这方面的书籍，各抒己见，鱼龙混杂。现在就以官方发布的权威文件为参照物，与毛泽东的日常饮食作一比较：

一是世界卫生组织在全球范围内推荐的食物排行榜；

二是我国卫生部公布的《中国居民膳食指南》（中国营养学会，《中国居民膳食指南》，西藏人民出版社2009年版，以下称《指南》）。

需要指出的是，无论是世界卫生组织发布的食物排行榜，还是卫生部公布的《中国居民膳食指南》都会随着社会的发展和科学的进步不断调整和完善，本书仅以目前公布的为准。

》与世界卫生组织推荐的食品排行榜的比照分析

对于世界卫生组织推荐的食品排行榜，有一点需要注意：

食物没有好坏之分，营养各不相同，推荐的食物不能替代所有食物，切忌以偏代全、生搬硬套。平时可以多吃推荐的食物，但也不可丢掉其他食物。

下面我们拿毛泽东的四菜一汤与世界卫生组织推荐的食品做一下比对分析。

一、最佳蔬菜

1.红薯 2.芦笋 3.卷心菜 4.菜花 5.芹菜 6.茄子 7.甜菜 8.胡萝卜 9.荠菜 10.金针菇 11.雪里蕻 12.大白菜

世界卫生组织推荐的12种最佳蔬菜，毛泽东都经常吃。统计显示，在120来顿饭中毛泽东吃的蔬菜达70余种，范围很广，还有部分未列出。

红薯被世界卫生组织列为蔬菜类的第一名，它在抗癌食物中也名列榜首，其实红薯不仅有抗癌作用，而且含有丰富的营养成分，具有多种保健及药用价值。现代营养学研究表明，红薯含有糖、脂肪、蛋白质、无机盐、胡萝卜素、硫胺素、核黄素、尼克酸、抗坏血酸以及人体必需的氨基酸等多种营养成分，其中胡萝卜素和抗坏血酸的含量超过胡萝卜和某些水果。中医认为，红薯具有补虚乏、益气力、健脾胃、强肾阴之功效。患有皮肤干燥、眼干症、头发干脆易脱落症者，每日吃几块黄心红薯，很有益处。红薯内含有类似雌激素的化学物质，可保持人体皮肤细腻，延缓人的衰老，被称为"长寿食品"和"抗癌食品"。

晚餐吃个烤红薯

一次，毛泽东正在吃饭，他手里拿着一只烤红薯，慢慢地嚼着，吃得挺香，工作人员见了都感到惊讶。

红薯营养价值高，烤熟后吃起来更香。毛泽东的家乡韶山，田少山多，当地群众多种红薯，农民缺粮时，就用红薯代替大米。当时流传有一首民谣："韶山冲，冲连冲，十户人家九户穷，有女莫嫁韶山冲，红薯柴棍度一生。"

毛泽东爱吃家乡的烤红薯，每逢上山放牛、砍柴，甚至去私塾上学，常带上一两只烤红薯充饥或作为午餐。新中国成立后，毛泽东一直保持着这个饮食习惯，晚餐叫工作人员准备一个烤红薯、一个烤玉米。例如：

主食：红薯、米饭、素馅包子。

主食：红薯、米饭、汤面饺。[①]

毛泽东饮食强调"基本吃素"，四菜一汤中蔬菜是最多的，蔬菜富含维生素、矿物质和膳食纤维，能有效防止心血管疾病、糖尿病等老年常见病的发生。毛泽东每天晚饭吃一两个烤红薯，是很好的饮食习惯。

二、最佳水果

1.木瓜 2.草莓 3.橘子 4.柑子 5.猕猴桃 6.芒果 7.杏 8.柿子 9.西红柿 10.西瓜

世界卫生组织推荐的10种最佳水果，毛泽东都吃过，有的多，有的少。工作人员经常挤西红柿汁、西瓜汁、草莓汁、橘子汁、广柑汁给他喝，有的水果蒸熟了给他吃。毛泽东喜欢并熟知水果的正确吃法，如：他说吃苹果时最好别削皮，皮的营养很丰富；当他看到身边的人用刀削芒果皮时，就告诉他们应该怎样用刀切更合理。

---

① 参见：赵志超：《毛泽东十二次南巡》中央文献出版社 2000 年版。

逸闻趣事

"以后不要再送了。"

毛泽东每天两顿饭间隔时间较长，有时十几个小时不吃东西。工作人员每天用就西红柿或广柑挤一杯果汁，或冲一杯可可牛奶给他喝。

三年困难时期，果汁和牛奶他都不要了，后来也没有再恢复。1962年9月八届十中全会在北京怀仁堂后大厅召开，当天毛泽东睡得很少，工作人员怕会议开得太长，中间给毛泽东送去一杯可可牛奶到台上。回来后，毛泽东安排说："以后不要再送了。"[①]

"苹果的营养可都在皮上呢。"

一次，毛泽东在专列上用过餐后，随手从盘中拿了一个苹果。专列服务员赶紧拿起水果刀说："主席，我给您把苹果皮削了吧？"

毛泽东拿着苹果像个孩子似的来回晃了几下说："吃苹果可不能削皮。小鬼，你知道吗，这苹果的营养可都在皮上呢。"说完把苹果举到嘴边咬了一大口，又顺手拿起一个苹果递给服务人员："你也吃一个。"

服务人员急忙打个手势说："不吃，不吃，主席，您吃吧。"

看她这样，毛泽东故意一沉脸说："我可喜欢实在的人。"随后又用手指了一下对面的靠背椅，示意她坐下。

服务人员双手接过毛泽东递来的苹果，坐在他对面，也学着他的样子，不削皮吃了起来。[②]

三、最佳肉食

1.鸡肉 2.鸭肉 3.鹅肉

在三类最佳肉食中，毛泽东吃的鸡肉最多鸭肉次之鹅肉比较少，

---

① 参见：王震宇：《在毛泽东身边：106位毛泽东亲属和身边工作人员的回忆》，人民出版社2009年版。

② 李静：《实话实说丰泽园》，中国青年出版社2000年版。

我们统计的120顿饭中仅鸡鸭类做法就有50多种。毛泽东喜欢吃鸡鸭肉，出名的菜有长征鸡、东安鸡、叫花鸡、辣子鸡、童子鸡、五香鸡、油焖鸡、桂花鸭、烤鸭、香酥鸭、腊鸭等，另外还喜欢吃鸡杂鸭杂。例如：

主菜：炒鸡杂、鸳鸯蛋、炒空心菜、烩鱼元、排骨汤。小菜：辣子豆腐、炒腊肉。主食：馒头、米饭、稀饭。

四、最佳汤食

1.鸡汤

在汤类中，鸡汤是毛泽东喝的最多的。给毛泽东做菜一直沿袭一个特点，也是他的独特饮食习惯，就是炒菜必放汤：炒蔬菜要放汤，做鱼肉要放汤，炖菜用的汤一般都是鸡汤。还有单独做的鸡汤，如红花鸡汤、鸡杂汤、鸡蓉汤等。例如：

主菜：炒莲花白、炝辣辣菜、带丝牛肉、贝母鸡汤。主食：酱卤面、蛋炒饭。

五、最佳健脑食品

1.菠菜 2.韭菜 3.葱 4.椰菜 5.菜椒 6.豌豆 7.小青菜 8.蒜苗 9.核桃 10.花生 11.开心果 12.腰果 13.松子 14.杏仁 15.大豆 16.糙米饭 17.猪肝

在最佳健脑食品中，排第一的菠菜，是毛泽东除了大白菜之外吃的最多的菜，在上面的菜谱中就有菠菜蛋汤、菠菜沙锅丸子、炒菠菜、烧菠菜、素炒菠菜等做法。还有大豆和糙米饭，毛泽东的主食就是糙米饭。豆制品吃的也很多，毛泽东曾说过"豆制品我喜欢吃"。坚果类除花生、松子、杏仁等可以当菜出现在餐桌上之外，如核桃、腰果、开心果属于零食，毛泽东吃得不多一则他没时间吃，二则牙齿不太好。因此，除个别坚果之外，健脑食品中大部分他都常吃，尤其是排名前几位的蔬菜，吃的较多。

六、最佳食用油

1.玉米油 2.米糠油 3.芝麻油

在三种最佳油类中，毛泽东常吃的是芝麻油。受当时条件限制，没有玉米油和米糠油，不过他常吃花生油，茶籽油、豆油等植物油和猪油掺在一起的混合油。世界卫生组织虽然没有推荐动物油和混合油，不过有的学者指出混合油更有利于健康，尚有待证明。目前最科学的推荐用油是不同植物油混合的调和油，每种油各有所长，能互补营养。

七、最佳健康饮料

1.绿茶 2.红葡萄酒 3.豆浆 4.酸奶 5.蘑菇汤 6.骨头汤

在最佳饮料中，喝茶无异是毛泽东的一大嗜好，不仅爱喝茶，而且喝酽茶，量也多，对健康的作用毋庸置疑。毛泽东日常待客吃饭饮少量葡萄酒，符合世界卫生组织的建议。蘑菇汤和骨头汤也是毛泽东餐桌上的"常客"，他每顿饭有一个汤，如上面菜谱中就有萝卜排骨汤、海带炖排骨、寒菌炖蹄花，青菜汤也是以鸡汤、骨头汤或蘑菇汤作底汤加青菜炖成的，营养价值丰富。另外，毛泽东喜欢吃豆制品，但喝豆浆的次数和量不及其他豆制品。四菜一汤举例：

主菜：炒鳝片、炒苋菜、海带排骨汤、炒黄豆芽。小菜：酸黄瓜、辣椒。主食：黄豆稀饭、米饭。

鉴于当时的条件，酸奶不知喝过没有，菜谱中未发现，也未听身边工作人员提及。从上可见，六大饮料有五大饮料毛泽东常喝，基本与世界卫生组织的推荐相符。

八、十类垃圾食品

第一类　油炸类食品：

1.导致心血管疾病元凶（油炸淀粉）。2.含致癌物质。3.破坏维生素，使蛋白质变性。

第二类　腌制类食品：

1.导致高血压，肾负担过重，导致鼻咽癌。2.影响粘膜系统（对肠胃有害）。3.易得溃疡和发炎。

第三类　加工类肉食品（肉干、肉松、香肠等）：

1.含三大致癌物质之一：亚硝酸盐（防腐和显色作用）。2.含大量防腐剂（加重肝脏负担）。

第四类　饼干类食品（不含低温烘烤和全麦饼干）：

1.食用香精和色素过多（对肝脏功能造成负担）。2.严重破坏维生素。3.热量过多、营养成分低。

第五类　汽水可乐类食品：

1.含磷酸、碳酸，会带走体内大量的钙。2.含糖量过高，喝后有饱胀感，影响正餐。

第六类　方便类食品（主要指方便面和膨化食品）：

1.盐分过高，含防腐剂、香精（损肝）。2.只有热量，没有营养。

第七类　罐头类食品（包括鱼肉类和水果类）：

1.破坏维生素，使蛋白质变性。2.热量过多，营养成分低。

第八类　话梅蜜饯类食品（果脯）：

1.含三大致癌物质之一：亚硝酸盐（防腐和显色作用）。2.盐分过高，含防腐剂、香精（损肝）。

第九类　冷冻甜品类食品（冰淇淋、冰棒和各种雪糕）：

1.含奶油极易引起肥胖。2.含糖量过高影响正餐。

第十类　烧烤类食品：

1.含大量"三苯四丙吡"（三大致癌物质之首）。2.导致蛋白质炭化变性（加重肝肾负担）。

关于十大垃圾食品，毛泽东吃的极少，不能说没有，如咸菜、香肠、饼干（工作中饿了吃一点）等。毛泽东身体一直很好，精力充沛，除去年龄大了避免不了的一些老年病之外，没其他大毛病，这与良好的饮食习惯不无关系。我们在总结毛泽东饮食习惯时，就发现他只吃对的不吃贵的。当时没有垃圾食品的说法，但工作人员尽量让他少吃对身体有害的食物，最有争议的是腐乳，还专门送到化验室化验菌群是否超标。现在研究发现，腐乳营养丰富，是营养学家大力推崇的健康食品之一。腐乳的原料——豆腐，营养价值很高，蛋白质含量达15%～20%，与肉类相当，同时含有丰富的钙质。腐乳的制作过程经过了霉菌的发酵，使蛋白质的消化吸收率更高，维生素含量更丰富。因为微生物分解了豆类中的植酸，使得大豆中原本不易被人体吸收的铁、锌等矿物质更容易吸收。同时，由于微生物合成了一般植物性食品所没有的维生素B$_{12}$，素食的人经常吃些腐乳，可以预防恶性贫血。但腐乳发酵后，容易被微生物污染，所以当时化验结果是菌群超标，建议他少吃。毛泽东非但不听还邀请医生与他同吃，他的理由很简单：腐乳是中国的传统食品，是千百年来人们对食物挑选和甄别的结果，如果对身体不好，有坏作用的话，老百姓早就不吃了，也不会流传至今。这也是毛泽东人民观的一个体现。

　　经过对比，毛泽东吃的食物与世界卫生组织推荐的最佳食物基本吻合。20世纪50年代至70年代能做到这点已属不易。

≫与《中国居民膳食指南》的比照分析

《指南》是一个科学的系统的指导文件。对饮食不仅从宏观的还从微观的、不仅从种类的还从量的方面作了详细阐述，我们用这个标尺来对照分析一下毛泽东的饮食情况。鉴于篇幅所限，我们在这里只阐明原因、说明结果，即"知其然"，如果想"知其所以然"，可以查阅相关书籍，详细了解。

一、食物多样，谷类为主，粗细搭配

人类的食物是多种多样的。各种食物所含的营养成分不完全相同，每种食物都至少可提供一种营养物质。除母乳对0月龄～6月龄婴儿外，任何一种天然食物都不能提供人体所需的全部营养素。平衡膳食必须由多种食物组成，才能满足人体各种营养需求，达到合理营养、促进健康的目的，因而提倡人们广泛食用多种食物。

食物可分为五大类：第一类为谷类及薯类，谷类包括米、面、杂粮，薯类包括马铃薯、甘薯（红薯）、木薯等，主要提供碳水化合物、蛋白质、膳食纤维及B族维生素。第二类为动物性食物，包括肉、禽、鱼、奶、蛋等，主要提供蛋白质、脂肪、矿物质、维生素A、B族维生素和维生素D。第三类为豆类和坚果，包括大豆、其他干豆类及花生、核桃、杏仁等坚果类，主要提供蛋白质、脂肪、膳食纤维、矿物质、B族维生素和维生素E。第四类为蔬菜、水果和菌藻类，主要提供膳食纤维、矿物质、维生素C、胡萝卜素、维生素K及有益健康的植物化学物质。第五类为纯能量食物，包括动植物油、淀粉、食用糖和酒类，主要提供能量。动植物油还可提供维生素E和必需脂肪酸。

谷类食物是中国传统膳食的主体，是人体能量的主要来源，也是最经济的能源食物。随着经济的发展和生活的改善，人们倾向于食用

更多的动物性食物和油脂。根据2002年中国居民营养与健康状况调查的结果，在一些比较富裕的家庭中动物性食物的消费量已超过了谷类的消费量，这类膳食提供的能量和脂肪过高，而膳食纤维过低，对一些慢性病的预防不利。坚持谷类为主，就是为了保持我国膳食的良好传统，避免高能量、高脂肪和低碳水化合物膳食的弊端。人们应保持每天适量的谷类食物摄入，一般成年人每天摄入250g～400g为宜。

另外要注意粗细搭配，经常吃一些粗粮、杂粮和全谷类食物。每天最好能吃50g～100g。稻米、小麦不要研磨得太精，否则谷类表层所含维生素、矿物质等营养素和膳食纤维大部分会流失到糠麸之中。①

食物多样是个总要求，谷类为主，粗细搭配是具体指导。在前面内容中不止一次提到，毛泽东吃的品种很杂，范围很广，而且主食有个特点爱吃糙米饭、混合饭，如糙米里掺小米、各种豆、红薯等。

逸闻趣事

"粗大米磨的遍数少，胚芽没有磨掉，营养价值高"

毛泽东喜欢吃粗粮，这与封建帝王和社会名流吃粗粮度难关、尝鲜有本质的不同。毛泽东吃粗粮是从战争年代养成的习惯。在井冈山时期，吃红米饭，南瓜汤；在长征期间，吃干粮、皮带和野菜；在陕北，吃糙米、黑豆、小米、芋头。全国解放了，生活变好了，粗粮就很少给他吃了，毛泽东不满意，经常要求吃些粗粮。

1958年秋的一天，毛泽东对他的生活管理员张国兴说："不要老做精米饭给我吃，我要吃些粗米饭。"这样的要求毛泽东已经提过几次了，而且以前也向保健医生提过。

当时张国兴想：怎么能让主席吃粗米饭呢？那是一般人都不爱吃的。再说，供应站供应的是精米，应该是有道理的。所以毛泽东几次

---

① 中国营养学会，《中国居民膳食指南》，西藏人民出版社2009年版。

提要吃粗米饭。工作人员都没有按照他说的去做。

这次毛泽东说出了其中的原因："粗大米磨的遍数少，胚芽没有磨掉，营养价值高；精大米磨的遍数多，营养价值降低，米也不好吃了。长期吃精米白面，人就会食欲减退，四肢无力，严重时还会生脚气病。"

毛泽东从小在农村长大，并且博览群书，对米的营养价值是了解的。张国兴听了觉得很有道理。于是到郊外农民家里用石臼现舂了一些。

张国兴把舂好的米带回厨房，吃饭时，热气腾腾的粗米饭端到了毛泽东的饭桌上。毛泽东连连吃了几口，说："嗯，好吃，好吃，以后就做这米饭给我吃。"

四菜一汤举例：

主菜：汤爆肚、回锅肉、炒油菜、烧茄子。小菜：牛腱子、炒苦瓜。主食：豆米饭。

主菜：炖牛肉、烧大虾、炒腰花、炒豆角、炒瓢儿菜。小菜：煎香肠、烧水萝卜。主食：二米饭、杂酱面。（有客人）[①]

特别是麦片粥，在两餐之间、夜间的工作中，为毛泽东提供了必要的能量，这也是他饮食中唯一略显高档的食品。

逸闻趣事

"来点麦片粥。"

毛泽东很喜欢吃麦片粥。当时吃的麦片，是美国生产的燕麦或大麦粒加工后，压成小片，同时往麦粒里加入一些营养剂制成的。麦片中含有大量人体必须的矿物质和维生素，是高蛋白食品。

当时，国内还不能够生产麦片。所以毛泽东吃的麦片粥，都是由国外转道香港进口的，再由中央办公厅某部门送来，由卫士长派人去

---

① 参见：张国兴、陈贵斌、刘丽：《毛泽东饮食录》1993 年版。

取。化验是必不可少的。这种麦片是用铁皮罐装的，打开后看到的食品成片状，不能干吃。麦片粥不是由厨师做，而是由值班卫士在值班室用电炉子，小锅或大瓷茶缸，把麦片放入锅或茶缸中加水搅碎，用水煮开，然后在粥里加入牛奶、鸡蛋、白糖，熬成糊状，麦片软了就可以食用，吃起来味道很香甜。

由于工作需要和长期养成的习惯，毛泽东时常看书想问题，批文件通宵达旦，晚间工作白天睡觉休息是常事。有时厨房送来了饭菜他顾不上吃，这时麦片粥就发挥了作用。看他没吃饭或工作时间太长，卫士就会问他要不要吃点什么，毛泽东这时就说："来点麦片粥。"卫士就到值班室给毛泽东煮麦片粥。毛泽东边吃边看书或文件，吃得很是香甜。

那时，由于国内不能生产麦片，所以平民百姓看它很不寻常，事实上它一点也不昂贵，几元钱一听，比起名贵的食品便宜得多。今天人们可以随时在大商场里买到这种麦片食品，它对国人来说一点也不神秘了。那么当你吃着麦片粥的时候，想到伟人毛泽东通宵达旦的工作，甚至1959年9月30日同赫鲁晓夫谈判前，只喝碗麦片粥时，你又会做何感想呢？[1]

1954年10月12日毛泽东和赫鲁晓夫在招待会上

从毛泽东每天四菜一汤的菜谱来看，主食的种类很多，有米饭、馒头、包子、面条、烧饼、糕点、饺子、烤红薯、烤玉米、烤芋头以及锅贴、春卷等。在我们统计的120顿饭中，主食有70多种不同的做法。从结构上看，毛泽东的主食多以谷物豆类为主，他爱吃米饭，但馒头面条饼等都吃。这样，有粗粮也有细粮，粗细互相搭配。

---

[1] 参见：张国兴、陈贵斌、刘丽：《毛泽东饮食录》1993年版。

逸闻趣事

"金银元宝饭"

1946年2月，毛泽东住在延安的王家坪。有一天，毛泽东住的窑洞窗户坏了，管理科派来一位60多岁的老木工，窗户修好时，正是吃午饭的时候。毛泽东执意留老木工一起吃饭。毛泽东乐呵呵地对老木工说："老人家，不要走嘛，我今天要让你享享口福，在我这里吃一顿'金银元宝饭'。"

老木工听了，觉得稀奇，不知道这"金银元宝饭"是个什么饭，便不再推辞，留了下来。

不一会儿，"金银元宝饭"端了上来。原来"金银元宝饭"就是小米掺了一点大米，还有几块红薯。老木工看看这饭，又看看毛泽东，忍不住哈哈大笑起来。

毛泽东也很开心地笑了。他一边给老木工往碗里盛饭，一边说："我这金银元宝饭，可是货真价实的哟。小米为金，大米为银，这一块块红薯，就是元宝。包你味道不错，吃了，四季发财！"

老木工听了毛泽东的话，越发乐不可支，无拘无束地吃了起来。

多数时候，毛泽东只吃"二米饭"。所谓"二米"，就是两个品种的组合，这些品种包括：大米、小米、玉米、红豆、绿豆、红薯、芋头、百合……

如果是小米和大米的组合，一黄一白，就是"金银饭"。

毛泽东用来招待老木工的这顿饭，是"三米饭"。"三米饭"比"二米饭"多了一些营养。[1]

---

[1] 单守庆:《名人与饮食》,《健康时报》2006 年。

1953年毛泽东在南京郊区参观农民耕地

从《指南》第一部分看，与毛泽东的饮食完全吻合。

那么，我们为什么要强调食物多样的总原则呢？

第一，人体需要多达40多种营养素来满足需要，不同的食物含的营养素各不同，营养各有优势，只有吃多种食物才能满足需求。需要强调的是：没有不好的食物，只有不合理的膳食，关键在于平衡。所以，在生活中只有做到饮食多样化，才能最大程度的摄入人体所需的各种营养，保持身体的健康。

第二，只有食物多样化才能摄入更多有益的植物化学物质

在众多植物性食物中，除了含有已明确为营养素的成分外，还有许多其他成分，其中一些已被发现具有一定的生物活性，可在预防心血管疾病和癌症等慢性病中发挥有益作用，这些成分通称为植物化学物质。如食用西蓝花、卷心菜等十字花科植物较多的居民，胃癌、食管癌及肺癌的发病率相对较低。几乎所有植物性食物都含有黄酮类化合物，它有抗氧化、抗过敏、消炎等作用，有利于高血压等慢性病的预防。随着科学的不断发展，新的植物化学物质及其生物活性还将不断被发现，因此只有摄取多样化的膳食，才能获得更多对健康有益的

植物化学物质。

食物多样性对纠正现代很多人的偏食有重要意义，很多人追求高贵食品、保健品和补品，重高蛋白、高维生素轻碳水化合物，于是山珍海味，生猛海鲜全来了，蔬菜水果少了，主食少了，结果病却多了。

坚持谷物为主的饮食，是平衡膳食的关键。但何谓"平衡"，大家却不清楚。

《指南》提倡平衡膳食，并据此建立"中国居民平衡膳食宝塔"：膳食宝塔共分五层，包含我们每天应吃的主要食物种类。膳食宝塔各层位置和面积不同，这在一定程度上反映出各类食物在膳食中的地位和应占的比重。谷类薯类杂豆食物位居底层，每人每天应该吃250g~400g；蔬菜和水果居第二层，每天应吃300g~500g和200g~400g，鱼、禽、肉、蛋等动物性食物位于第三层，每天应吃150g~225g(鱼虾类75g~l00g，畜、禽肉50g~75g，蛋类25g~50g)；奶类和豆类食物居第四层，每天应吃相当于鲜奶300g的奶类及奶制品和相当于干豆30g~50g的大豆及制品；第五层塔顶是烹调油和食盐，每天烹调油不超过25g~30g，食盐不超过6g。很显然，这个膳食平衡是建立在人体对不同营养素不同需求量的基础上提出的，在这里平衡不是均衡，也不是平均，而是遵循人体自然规律，该多吃就多吃，该少吃就少吃。

强调坚持谷物为主的饮食就是遵循人体自然规律，属于该多吃的。谷类食物中碳水化合物一般占重量的75%~80%，蛋白质含量是8%~10%，脂肪含量1%左右，还含有矿物质、B族维生素和膳食纤维。谷类食物是我国传统膳食的主体，事实上谷类食物是最好的基础食物，也是最便宜的能源。

提倡谷类为主，即强调膳食中谷类食物应是提供能量的主要来源，应达到一半以上。以谷类为主的膳食模式既可提供充足的能量，又可避免摄入过多的脂肪及含脂肪较高的动物性食物，有利于预防相关慢性病的发生。

逸闻趣事

"狗不理包子"

有一天，毛泽东想吃"狗不理包子"，师傅又不会做！工作人员想请毛泽东到天津去吃。

"专门到天津去吃包子，那怎么行！"毛泽东摇摇头。

经过商量，厨师和管理员一起赶往天津拜师学艺。到了天津，店领导十分热情，选派了技艺最好的厨师教他们，只学了两个小时，就教会了狗不理包子的制作技巧。返京时还带了一些包子，但蒸过后毛泽东只吃了两个。因为包子放凉后再上锅蒸，味道比刚出锅的逊色多了。

于是厨师按照学的工艺给毛泽东做了一次包子，他吃好几个，并说："比从天津买来的强。"

《指南》指出：如今人们倾向于食用更多的动物性食物，谷类食物摄入逐渐减少，作为膳食主体地位在逐渐下降。

一方面是因为经济发展，食物更丰富，人们收入增加，肉蛋奶等其他食品购买多了，替代了部分谷物。举个例子，在城市，人们交往增多，常常到餐馆吃饭，点菜，喝酒。等菜吃完酒喝完，肚里没空吃主食了，而餐馆里的菜，往往油性大，调味品多，有的虽然点的肉菜不多，脂肪摄入也不少。

1963年12月26日70寿辰时与管理员顾作良

另一方面，是对谷类食物存在一定误区，导致以谷物为主的主食吃的越来越少。

误区一：吃碳水化合物容易发胖。很多人认为吃米饭、面制品、马铃薯等会使人发胖，这是不正确的。造成肥胖的真正原因是能量过剩。在碳水化合物、蛋白质和脂肪这三类产能营养素中，脂肪比碳水化合物更容易造成能量过剩。另外相对于碳水化合物和蛋白质，富含脂肪的食物口感好，能刺激人的食欲，使人容易摄入更多的能量。

误区二：主食吃得越少越好。碳水化合物是人体不可缺少的营养物质，在体内释放能量较快，是红细胞唯一可利用的能量，也是神经系统、心脏和肌肉活动的主要能源，对构成机体组织、维持神经系统和心脏的正常功能、增强耐力、提高工作效率都有重要意义。正常人合理膳食的碳水化合物提供能量比例应达到一半以上。过去医生给糖尿病患者推荐的膳食中，碳水化合物提供的能量仅占总能量的20%，使患者长期处于半饥饿状态，这对病情控制不利。随着科学研究的深入，现在已改变了这种观点，对糖尿病患者逐步放宽碳水化合物的摄入量。

很多人为了减少高血糖带来的危害，往往想到去限制主食的摄入量。有一些女性为了追求身材苗条，也很少吃或几乎不吃主食。低碳水化合物的减肥膳食，在起初阶段就可快速减轻体重的原因是加快了体内水分的流失，但其后这种膳食减少体内脂肪的作用与其他低能量膳食没有差别。这种减肥膳食有更明显的副作用，可导致口臭，容易腹泻、疲劳和肌肉痉挛，更重要的是增加了患心血管疾病的危险，使糖尿病患者更容易发生并发症。

许多人认为碳水化合物是血糖的唯一来源，而不了解蛋白质、脂肪等非糖物质在体内经糖异生途径也可转变为血糖。他们只注意到即时血糖效应，而忽略了总能量、脂肪摄入量增加的长期危害。因此，将这个备受争议的减肥膳食模式盲目用于正常人，会产生很大的负面作用。

无论是碳水化合物还是蛋白质和脂肪，摄入过多，都会变成脂肪在体内储存。碳水化合物在体内更易被利用，脂肪更易转变为脂肪储存。近年来我国肥胖和糖尿病发病率明显上升，最主要的原因就是人们多吃少动的生活方式造成的，并不是粮食吃得多，而是其他食物特别是动物性食物和油脂吃得太多了。

那么为什么强调粗细搭配呢？这是因为粗细搭配有利于合理摄取营养素。

粗细搭配一是要适当多吃一些传统的粗粮，即相对于大米、白面这些细粮以外的谷类及杂豆，包括小米、高粱、玉米、荞麦、燕麦、薏米、红小豆、绿豆、芸豆等；二是针对目前谷类消费的主体是加工精度高的精米白面，要适当增加一些加工精度低的米面。

不同种类的粮食合理搭配，可以提高其营养价值。相对于大米白面，粗粮中膳食纤维、B族维生素和矿物质的含量要高得多。粮食在经过加工后，往往会损失一些营养素，以精白面为例，它的膳食纤维和维生素B_1只有标准粉的1/3。

逸闻趣事

"光吃细粮和好吃的不行"

毛泽东喜欢米饭与粗粮搭配着吃，还喜欢烤红薯、烤玉米棒子。他说："光吃细粮和好吃的不行，粗粮、细粮搭配着吃才好大便。"

每天晚餐，工作人员都要给毛泽东准备烤红薯、烤玉米。但直接在火上烤的玉米棒子，又太硬，毛泽东说咬着费劲。后来他们想了个办法：将较嫩的玉米棒子先放在锅里蒸熟，然后放在火上象征性地烤烤。

1969年7月1日毛泽东和身边工作人员在一起
（左起第五人是吴连登）

一次，毛泽东的卫士见管理员顾作良在锅炉旁烧火，便走过去问道："老顾，你在干什么呀？"老顾笑着说："给主席烤玉米吃。"卫士说："烧得灰乎乎的，怎么给主席吃呀？"顾作良说："主席说，这玉米带着灰吃才香呢！"

除了红薯和玉米之外，毛泽东还喜欢隔三差五地吃点焖高粱米饭。四菜一汤举例：

主菜：黄豆芽炖排骨、煎胖头鱼、炒空心菜、烧毛芋头。小菜：肉末煎豆腐。主食：高粱米饭。

注意粗细搭配，与细粮相比，粗粮血糖生成指数较低，更有利于防止高血糖。在主食摄入量一定的前提下，每天食用一两多全谷食品能减少若干慢性疾病的发病风险，可以帮助控制体重。因此建议每天最好能吃一两以上的粗粮。

二、多吃蔬菜水果和薯类

新鲜蔬菜水果是人类平衡膳食的重要组成部分，也是我国传统膳食的重要特点之一。蔬菜水果是维生素、矿物质、膳食纤维和植物化学物质的重要来源，水分多、能量低。薯类含有丰富的淀粉、膳食纤维以及多种维生素和矿物质。富含蔬菜、水果和薯类的膳食对保持身体健康，保持肠道正常功能，提高免疫力，降低患肥胖、糖尿病、高血压等慢性疾病风险具有重要作用，所以近年来各国膳食指南都强调增加蔬菜和水果的摄入种类和数量。推荐我国成年人每天吃蔬菜300g~500g，最好深色蔬菜约占一半，水果200g~400g，并注意增加薯类的摄入。[1]

---

[1] 中国营养学会，《中国居民膳食指南》，西藏人民出版社2009年版。

蔬菜品种多，颜色多样，但深色蔬菜的营养价值一般优于浅色蔬菜。深色蔬菜指深绿色、红色、橘红色、紫红色蔬菜，深色蔬菜含有多种色素物质如叶绿素、叶黄素、番茄红素、花青素等，以及其中的芳香物质，它们赋予蔬菜特殊的丰富的色彩、风味和香气，有促进食欲的作用，并呈现一些特殊的生理活性。深色蔬菜富含胡萝卜素尤其β–胡萝卜素，是中国居民维生素A的主要来源。

毛泽东吃各种蔬菜和薯类，而且最大限度地保持粗纤维，如蔬菜整棵炒，薯类囫囵烤熟或蒸。在毛泽东的餐桌上常见到空心菜、菠菜、油菜、冬寒菜、茼蒿、芥菜、西蓝花、萝卜缨（被毛泽东称为"娃娃菜"）、芹菜等深绿色蔬菜。红色橘红色蔬菜中毛泽东吃的最多的就是辣椒，还有西红柿、胡萝卜、南瓜，做法有炒南瓜丝、胡萝卜炖排骨、西红柿炒鸡蛋等。紫红色蔬菜中毛泽东最喜欢吃红苋菜。当时由于栽种技术限制，紫甘蓝不多，吃的大多为绿甘蓝即包菜，也叫莲花白。四菜一汤举例：

主菜：炒茼蒿、鸡油葫芦、炒油菜、黄豆芽炖猪爪。小菜：煎青椒、酥鱼、酱豆腐。

主菜：炒苋菜、烩芦瓜。小菜：番茄、雪菜。主食：烧饼、米饭。

主菜：茨菇烧肉、煎鸡丝、黄焖白菜、炒菠菜。小菜：爆凤肝、炝芹菜。主食：葱油饼。

主菜：梅干菜烧肉、清蒸鳊鱼、烧菜花、炒空心菜、黄花菜粉条汤。小菜：小青椒、丝瓜炒小虾。

另外，毛泽东特别爱吃野菜，有时，他专门要野菜吃，像马齿苋、苦菜、蕨菜、野苋菜、灰灰菜等，不仅营养丰富，有的还有药用价值。

逸闻趣事

"应该叫'马齿苋'。"

马齿苋是一种平常无奇、朴实无华、生在田边、长在路旁，具有药用价值的野生植物。它与毛泽东还有一段趣闻佳话。在毛泽东读私塾时，有一次，幼年的毛泽东趁老师邹春培先生外出时，带头下塘游泳。邹先生知道后，十分恼火，决定要惩罚毛泽东。但他知道毛泽东不是一般的孩子，不能来硬的，于是，他对毛泽东说："你今天犯下大错。本不可饶恕，但念你幼小无知。我出个对子，你来对，若对上了，则免罚。"说完，邹先生出了个上联："濯足。"毛泽东略一思忖，应道："修身。"

"牛皮菜。"邹先生又出一上联。

毛泽东一愣，这时他看到了挂在梁上的饭篮，饭篮里有马齿苋，马上对道："马齿苋。"

这两个对子，毛泽东不仅对得工整，而且天衣无缝。邹先生无话可说，只得悻悻作罢。毛泽东对马齿苋情有独钟，不论在江西苏区，还是敌伪封锁的延安，以及在新中国成立后的北京中南海，餐桌上常有马齿苋这道菜。

一天，护士刘晓燕对毛泽东说："主席，今天于师傅给您做麻凌菜。"

"你说的不对，应该叫'马齿苋'。"毛泽东纠正道。

"它的叶子特征，就好像是马的牙齿被线穿起来一样。这在古书上都有记载。"

在武汉东湖客舍时，毛泽东还曾用马齿苋招待过王任重。那天，毛泽东与王任重共进晚餐。有客人吃饭，厨房多炒了几道菜。有炒鳝鱼片、烧萝卜、炒鸡蛋、肉片汤、铁板里脊、炒海带、炒马齿苋。席间，毛泽东为王任重夹菜，但夹的是一大筷子马齿苋。他对王任重说："不要小看这道菜，它还是一味很好的中药，可以清热除湿呢？

长沙人说，'六月马齿苋胜过鸡'。"

毛泽东爱吃野菜，不是为了吃个鲜，而是一直保持农民的作风、战争年代的作风。同时，毛泽东也知道山野菜的营养价值。[①]

"去弄点蕨菜，给我做了吃。"

毛泽东很爱吃蕨菜，曾点名要吃蕨菜。这是一种很普通的山野菜，旧社会劳动百姓没有粮食吃，经常用它来充饥。

一天，住在杭州刘庄的毛泽东在宾馆里散步，他一边慢步走，一边观赏四周景色，突然喊卫士封耀松："去弄点蕨菜，给我做了吃。"

封耀松一听就要去。毛泽东说："别急，别急，你知道哪里有蕨菜吗？"然后，他指着旁边的山坡说："山上有，随便就可以采到。"

封耀松回到房间又找了几名工作人员，一起提着篮子到山上采蕨菜。果然，山上这种菜随处可见，不多一会儿，他们就采了满满一篮子。回来后，经厨师加工，在蕨菜中放上肉丝和辣椒，一道山野小菜就做好了。

吃饭时，毛泽东看到蕨菜上桌，忙夹了一口咀嚼起来，然后说道："很好，味道不错，就是这味。"便连连吃了起来。

除了采一些蕨菜，工作人员也常到大地里挖点苦菜、马齿苋菜来，只要没有毒性的野菜，采回来厨师都能做了吃。四菜一汤举例：

主菜：沙锅肥肠、鸡油菜胆、清炒油菜、素炒蕨菜。小菜：蒜苗、三丝鱼粉。主食：鸡蛋炒饭、黄油面包、稀

1954年，毛泽东在杭州。

---

① 参见：章重：《梅岭——毛泽东在东湖客舍》，中央文献出版社2003年版。

饭。①

毛泽东身边的一位做饭的大师傅，在谈到毛泽东吃的蔬菜时介绍：主席多吃以黄、绿色的带叶蔬菜为主，炒着吃或做汤吃。毛泽东吃的蔬菜量大、面广、做法多样，与主食和肉类搭配得非常合理；另外，他反对吃反时令菜，既不合时宜，价钱又贵，他比较看重生物的自然规律，什么季节吃什么菜，蔬菜的营养价值也比较高。

逸闻趣事

"炸土豆饼"

于存师傅针对毛泽东的口味，并考虑到毛泽东的年龄特点，创造了一种叫"炸土豆饼"的菜。其制作方法是：将土豆煮烂后，加白面、黄油、牛奶和白糖，和成饼状放入油锅中炸。这种土豆饼具有酥嫩香甜的特点。一般是做成2两一个的，第一次上桌，于师傅做了4个。毛泽东没吃够，要求再做，以后他就经常吃这道菜。②

毛泽东吃的水果品种也很多，主要有草莓、西瓜、苹果、桃、橘子、橙子、芒果、香蕉等，基本上是挤汁或蒸熟吃。这主要是因为毛泽东常吸烟，牙不太好，不敢使劲。工作人员一般用纱布挤西红柿汁、西瓜汁、草莓汁、橘子汁、橙子汁，用锥形的挤水果容器挤苹果泥、桃泥等，后来买了一个搅拌的榨汁机给他打水果吃。有时工作人员还把水果蒸熟了给毛泽东吃，如蒸苹果的时候把中间的核挖掉，填入冰糖，然后放到烤箱里烤熟，或用锅蒸熟，毛泽东很喜欢吃；过60大寿的时候，厨师给毛泽东蒸了几个熟桃子当作寿桃，很受欢迎。虽然毛泽东每天日理万机，很少有时间吃水果，也很少主动要水果，但据生活管理员吴连登介绍，每天基本上能保证他吃一次水果。

---

① 参见：李敏、高风、叶利亚：《真实的毛泽东》，中央文献出版社2003年版。
② 《遵化文史》，2009年第4期，总第9期

逸闻趣事

"以后我想吃苹果，就不用嚼了，不怕牙病了！"

1949年7月中旬，毛泽东搬进中南海菊香书屋不久。一天，卫士李家骥给主席端去几个苹果请他吃。毛泽东无可奈何地摆摆手说："这东西我喜欢，可我的牙不让我吃啊！"

李家骥想如果怕硬，切成小块不就行了吗？于是他进行一下粗加工，切成小块，又给准备了些牙签，插一块吃一块。

送过去后，毛泽东果然能慢慢地吃几块，虽然吃的不多，却很高兴："这个办法好。"还提出改进意见："如果再小一点就更好了。"

当天，李家骥把这件事情向王鹤滨医生做了汇报。王医生说："小李，你不简单，能让主席吃水果。"

李家骥回来后继续想办法，怎么再改进一下。突然他想起小时候大人给小孩喂水果用小勺刮，使水果变成"糊状"，不用牙齿嚼就可以咽到肚里。他把这个办法向主席做了汇报，毛泽东也很受启发："对，这个办法更好，以后我想吃苹果，就不用嚼了，不怕牙病了！"

这个发明，成了李家骥为毛主席服务的"专利"。①

毛泽东在中南海的住处——丰泽园

① 李家骥、杨庆旺：《毛泽东与他的卫士们》，中央文献出版社1998年版。

"哈密瓜为什么那么甜？"

1950年夏天的一天，毛泽东请赛福鼎到家里做客。

吃饭间，毛泽东问毛岸英："刚才赛福鼎同志说，新疆人民的心像哈密瓜一样的甜。讲得好，真善美都是甜的。我是问你，哈密瓜为什么那么甜？你知道吗？"

毛岸英回答："可能是新疆的气候、土壤和内地不一样的缘故吧。"

毛泽东说："有三个条件，就是土壤、气候和栽培技术。第一，新疆的土壤是碱性土壤，这种物质的化学名字叫碳酸钠；新疆的气候是大陆性气候，炎热少雨，昼夜温差大，适于植物多纳少吐；这两条是主要的，再加不可缺少的第三条，就是群众长期以来从选种到种植总结出一套先进的技术，所以哈密瓜是甜的，一般甜度达16%，最高可达20%。赛福鼎同志我讲的对吗？"

赛福鼎佩服地说："对，对。"

这天在毛主席家里，赛福鼎感到，既是客人，又是学生。①

毛泽东喝了杯柠檬汁

一位专列服务员回忆：有时候我值班时，总要为主席挤杯桔子汁，主席知道我怀孕后，非让我也喝点桔子汁，为了不喝主席杯子里的桔汁，我只好另外准备一份。记得有一回，我错把柠檬当桔子挤了汁，给主席端去后，一尝自己的那杯，太酸，才知道弄错了，我想这下可糟了，这么酸，主席怎么喝呀！我坐立不安，十分内疚，当我到主席那儿，盯着杯子，刚要去换，并解释说是我把糖放少了，没想到主席端起杯子就喝，喝完又赶紧喝了几口茶水。我看主席没说什么，一颗悬在喉咙的心才落了下来。②

---

① 中共中央文献研究室：《缅怀毛泽东》，中央文献出版社1993年版。

② 参见：李敏、高风、叶利亚：《真实的毛泽东》，中央文献出版社2003年版。

蔬菜水果中富含膳食纤维，膳食纤维虽然不能被消化吸收，但在体内具有重要的生理作用：增加粪便的体积，软化粪便，刺激结肠内的发酵菌，降低血中总胆固醇和低密度胆固醇的水平，降低餐后血糖和胰岛素水平。因此膳食纤维具有预防便秘、血脂异常、糖尿病的作用，并有益于肠道健康。毛泽东有便秘，他知道多吃蔬菜纤维能缓解便秘症状，按他的要求，菜择的不精，多留粗纤维，能整棵做的菜尽量不切。毛泽东虽然比较胖，但三脂不高，没有糖尿病、高血压等老年病，这与他多吃蔬菜及做法科学有很大关系。

三、每天吃奶类、大豆或其制品

奶类营养成分齐全，组成比例适宜，容易消化吸收。奶类除含丰富的优质蛋白质和维生素外，含钙量较高，且利用率也很高，是膳食钙质的极好来源。大量的研究表明，儿童青少年饮奶有利于其生长发育，增加骨密度，从而推迟其成年后发生骨质疏松的年龄；中老年人饮奶可以减少其骨质丢失，有利于骨健康。2002年中国居民营养与健康状况调查结果显示，我国城乡居民钙摄入量仅为389mg/标准人日，不足推荐摄入量的一半；奶类制品摄入量为27g/标准人日，仅为发达国家的5%左右。因此，应大大提高奶类的摄入量。建议每人每天饮奶300g或相当量的奶制品，对于饮奶量更多或有高血脂和超重肥胖倾向者应选择减脂、低脂、脱脂奶及其制品。

大豆含丰富的优质蛋白质、必需脂肪酸、B族维生素、维生素E和膳食纤维等营养素，且含有磷脂、低聚糖，以及异黄酮、植物固醇等多种植物化学物质。大豆是重要的优质蛋白质来源。为提高农村居民的蛋白质摄入量及防止城市居民过多消费肉类带来的不利影响，应适当多吃大豆及其制品，建议每人每天摄入30g～50g大豆或相当量的豆制品。①

---

① 中国营养学会，《中国居民膳食指南》，西藏人民出版社2009年版。

在统计的毛泽东120余顿饭中，有牛奶16次，酪炸（用鲜奶做的）4次，牛奶芙蓉汤1次，炒鲜奶1次。另外，有些菜需要用鲜奶做汤，以及毛泽东常喝的麦片粥里也含有牛奶。

逸闻趣事

"酪炸"

酪炸就是现在的炸鲜奶。毛泽东住在上海的时候吃过这道菜，从此毛泽东就喜欢上了。酪炸是从西餐中演变过来的，厨师程汝明也会做。中共中央在庐山开会期间，毛泽东突然点这道菜。

一般情况下，给毛泽东做什么菜，厨师们心里都有数，事先做好准备，通知下来后，十几分钟就做好了。有时毛泽东想吃什么了，也会比较早地告诉厨师，只是这种临时即兴的想法很少。毛泽东吃饭已经形成惯例，从他告诉警卫员通知厨师做饭，到烹饪好了上桌，一般不超过半个小时。你不能让毛泽东没完没了地等饭吃，特别是有时候毛泽东吃完饭就要睡觉，叫开饭时就服用了安眠药，半个多小时的等候和用餐，完了正好药效起作用。

但做"酪炸"需要时间，有好几道工序，需要事先做准备，否则一时半会儿根本做不出来。这种情况让程汝明他们措手不及。遇到这个情况，作为毛泽东的专职厨师，不能说不行，做不出来。这时程汝明只有想办法，到厨房后，找到从山上流下来

1960年12月，毛泽东在北京中南海同厨师程汝明合影。

的泉水，用大盆接水冷却。另外，在做酪炸时多放点鸡蛋、玉米粉、使酪炸尽快凝固。通过努力，创造了"奇迹"，半小时内顺利完成任务，总算没耽误毛泽东吃饭。四菜一汤举例：

主菜：炒空心菜。主食：牛奶、酪炸。

主菜：韭黄肉丝、炒空心菜。小菜：肉末豆腐、炒猪肠。主食：牛奶、面包。

主菜：炒菠菜。小菜：煎荷包蛋、冬笋肉片。主食：牛奶、面包。

《指南》指出：奶及奶制品营养丰富，养成良好喝奶习惯还需注意以下几点：

1961年毛泽东在江西庐山

第一，喝奶有利于预防骨质疏松，奶中的钙更易吸收，补钙效果也就更好，但过量饮奶，蛋白质摄入过多会引起尿钙增加，使体内钙储存减少。不少西方人蛋白质摄入过高(>120g/d)，以致引起钙丢失增加，这可能是他们出现骨质疏松的原因之一。我国居民饮食情况与西方不同，每日蛋白质摄入量大约为70g，远没有达到补钙的正常摄入水平。

第二，肥胖人群，以及高血脂、心血管疾病和脂性腹泻患者等适合喝脱脂奶和低脂奶。这两种奶大大降低了脂肪和胆固醇的摄入量，同时又保留了牛奶的其他营养成分，适合于要求低脂膳食的人群，也适合于喝奶较多的人群。

第三，乳糖不耐受者可首选低乳糖奶及奶制品，如酸奶、奶酪、低乳糖奶等。乳糖不耐受是指有些人喝牛奶后出现腹胀、腹痛、腹泻、排气增多等不适症状。

第四，刚挤出来的牛奶未经消毒，含有很多细菌，包括致病菌，所以未经消毒直接饮用是危险的。

在毛泽东的四菜一汤里常见豆及豆制品

第一，毛泽东主食里常掺入各种豆，"八宝饭"里含有多种豆。

第二，小菜里常有的豆制品——腐乳和豆豉，如各种风味的酱豆腐、豆豉炒辣椒，毛泽东很喜欢吃。

第三，豆腐、豆腐干做的各种菜。如菜谱中出现的酱豆腐、糟豆腐、糟豆腐乳、霉豆腐、锅塌豆腐、蚝油豆腐、红白豆腐汤、红白汤、麻婆豆腐、辣子豆腐、血豆腐汤、让豆腐、沙锅冻豆腐和烧豆腐，有的吃过多次。

第四，豆腐发酵而成的臭豆腐、臭干子也是毛泽东喜欢吃的，如油炸臭豆腐、炸臭干子等。

第五，豆皮、豆芽受毛泽东的青睐。他在武汉很喜欢老通城的三鲜豆皮，先后两次品尝，每次都吃了一大碗，并称赞老通城豆皮好吃。四菜一汤中豆芽也是常见菜，如豆芽排骨、生煸豆芽、黄豆芽炖猪爪等。

第六，其他豆制品，如腐竹、豆汁、豆浆等，毛泽东也常吃，其中豆浆在世界卫生组织推荐的最佳饮料中排名第三。

四菜一汤举例：

主菜：黄豆芽排骨汤、炒回锅肉、炒冬寒菜、烧茄子、烧小鱼。小菜：炒苦瓜、咸鸭蛋。主食：豆米饭 煎饺子。

主菜：鱼头沙锅汤、青椒炒小鸡、炒空心菜、烧豆腐。小菜：猪头肉、烧豆角。主食：二米饭、烧饼。

主菜：炒田鸡、土豆肉片、炒空心菜、海带肉片汤。小菜：腊狗肉、蒸小鱼、炒雪里红。主食：米饭。

主菜：炒空心菜、爆羊肉、炒莴笋、蒸猪爪。小菜：煎鸡蛋、酱豆腐。主食：稀饭、馒头。

大豆及其制品营养丰富，且具有多种功效，尤其对老年人和心血管病患者是很好的一种食物，豆浆中蛋白质含量与牛奶相当，且易于消化吸收，其饱和脂肪酸、碳水化合物含量低于牛奶，也不含胆固醇。但豆浆中钙和维生素C含量远低于牛奶，锌、硒、维生素A、维生素B$_2$含量也比牛奶低，它们在营养上各有特点，二者最好每天都饮用。

《指南》同时强调：喝豆浆必须煮透。喝生豆浆或未煮开的豆浆后数分钟至1小时，可能引起中毒，出现恶心、呕吐、腹痛、腹胀和腹泻等胃肠症状。生豆浆必须先用大火煮沸，再改用文火维持5分钟左右，才能饮用。

四、常吃适量的鱼、禽、蛋和瘦肉

鱼、禽、蛋和瘦肉均属于动物性食物，是人类优质蛋白、脂类、脂溶性维生素、B族维生素和矿物质的良好来源，是平衡膳食的重要组成部分。动物性食物中蛋白质不仅含量高，而且氨基酸组成更适合人体需要，尤其是富含赖氨酸和蛋氨酸，如与谷类或豆类食物搭配食用，可明显发挥蛋白质互补作用；但动物性食物一般都含有一定量的饱和脂肪和胆固醇，摄入过多可能增加患心血管病的危险性。

鱼类脂肪含量一般较低，且含有较多的多不饱和脂肪酸，有些海产鱼类富含二十碳五烯酸（EPA)和二十二碳六烯酸(DHA)，对预防血脂异常和心脑血管病等有一定作用。禽类脂肪含量也较低，且不饱和脂肪酸含量较高，其脂肪酸组成也优于畜类脂肪。蛋类富含优质蛋白质，各种营养成分比较齐全，是很经济的优质蛋白质来源。畜肉类一般含脂肪较多，能量高，但瘦肉脂肪含量较低，铁含量高且利用率好。肥肉和荤油为高能量和高脂肪食物，摄入过多往往会引起肥胖，并且是某些慢性病的危险因素，应当少吃。

目前我国部分城市居民食用动物性食物较多，尤其是食入的猪肉过多，应调整肉食结构，适当多吃鱼、禽肉，减少猪肉摄入。相当一部分城市和多数农村居民平均吃动物性食物的量还不够，应适当增加。推荐成人每日摄入量：鱼虾类75g～100g，畜禽肉类50g～75g，蛋类25g～50g。[①]

根据我们的统计，毛泽东四菜一汤中，猪肉类有100多种做法，水产类有100多种做法，鸡鸭类有50多种做法，牛羊肉类有30多种做法，其他肉类有10多种做法，蛋奶类有10多种做法；其中，禽类除了鸡鸭鹅肉外，还有鸽子、斑鸠、鹌鹑、麻雀等，水产类除各种淡水鱼之外，还有螃蟹、虾、田鸡、元鱼、部分海鱼、黑鱼籽、马哈鱼子及贝壳类，其他肉类有兔肉、狗肉、驴肉、蛇肉等，蛋奶类则包括鸡鸭鹅蛋及鹌鹑蛋、鸽子蛋。以上不难看出，毛泽东吃的肉类品种很多，做法多样，并与蔬菜合理搭配。

鱼类是毛泽东一生的至爱，鱼肉属于白肉，蛋白质的氨基酸组成一般较为平衡，与人体需要接近，利用率较高。鱼类脂肪多由不饱和脂肪酸组成，人体中不能生成，特别是 $\Omega-3$（奥米加-3）脂肪酸，能促进大脑的发育和活动，常吃鱼的老人心房纤维震颤发生率低。日本人在平均寿命的国别比较上，近十年来在世界上名列前茅，这与他们吃较多海产品和黄豆制品有一定关系。淡水鱼在营养价值上，可能与深海鱼相当，但海鱼多不新鲜，淡水鱼则能买到活鱼，人们吃鲜活的鱼，更多地保留了鱼的营养物质，这种优势是吃海产品无法达到的。

---

① 中国营养学会，《中国居民膳食指南》，西藏人民出版社2009年版。

白汤鱼头

做白汤鱼头一般选用胖头鱼(即鳙鱼)，这种鱼头比较大，稍大点的在两斤半到三斤左右，肉多做出来的汤也好。

白汤鱼头做的步骤是，先把水烧开，把鱼头放下去煮一下，如果要做汤的话，可以用凉水下去，但一般都用开水，等煮好后捞起来放到凉水里，骨头就都去掉了，剩下的肉用油煎一下，油要放多一点，然后加上葱、姜，加点鸡汤炖，开锅时放点豆腐，豆腐需要先用水焯一下，放上盐、花椒面，然后把它们一起倒在沙锅里，盖上盖，等锅开了，豆腐也好了。这里强调一点，油最好用猪油，因为用猪油做鱼头，肉捞出来以后，汤既浓又白，颜色很漂亮。

毛泽东很喜欢吃这样的鱼头汤，一个星期吃一两回。四菜一汤举例：

主菜：韭黄炒肉丝、烧油菜、烧茄子、沙锅鱼头。小菜：炒芹菜、荷包蛋。主食：白豆米饭。

主菜：奶汤鱼头、干煸豆角、炒瓢儿菜。小菜：小干鱼、炒腌芥菜。主食：红豆米饭。

在民间流传着"毛泽东爱吃红烧肉"的说法。其实，他在工作的时间里，很少吃红烧肉，在菜谱中也出现的不多。真正的情况是，一个月吃两三次，用以解馋，这样并不影响毛泽东的身体健康。毛泽东吃的猪肉一般是和青菜炒着吃，如肉丝炒竹笋、肉丝炒辣椒等，并且吃的大多是瘦肉，除此之外排骨、猪蹄、猪肝、猪肚、大肠、猪皮等吃的也很多，这些肉脂肪含量较少，营养丰富，与其他食物搭配烹调更有利于吸收。

毛泽东常吃卤牛肉片。从中医角度看，牛肉性温，能滋补脾胃，壮骨强筋；羊肉性热，能温补肾脾；而猪肉则性微寒，能补肾虚。从蛋白质的含量比较，其顺序是：牛肉>羊肉>猪肉；而从脂肪含量来说则相反，猪肉>羊肉>牛肉。因此，鱼肉、牛肉、鸡肉、猪肉轮换着吃，较为科学合理。

逸闻趣事

吃"赫鲁晓夫"

1962年7月的一天，卫士周福明陪毛泽东吃饭。厨师做了道"咖喱牛肉"，就是把牛肉炖烂了，土豆炸熟了，再同时放入锅里用咖喱粉一烩。当菜摆好后，毛泽东用手指着"咖喱牛肉"，操着浓重的湖南口音风趣地说："土豆烧牛肉，赫鲁晓夫的共产主义，我们先来享受。"

"土豆烧牛肉"象征着苏联赫鲁晓夫的"共产主义"，可直接从毛泽东嘴里讲出来还是第一次听到。

还没有等周福明坐稳，毛泽东就给他夹菜："来，小周，先吃'赫鲁晓夫'。"

周福明被老人家的话逗乐了。毛泽东见周福明笑，开始还没有反应过来，等他明白是因为他刚才说的那句省略了的话，自己也笑了。

周福明也给毛泽东夹这道菜："主席，您也先吃'赫鲁晓夫'。"

"赫鲁晓夫也太瞧不起我们了，你不同意他们在我国搞联合舰队和长波台，就撤走全部专家，真是小家子气。"周福明不满地说。

"他们不是小家子气，是要卡我们的脖子。"毛泽东用手做卡脖子的动作。

"我当时就说，走就走，一个不留好了，你们要的债，我们也如数奉还。我不相信我们中国离了苏联地球就不转了。"他讲得平静、有力，并充满了自信心。

那顿饭的气氛一直很活跃，话题总是围绕着苏联与赫鲁晓夫。

含牛羊肉的四菜一汤举例：

主菜：炒冬寒菜、炒豆芽、炒笋鸡、炒鳝鱼丝、肉片汤。小菜：炒小虾、炒苦瓜、咖喱牛肉。

主菜：辣子鸡、陈皮牛肉、炒冬寒菜、鸡血豆腐汤。小菜：炒香肠。主食：米饭、稀饭。

主菜：烧鱼块、炖牛肉、炒芹菜、烧什锦。小菜：炒腊肉、炒黄瓜、鹌鹑蛋。主食：混沌、米饭。

主菜：烧牛筋、炒冬寒菜、白菜汤。小菜：烧小鱼、烤鸭伴饼。主食：红豆稀饭、米饭。

1965年毛泽东和周福明在湖北武汉合影

主菜：爆羊肉、虾米豆腐、炒苋菜。小菜：煎肉饼、豆角。注：半夜一人吃。①

从统计的120余顿饭中，猪肉145次>鱼类118次>禽类55次>牛肉31次>羊肉9次>其他肉8次，蛋类有36次。这里面比较突出的是鱼，平均一天一次，从做法上鱼类110种大于猪肉105种，从量上有可能比猪肉吃的多，因为每次做鱼，毛泽东基本上都能吃完；禽类超过牛羊肉，平均两天吃一次。

逸闻趣事

清蒸鲥鱼

鲥鱼，是海鱼中一种名贵的食用鱼，每年春天到我国的珠江、长

---

① 参见：亓莉：《毛泽东晚年生活纪事》，中央文献出版社 2004 年版。

江、钱塘江、富春江中产卵。它背部黑绿色，腹部银白色，眼睛周围银白色带金光。鳞下有丰富的脂肪，肉质细腻，特别鲜嫩。

据说，慈禧太后70岁时，要吃鲥鱼，但去了鳞的鲥鱼味道就不鲜了，御膳房里手艺高明的厨师都十分犯难。有个叫阿坤的苏州名厨，终于想出了一个巧妙的办法。把鲥鱼鳞先刮下来，漂洗干净，全都装在一只纱袋中扎紧，让纱袋对准鱼碗，用文火蒸熟。这样，鱼鳞的油汁全部滴进碗里，保持了鲥鱼的鲜味。慈禧一连喝了几口汤，吃了几口鱼肉，高兴地连声说："这才是真正的鲥鱼佳肴。"当时吃鲥鱼要去鳞，五十年以后吃不去鳞，这是烹调技术的一个进步。

毛泽东非常喜欢吃鲥鱼，在节选的四菜一汤菜谱中有三次吃鲥鱼的记录。当时清蒸鲥鱼的做法是：

取1.3斤重的鲥鱼一条，不去鳞，将鳃挖去，剁去脊鳍，腹鳍，开膛去内脏，洗净，涮去膛内黑皮及血筋，清水洗净，切成段，用开水稍烫，放入鱼盘中。然后配好调料，上屉蒸至鱼鳞卷起（约15分钟），取出，捡去葱、姜，把鱼放鱼盘里。最后将烧开的清汤淋在鲥鱼上即成。吃时连鱼鳞一起吃，鱼鳞是软的，这样保持了鲥鱼原味，肉质细嫩，味道十分鲜美可口。

含鱼类的四菜一汤举例：

主菜：红烧猪脚、炒小白菜、清蒸鲥鱼、烧红苋菜。小菜：火焙青椒、炒雪里蕻。主食：花卷、米饭。

主菜：炒腰花、炒冬寒菜、五香小鸡、烧非洲鲫鱼、炒白菜。小菜没记录。

主菜：韭黄肉丝、炒空心菜、烩螃蟹、鱼片汤、炒大白菜、让豆腐。小菜：炒腊肉、炒莴笋。主食：牛奶、面包、稀饭。（有客人）[①]

鱼、禽类的肉属于"白肉"，与红肉相比，脂肪含量较低，不饱和脂肪酸含量较高，特别是鱼类，含有较多的多不饱和脂肪酸，对预

---

① 参见：张国兴、陈贵斌、刘丽：《毛泽东饮食录》1993年版。

防血脂异常和心脑血管疾病等具有重要作用。

逸闻趣事

吃"油炸铁雀"

1958年夏天的一天，毛泽东在武汉视察。当天的饮食都已按计划准备好了，管理员张国兴还想搞点新鲜食品为毛泽东调剂口味。正在苦想之际，忽然看到树上落几只麻雀，立即想打几只给他老人家尝尝。当时正是除四害时期，农民反映麻雀吃粮食，被列为四害之一，后来有科学家反映麻雀吃得更多的是害虫，不能列为害虫，后来才从四害中除名。

张国兴抓了几只麻雀，经李锡吾师傅细致烹调为"油炸铁雀"，味道非常鲜美。这道菜一送到毛泽东餐桌上，立即引起他的注意，便问："这是什么？"

张国兴急忙回答："这是'油炸铁雀'，也是油炸麻雀。"

毛泽东高兴的点了点头，对当地领导同志说："除四害不是除净了吗？怎么又冒出这些残余分子呢？"

陪同用餐的领导同志都没吭声。这时张国兴只好说："就这几只了，被我抓着了。"

大家都会心一笑。毛泽东说："来，我们大家把它彻底、干净地消灭掉！"

大家又都笑了，每人都尝了一只。毛泽东吃得更香。以后，吴连登任管理员时，也经常在驻地附近捉些麻雀、鹌鹑、斑鸠给主席吃，有时还能捉到野鸡、野鸭。当时野生动物保护法还没制定，所以并不违反规定。

四菜一汤举例：

主菜：五香斑雀、煎牛排、烧南瓜、炒青菜。

1965年毛泽东在武汉东湖宾馆

小菜：炒苦瓜、炸花生。主食：炸酱面。

主菜：辣子鸡、炒牛肉、麻婆豆腐、炒白菜、烧回锅肉、菠菜蛋汤。小菜：松花、香肠。主食：馒头、米饭。（注：武昌开会）

主菜：焖斑鸠、炒冬寒菜、烧油菜、韭黄肉丝、蚝油豆腐、萝卜丝鲫鱼。小菜：炒油渣、蒸腊鱼。主食：小米饭、豆稀饭、馒头。（注：有客人。）①

目前我国居民肉类摄入仍然以猪肉为主，由于猪肉的脂肪含量较高，饱和脂肪酸较多，不利于心脑血管病、超重、肥胖等疾病的预防，因此应降低其摄入比例。瘦肉中脂肪含量相对较低，因此提倡吃瘦肉。蛋类的营养价值较高，蛋黄中维生素和矿物质含量丰富，且种类较为齐全，所含卵磷脂具有降低胆固醇的作用。但蛋黄中的胆固醇含量较高，不宜过多食用，成人每日可吃一个（鸡）蛋，毛泽东平均三天一个（鸡）蛋，算比较合理的。

现在一些科普文章中，有关食物酸碱性质的宣传，主张"选择食物要注意酸碱平衡"，并且特别强调酸性食物对健康有害。这些宣传在我国居民中造成了很大的影响。从营养学的角度来看，这些说法缺乏科学依据，因而不值得提倡。《指南》对此做了解释：

第一，食物在人体内经复杂的代谢反应，形成数以千计的产物，有的呈酸性，有的呈碱性，还有很多呈中性。血液的酸碱度是各种代谢产物综合平衡的结果，不是仅仅由食物代谢后剩余的几种矿物元素就可以决定的。

第二，健康人血液的pH值比较恒定，一般不会受摄入食物的影响而改变，除非器官发生疾病造成人体代谢失常时，才有可能会受到影响。人类在长期适应膳食条件下，体内已经建立了完整的缓冲系统和调节系统，以保障内环境（主要是血液）的酸碱平衡。未见因为日常

---

① 参见：张国兴、陈贵斌、刘丽：《毛泽东饮食录》1993年版。

摄入食物不同引起健康人血液pH值改变的资料，也未见到因为血液pH值变酸而致有关慢性病增加的科学证据。

第三，"食物酸碱平衡论"宣传"谷类、肉类、鱼和蛋等酸性食物摄入过多可以导致酸性体质，引起高血压、高血脂、糖尿病、肿瘤等疾病的发生；蔬菜水果属于碱性食物，能够纠正酸性体质，防治慢性疾病"。实际上，蔬菜水果能够预防上述疾病的发生，是因为它们产生能量低，而且含有丰富的维生素、矿物元素、膳食纤维以及对健康有益的植物化学物质，而不是所谓碱性的作用。按照"酸碱平衡论"，如果纠正"酸性体质"就可以预防慢性病，那么每天服用小苏打（碳酸氢钠）不就可以解决问题了吗？显然，这种说法是不正确的。

第四，按照"食物酸碱平衡论"，将鱼、禽、蛋和瘦肉等食物都归类为"酸性食物"，将使广大居民在选择食物时处于无所适从的境地。上述食物都是人体能量、蛋白质、多种维生素和矿物质的主要食物来源，缺少了这些食物，就必然造成居民营养素摄入不足或缺乏，如此则少年儿童的生长发育以及成人的营养状况将无从保证！

所以我们应该各种肉都吃，其中多吃鱼和禽类，每天不超量，注意品种搭配，再按膳食指南的要求，合理科学地烹调。

五、减少烹调油用量，吃清淡少盐膳食

脂肪是人体能量的重要来源之一，并可提供必需脂肪酸，有利于脂溶性维生素的消化吸收，但是脂肪摄入过多是引起肥胖、高血脂、动脉粥样硬化等多种慢性疾病的危险因素之一。膳食盐的摄入量过高与高血压的患病率密切相关。2002年中国居民营养与健康状况调查结果显示，我国城乡居民平均每天摄入烹调油42g，已远高于1997年《中国居民膳食指南》的推荐量25g。每天食盐平均摄入量为12g，是世界卫生组织建议值的2.4倍。同时相关慢性疾病患病率迅速增加。与1992年相比，成年人超重上升了39%，肥胖上升了97%，高血压患病率增加了

31%。食用油和食盐摄入过多是我国城乡居民共同存在的营养问题。

为此，建议我国居民应养成吃清淡少盐膳食的习惯，即膳食不要太油腻，不要太咸，不要摄食过多的动物性食物和油炸、烟熏、腌制食物。建议每人每天烹调油用量不超过25g或30g;食盐摄入量不超过6g，包括酱油、酱菜、酱中的食盐量。[①]

用油方面，毛泽东可以说是一个创举，他不吃单一的植物油或动物油，而是混合油。

世界卫生组织、粮能组织和中国营养学会等机构一致认为，人体所需要的营养物质应多元化。比如：人体所摄入的饱和脂肪酸、单不饱和脂肪酸、多不饱和脂肪酸的合理比例为1:1:1，才可以达到健康的要求，反之，三种脂肪酸的比例失调可能会破坏脂肪的正常代谢。上述三种脂肪酸的合理比例摄入，正是考虑到了不同脂肪酸的利弊不同：饱和脂肪酸摄入过多时，会引起机体内胆固醇的增高，易招致动脉硬化的发生，高血压、冠心病、脑血栓形成的概率增加，也是肥胖症、Ⅱ型糖尿病的主要成因之一；虽然多不饱和脂肪酸能降低血脂，有防止血液凝固的作用，但是它在体内极易被氧化，产生过氧化物，即自由基的产生量增加，而机体中过多的自由基产生，又是动脉硬化，癌症发生，生命缩短（老化）的促进者。

毛泽东经常吃的混合油，是由熟猪油和植物油按3:7混合而成的。熟猪油所含的饱和脂肪酸最高、单不饱和脂肪酸较高，多不饱和脂肪酸最低。这种混合油中三种不同脂肪酸的比，虽然尚未达到1:1:1，但这种吃法却是一种创造，是符合科学摄入食用油的要求的，值得借鉴，从这里也反映出毛泽东的思维方法。如果将大豆油和熟猪油混合，三项脂肪酸比例分别为57.5:71.8:71.2，经过换算后为0.70:1.01:1.00，这就很接近1:1:1了。

---

① 中国营养学会，《中国居民膳食指南》，西藏人民出版社2009年版。

毛泽东饮食讲究清淡，他知道吃盐过多的危害性，用盐有严格的限制，每天不超过三钱，为此生活管理员专门用小秤分出每天的用盐量，交给厨师，以免超限。流行病学调查证实，人群的血压水平和高血压的患病率均与食盐的摄入量密切相关。当食盐摄入增加时，血

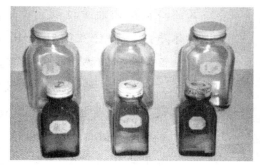

给毛泽东做饭用的调料

压就升高。中国营养学会建议健康成年人一天食盐（包括酱油和其他食物中的食盐量）的摄入量是6g，虽然毛泽东规定的三钱已经超过现代的限量，但在当时很少有人注意到这点。

《指南》根据中国居民饮食特点，提出每天烹调油摄入量不宜超过25g或30g。建议用以下方法减少用油：

（1）烹调食物时尽可能不用烹调油或用很少量烹调油的方法，如蒸、煮、炖、焖、软熘、拌、急火快炒等。用煎的方法代替炸也可减少烹调油的摄入，尽量少油炸食物。

（2）可将全家每天应该食用的烹调油倒入一量具内，炒菜用油均从该量具内取用。逐步养成习惯，久之，培养成自觉的行为，对防治慢性疾病大有好处。

从简单的油盐使用上，足可以反映毛泽东知识的渊博和宽广程度。

六、食不过量，天天运动，保持健康体重

进食量和运动是保持健康体重的两个主要因素，食物提供人体能量，运动消耗能量。如果进食量过大而运动量不足，多余的能量就会在体内以脂肪的形式积存下来，增加体重，造成超重或肥胖；相反若食量不足，会由于能量不足引起体重过低或消瘦。体重过高和过低都是不健康的表现，易患多种疾病，缩短寿命。所以，应保持进食量和运动量的平衡，使摄入的各种食物所提供的能量能满足机体需要，而

又不造成体内能量过剩，使体重维持在适宜范围。成人的健康体重是指体质指数(BMI)在18.5kg／m²~23.9kg/m²之间。

正常生理状态下，食欲可以有效控制进食量，不过饱就可保持健康体重。一些人食欲调节不敏感，满足食欲的进食量常常超过实际需要，过多的能量摄入导致体重增加，食不过量对他们意味着少吃几口，不要每顿饭都吃到十成饱。

由于生活方式的改变，人们的身体活动减少，进食量却相对增加，我国超重和肥胖的发生率正在逐年增加，这是心血管疾病、糖尿病和某些肿瘤发病率增加的主要原因之一。运动不仅有助于保持健康体重，还能够降低患高血压、中风、冠心病、2型糖尿病、结肠癌、乳腺癌和骨质疏松等慢性疾病的风险；同时还有助于调节心理平衡，有效消除压力，缓解抑郁和焦虑症状，改善睡眠。目前我国大多数成年人体力活动不足或缺乏体育锻炼，应改变久坐少动的不良生活方式，养成天天运动的习惯，坚持每天多做一些消耗能量的活动。建议成年人每天进行累计相当于步行6000步以上的身体活动，如果身体条件允许，最好进行30分钟中等强度的运动。①

1966年7月16日毛泽东在武汉畅游长江后检阅游泳大军

成年人健康体重取决于体内的能量平衡，即能量摄入与能量消耗的平衡。新中国成立后，毛泽东吃的相对好了，营养跟上了，但由于工作忙，运动量减少了，身体逐渐发福。身边的保健医生很早就注意到这种情况，也采取了一些办法，如减少脂肪摄入（主要是限制毛泽东吃红烧肉的次数，少吃红肉多吃鱼肉鸡肉），增加蔬菜水果，更重要的是劝他多运动，虽然起到一定作用，但未能改变肥胖状况。

① 中国营养学会，《中国居民膳食指南》，西藏人民出版社2009年版。

毛泽东一天工作时间长，经常一天只吃两顿饭，不把工作做完决不吃饭，因此常常处于饥饿状态。而在吃饭方式上，他吃饭快，很快就饱了，咀嚼的不细，很容易造成能量积累，这也是造

吃饭用的小碟、小碗

成肥胖的一个因素。毛泽东每顿饭并不过量，他知道"吃得太多会闹消化不良的！"，他有时一天也吃四顿、五顿饭，饿了吃点烤芋头、烤红薯或喝一缸子麦片粥。作为领袖，他是不自由的，他的时间，自己并不能完全支配，工作时间长，白天晚上不分，吃饭睡觉异于常人，精力消耗大。所以想让毛泽东达到健康的体重，是非常难的，当时身边的工作人员，尽职尽责地工作，尽量照顾好他的身体，生怕他吃不好、睡不好，不是担心吃的饱而是担心吃的少，往往为了请他吃顿饭而费尽脑筋。毛泽东体质很好，很少生病，没有肥胖人易患的三高（高血压、高血脂、高胆固醇）及心脑血管疾病和糖尿病，但过于肥胖的身体也给保健工作留下了遗憾。

每餐七八分饱，健康长寿缓衰老。"七分饱"是指进食宜饥饱适中。人体对饮食的消化、吸收、输送，主要靠脾胃来完成。进食定量，饥饱适中，恰到好处，则脾胃足以承受。消化、吸收功能运转正常，便可以及时得到营养供应，以保证各种生理功能活动。反之，过饥或过饱，都对人体健康不利。人体的进食量通常受食欲控制，而食欲又受到遗传、胎儿和幼年期营养供给、生理需要、食物成分、烹调加工和包装形式、身体活动水平和心理状态等多种因素的影响。正常生理状态下，食欲可以有效地控制进食量，保持健康的体重，此时的食不过量就是吃饱而不吃撑。但是由于种种原因有些人不能有效地控制进食量，引起体重过度增加，就应该适当限制进食量。

毛泽东吃饭用的青花瓷盘

体重是判定能量平衡的最好指标，每个人应根据自身体重及变化适当调整食物的摄入，"一口吃不成胖子"，但一口一口累计起来，胖子就可能吃出来了。预防不健康的体重增加要从控制日常的饮食量做起，从少吃"一两口"做起。这样每天减少一点能量摄入，长期坚持才有可能控制住这种体重上升的趋势。

七、三餐分配要合理，零食要适当

合理安排一日三餐的时间及食量，进餐定时定量。早餐提供的能量应占全天总能量的25%~30%，午餐应占30%~40%，晚餐应占30%~40%，可根据职业、劳动强度和生活习惯进行适当调整。一般情况下，早餐安排在6:30～8:30，午餐在11:30～13:30，晚餐在18:00～20:00进行为宜。要天天吃早餐并保证其营养充足，午餐要吃好，晚餐要适量。不暴饮暴食，不经常在外就餐，尽可能与家人共同进餐，并营造轻松愉快的就餐氛围。零食作为一日三餐之外的营养补充，可以合理选用，但来自零食的能量应计入全天能量摄入之中。[①]

毛泽东的三餐与常人不同，主要是时间不固定，向后推迟几个小时。他的早餐有时不吃，有时吃点菜和牛奶面包，有时只喝一缸子牛奶麦片粥或稀饭，虽然简单了些，毕竟有谷物和牛奶，能满足基本能量需要。他的午餐一般在晚上吃，算是一天的正餐，晚餐则推迟到夜里吃，两餐之间时间比较长，短则几小时长则十几个小时甚至更长。单从毛泽东三餐的量和食物搭配上看，还是比较符合指南的要求，如果拿《指南》来衡量他的三餐时间和规律的话，显然是不合理的，不

---

① 中国营养学会，《中国居民膳食指南》，西藏人民出版社2009年版。

过什么事都要因人而异，不能生搬硬套，总有超乎平常的人和事。毛泽东是伟人，在他身上有很多表现，诸如：衣食住行、言谈举止、待人接物、工作方式、思维方式等，吃饭只是其中一点。我们认识事物、看待某些事情往往受一些框框限制，毛泽东往往能跳出这个框框来看待问题，如他与徐涛讨论按月亮规律办事好还是按太阳规律办事好。他认为符合自己的就是好的，自己有自己的规律，用一般人的规律套在他身上是不合适的。毛泽东工作繁忙很少吃零食，有时饿了也会吃点饼干、糖果之类的点心。

逸闻趣事

"你给我搞几块糖来吃。"

毛泽东平时吃菜，油比较大，也能吃肥肉，三年困难时期油和肉的量一下减了，果汁牛奶也不喝了，工作量又大，两顿饭间时间又太长，恐怕不太适应。虽然毛泽东没有明说，但工作人员能明显看出他肚子饿。

有一次毛泽东对工作人员说："你给我搞几块糖来吃。"

工作人员对管理员说了，管理员马上到供应站取来一包一斤装的山东产软糖高粱饴和一铁盒上海泰康食品厂产的饼干。糖和饼干取回后放到主席卧室的桌子上，毛泽东有时饿了就吃几块，他舍不得多吃，每次只吃几块，有时让工作人员吃几块。①

毛泽东一天饮食举例：

6月8日 早餐和晚餐

主菜：炒空心菜、煎猪扒、烩户瓜、炒双脆。小菜：咸蛋、炒油渣。主食：家常饼。

主菜：炒苋菜、烩鸭掌、炒南瓜丝、葱烧鲫鱼、排骨汤。小菜：

---

① 参见：王震宇：《在毛泽东身边：106位毛泽东亲属和身边工作人员的回忆》，人民出版社2009年版。

果盘与葡萄糖

拌牛肚头、油焖笋、拌白肉。

2月9日 早餐、午餐和晚餐

主菜：鱼头沙锅汤、青椒炒小鸡、炒空心菜、烧豆腐。小菜：猪头肉、烧豆角。主食：二米饭、烧饼。

主菜：蒜黄肉片、炒小白菜。小菜：炒香肠、炒小虾。主食：牛奶、油条。

主菜：炒猪肚、烧豆角、烧大白菜、菠菜豆腐、奶油汤。小菜：松花、苦瓜。主食：馒头、稀饭。

2月11日 午餐、晚餐和夜餐

主菜：五香腰花、炒菜薹、炒油菜、粉条肉片汤。小菜：炒腊八豆。主食：豆米饭、挂面。

主菜：炒回锅肉、炒空心菜。小菜：煎年糕、黑鱼籽。主食：牛奶、面包。

主菜：萝卜炖羊肉、烧胖头鱼、炒冬寒菜、冬菇烧豆角。小菜：猪头肉、烧鸡血。主食：二米饭、馒头。

对大众来说怎样吃三餐才合理呢？《指南》建议：

第一，从时间上，一般情况下，早餐安排在6:30～8:30，午餐11:30～13:30，晚餐在18:00～20:00之间进行为宜。早餐所用时间以15分钟～20分钟，午、晚餐以30分钟左右为宜；进餐时间过短，不利于消化液的分泌及消化液和食物的充分混合，影响食物的消化，会带来胃肠不适；进餐时间太长，会不断地摄取食物，引起食物摄取过量。

第二，进餐时应细嚼慢咽，不易暴饮暴食、狼吞虎咽，三餐定时定量，不宜饥一顿饱一顿。细嚼慢咽有利于消化，暴饮暴食是一种危害健康的饮食行为，可引起胃肠功能失调，出现腹痛、腹胀、恶心、呕吐、腹泻等症状；会明显加重胰腺的负担；暴饮暴食可使胆汁分泌增加，造成肝功能损害，诱发胆囊炎。暴饮暴食后心脏病急性发作的危险也明显增加。

第三，一般情况下，早餐提供的能量应占全天总能量的25%～30%，午餐占30%～40%、晚餐占30%～40%为宜。应根据职业、劳动强度和生活习惯进行适当调整。

第四，天天吃早餐。不吃早餐，容易引起能量及其他营养素的不足，降低上午的工作和学习效率。早餐的食物应种类多样、搭配合理。营养充足的早餐应包括谷类、动物性食物（肉类、蛋）、奶及奶制品、蔬菜和水果等4类食物。

第五，午餐要吃好。午餐在一天三餐中起着承上启下的作用。主食的量应在二两左右，可在米饭、面食（馒头、面条、麦片、饼、玉米面发糕等）中选择；可按照均衡营养的原则从肉、禽、豆类及其制品、水产品、蔬菜中挑选几种进行搭配，可选择动物性食品、大豆或相当量的制品以及一定量的蔬菜水果，以保证午餐中维生素、矿物质和膳食纤维的摄入。

第六，晚餐要适量。晚餐谷类食物应在二两左右，可在米面食品中多选择富含膳食纤维的食物，如糙米、全麦食物，既能增加饱腹感，又能促进肠胃蠕动。可吃动物性食品一两，半两大豆或相当量的制品，还有适量的蔬菜水果。晚餐不易过于丰盛、油腻，否则会延长消化时间，导致睡眠不好，还会导致肥胖，加重消化系统的负担，使大脑保持活跃，导致失眠、多梦等。

第七，在外就餐会增加脂肪和盐的摄入，碳水化合物提供的能量占总能量的比例降低。就是说经常在外就餐将摄入更多的膳食能量。在外就餐频率越高，身体脂肪含量越高。所以要尽量回家就餐。在外就餐时应注意：

(1) 选择干净、卫生的就餐场所；

(2) 点菜时要注意食物多样，荤素搭配；

(3) 不要为了摆排场、讲面子点大量的菜肴，做到适可而止；

(4) 尽量选择用蒸、炖、煮等方法烹调的菜肴，尽量避免煎炸食品和高脂肪菜肴，以免摄入过多的油脂；

(5) 在进餐时多吃蔬菜和豆制品，肉类菜肴要适量；

(6) 食量要适度，特别是吃自助餐时，更应该注意做到食不过量；

(7) 选择清淡的饮料，不喝或少喝含糖饮料；

(8) 控制酒的消费，喝酒应限量。

第八，合理选择零食。合理有度的吃零食既是一种生活享受，又可以提供一定的能量和营养素，有些情况下还可起到缓解紧张情绪的作用。因此，不能简单的认为吃零食是一种不健康的行为。合理选择零食，要遵循以下原则：

(1) 如果三餐能量摄入不足，可选择富含能量的零食加以补充；

(2) 应选择营养价值高的零食，如水果、奶制品、坚果等，可作为正餐之外的一种补充；

(3) 两餐之间可适当吃些零食，以不影响正餐食欲为宜；

(4) 零食的量不宜太多，以免影响正餐的食欲和食量；

(5) 坚果好吃、营养丰富，但含能量较高不宜过量，过量食用，可导致肥胖，每周一两是适宜的。

八、每天足量饮水，合理选择饮料

水是膳食的重要组成部分，是一切生命必需的物质，在生命活动中发挥着重要功能。体内水的来源有饮水、食物中含的水和体内代谢产生的水。水的排出主要通过肾脏，以尿液的形式排出，其次是经肺呼出、经皮肤和随粪便排出。进入体内的水和排出来的水基本相等，处于动态平衡。水的需要量主要受年龄、环境温度、身体活动等因素的影响。一般来说，健康成人每天需要水2500mL左右。在温和气候条件下生活的轻体力活动的成年人每日最少饮水1200mL（约6杯）。在高温或强体力劳动的条件下，应适当增加。饮水不足或过多都会对人体健康带来危害。饮水应少量多次，要主动，不要感到口渴时再喝水。饮水最好选择白开水。

饮料多种多样，需要合理选择，如乳饮料和纯果汁饮料含有一定量的营养素和有益膳食成分，适量饮用可以作为膳食的补充。有些饮料添加了一定的矿物质和维生素，适合热天户外活动和运动后饮用。有些饮料只含糖和香精香料，营养价值不高。多数饮料都含有一定量的糖，大量饮用特别是含糖量高的饮料，会在不经意间摄入过多能量，造成体内能量过剩。

另外，饮后如不及时漱口刷牙，残留在口腔内的糖会在细菌作用下产生酸性物质，损害牙齿健康。有些人尤其是儿童青少年，每天喝大量含糖的饮料代替喝水，是一种不健康的习惯，应当改正。①

毛泽东在日常生活中饮水很多，这是个非常好的习惯。他主要的饮料就是茶，并且量很大，每天工作人员隔一会儿续一次水。毛泽东是热性体质，爱吃辣椒睡眠又少，容易上火，所以饮食上多吃蔬菜，特别是马齿苋、苦菜等苦寒菜，最重要的是他喝茶水多。毛泽东早晨起来也是先喝茶，这对老年人来说，不但可以补充体内水分，还可以降低血液粘稠度，减少心血管病早晨的发病率。工作人员还专门做了一个提水瓶的箱子，毛泽东到外地视察时带上，无论是到山上还是

毛泽东外出用的暖壶箱

① 中国营养学会，《中国居民膳食指南》，西藏人民出版社2009年版。

田间地头，随时可以喝到热水。他每顿饭一个汤，还有稀饭，还常喝工作人员挤的西瓜汁、草莓汁等果汁。由此可见，毛泽东喝水的量符合健康要求，其中绿茶是世界公认的最佳饮料。

我们知道饮水对人体的重要性，饮水时间应分配在一天中任何时刻，喝水应该少量多次，每次200mL左右（1杯）。早晨起床后可空腹喝一杯水，睡觉前也喝一杯水，有利于预防夜间血液粘稠度增加。

白开水是最符合人体需要的饮用水，具有很多优点：

(1) 自来水煮沸后，既洁净、无细菌，又能使过高硬度的水质得到改善，还能保持原水中某些矿物质不受损失。

(2) 制取简单，经济实惠，用之方便。因而，白开水是满足人体健康、最经济实用的首选饮用水，但不宜饮用生水、蒸锅水。

《指南》建议：选择饮料应该根据个人的身体情况而定。经常适量饮茶，对人体健康有益。一般空腹和睡前不应饮浓茶。果蔬汁饮料可以补充水溶性维生素、矿物元素和膳食纤维；运动大量出汗时可以选择富含电解质的运动饮料；对于需要控制能量或控制糖分摄入的人，可在同类饮料中选择能量低的产品。目前多数市售饮料都含有一定的糖，因此，不宜摄入太多。

九、如饮酒应限量

在节假日、喜庆和交际的场合，人们饮酒是一种习俗。高度酒含能量高，白酒基本上是纯能量食物，不含其他营养素。无节制的饮酒，会使食欲下降，食物摄入量减少，以致发生多种营养素缺乏、急慢性酒精中毒、酒精性脂肪肝，严重时还会造成酒精性肝硬化。过量饮酒还会增加患高血压、中风等疾病的危险；并可导致事故及暴力的增加，对个人健康和社会安定都是有害的，应该严禁酗酒。另外饮酒还会增加患某些癌症的危险。

若饮酒尽可能饮用低度酒，并控制在适当的限量以下，建议成年男性一天饮用酒的酒精量不超过 25g，成年女性一天饮用酒的酒精量不超过15g。孕妇和儿童青少年应忌酒。①

毛泽东不善饮酒，每次待客或参加宴会时，十分克制，只饮几杯。喝酒不仅误事，对健康不利，还影响工作甚至危害社会。他博览群书，知道历史上很

1950年9月30日国庆招待会上毛泽东和少数民族代表干杯

多名人因饮酒招来祸害，或堕落，或名誉扫地，或被人利用，或丢了性命。毛泽东原则性很强，是非面前，哪怕日常生活的一点小事也毫不含糊，在喝酒上不管别人怎么劝，绝对不会多喝，逼急了会拿自己吃辣椒的特长对付。但他不会一点不喝，一块吃饭时为表示庆祝，会抿一小口，有时喝一二杯。他常喝葡萄酒，偶尔喝点茅台酒，适可而止，不影响工作。毛泽东非常自律，即使在饮酒这样的小事上也做出表率。

逸闻趣事

"咱们共同庆祝北平解放。"

1949年春节，在西柏坡，警卫员马武义给毛泽东打来几样他最爱吃的菜，又弄来一大瓶青岛葡萄酒，摆在八仙桌上。见主席若有所思地望着那张形势图，马武义说："主席，今天过年了，吃饭吧！"

毛泽东转过身来，侧身指着那个形势图对马武义说："今天是个双喜的日子呢！你看北平那个黄旗也拔掉了。"说着坐到饭桌旁，一看搞了那么多他最爱吃的菜，谈兴就更浓了，"一年前那位蒋公胃口

① 中国营养学会，《中国居民膳食指南》，西藏人民出版社2009年版。

可大着哩，他吃掉了我们的张家口，吃掉了我们的延安，还吃了我们大片大片的根据地，他吃得又肥又大，连跑都跑不动了。"

"如今我们打胜了辽沈战役、淮海战役，又打胜了平津战役。现在该是我们大口大口地吃他们的时候了！"说着毛泽东挟了一大块米粉肉放到嘴里。

马武义看着主席是那样地开心兴奋，心里也十分高兴。接着毛泽东又高兴地说："不久我们就要进入北平，那时我们还要坐下来痛痛快快地吃他一顿！打过长江去，全部、彻底、干净、一个不剩地吃！那时蒋先生就彻底舒服了！"

毛泽东一边说一边拉过一个饭盒，往饭盒里夹菜。一会儿就夹了大半饭盒米粉肉和辣子鸡，递给马武义，随后又把那瓶他只喝了一杯的葡萄酒也递给他说："拿去，你和值班警卫员喝，咱们共同庆祝北平解放。"

那天值班警卫员是王振海同志，他是个很憨厚老实的人，做事极为认真细致。听到马武义说是主席要他们喝酒、吃肉，共同庆祝北平解放，他的胆子居然也大了起来，拿起酒瓶倒了两大碗和马武义你一口我一口，不一会儿就喝了个精光。

结果王振海喝醉了，他站起身来摇摇晃晃地走出值班室，准备换班。出了大门，右边是个木制岗楼，里面站着哨兵，王振海结结巴巴地对哨兵说："你出来，我先尿！"他还以为这是个厕所呢，说着便倒在岗楼跟前。①

《指南》指出：在人与人交往活动中，饮酒是一种沟通感情的方式，也是一种消遣方式，但不能成为过量饮酒损害健康的理由。为了自己和他人的健康，为了彼此的幸福，饮酒一定要节制，不能以醉酒为界，而要以不损害健康为限。一定要倡导文明饮酒，不提倡过度劝酒，切忌一醉方休或借酒浇愁的不良饮酒习惯。如要饮酒也尽量少

---

① 参见：李家骥、杨庆旺:《毛泽东与他的卫士们》，中央文献出版社1998年版。

喝，最好是饮用低度酒（如啤酒、葡萄酒或黄酒），并限制在适当的饮酒量内。喜欢喝白酒的人要尽可能选择低度白酒，忌空腹饮酒，摄入一定量食物可减少对酒精的吸收；饮酒时不宜同时饮碳酸饮料，因其能加速酒精的吸收；高血脂、高血压、冠心病等患者应忌酒。对于一些喜欢饮酒的人，特别是喜欢饮用高度白酒的人，可能会感到不够尽兴，但应该从保护健康的角度做出明智选择，自觉地限量饮酒。

适量饮酒可能有好处，葡萄酒中含有多种植物化学物质，对预防心血管疾病及延缓衰老有一定作用。不建议任何人出于预防心脏病的考虑开始饮酒或频繁饮酒。建议成年人饮酒的限量值是成年男性一天饮用酒的酒精量不超过25g（相当于啤酒750mL，或葡萄酒250mL，或38℃的白酒75g，或高度白酒50g）；成年女性一天饮用酒的酒精量不超过15g（相当于啤酒450mL，或葡萄酒150mL，或38℃的白酒50g）。

十、吃新鲜卫生的食物

一个健康人一生需要从自然界摄取大约60吨食物、水和饮料。人体一方面从这些饮食中吸收利用本身必需的各种营养素，以满足生长发育和生理功能的需要；另一方面又必须防止其中的有害因素诱发食源性疾病。

食物放置时间过长就会引起变质，可能产生对人体有毒有害的物质。另外，食物中还可能含有或混入各种有害因素，如致病微生物、寄生虫和有毒化学物等。吃新鲜卫生的食物是防止食源性疾病、实现食品安全的根本措施。

正确采购食物是保证食物新鲜卫生的第一关。一般来说，正规的商场和超市、有名的食品企业比较注重产品的质量，也更多地接受政府和消费者的监督，在食品卫生方面具有较大的安全性。购买预包装食品还应当留心查看包装标识，特别应关注生产日期、保质期和生产单位；也要注意食品颜色是否正常，有无酸臭异味，形态是否异常，以便判断食物是否腐败变质。烟熏食品及有些加色食品可能含有苯并芘或亚硝酸盐等有害成分，不宜多吃。

食物合理储藏可以保持新鲜，避免受到污染。高温加热能杀灭食物中大部分微生物，延长保存时间；冷藏温度常为4℃~8℃，一般不能杀灭微生物，只适于短期贮藏；而冷冻温度低达−12℃~−23℃，可抑制微生物生长，保持食物新鲜，适于长期贮藏。

烹调加工过程是保证食物卫生安全的一个重要环节。需要注意保持良好的个人卫生以及食物加工环境和用具的洁净，避免食物烹调时的交叉污染。对动物性食物应当注意加热熟透，煎、炸、烧烤等烹调方式如使用不当容易产生有害物质，应尽量少用。食物腌制要注意加足食盐，避免高温环境。

有一些动物或植物性食物含有天然毒素，例如河豚、毒蕈、含氰苷类的苦味果仁和木薯、未成熟或发芽的马铃薯、鲜黄花菜和四季豆等。为了避免误食中毒，一方面需要学会鉴别这些食物，另一方面应了解对不同食物进行浸泡、清洗、加热等去除毒素的具体方法。[①]

毛泽东的健康，不单纯是他个人的问题，已上升到国家的高度，所以饭菜从原料到加工经过层层把关，都做到万无一失。例如，保健医生害怕腐乳里细菌太多而不让他多吃，还专门送到化验室化验。其实，毛泽东自己也十分注意饮食的新鲜和卫生，如他要求买时令蔬菜，不吃罐装食品，不让多放调料，种的蔬菜粮食上农家肥不打农药。有时菜里吃到虫子，他说这说明菜里没打农药，还有"鸡吃叫，鱼吃跳"等等。毛泽东吃的食物，经过层层把关，非常新鲜卫生，符合现代科学饮食的要求。

---

① 中国营养学会，《中国居民膳食指南》，西藏人民出版社 2009 年版。

逸闻趣事

"孔老夫子吃饭……很合乎卫生……不过孔老夫子有病啊！"

一次，毛泽东与保健医生徐涛说："孔老夫子吃饭很讲究，有十不吃：鱼和肉不新鲜不吃，食物变色变味不吃，烹调不合宜不吃，不到吃饭时间不吃，这些都很合乎卫生嘛！不过孔老夫子有病啊！"

"我没注意这个问题。"徐涛说。

"你应该给他诊诊病，我看他有胃病。"

"你怎么看出来的？"

"食不厌精、脍不厌细，东西搞得那么精细不是消化不好吗？再说他常喜欢吃姜。你们西医研究不研究姜的作用？"

"中医研究的比较多！"徐涛想是这样的，就回答了。

"姜性温，孔老夫子有胃寒，用姜去暖寒胃，老百姓不是喝姜糖水嘛，去寒发汗治感冒。我看他还有胃下垂。"

你怎么又给诊断出一个病来了？"

"他胃不好，又忙着周游列国，吃了饭就坐车子颠簸，还不得胃下垂？"毛泽东不紧不慢笑着说。

"看来您是很注意饮食卫生的。"徐涛也笑了。①

那么食物的新鲜卫生到底有哪些方面及要求呢？《指南》指出：

第一，食物本身应新鲜、干净，少污染、无农药残留。

第二，可以品尝但不宜多吃的食物：熏制、腌制、酱制食品。

给毛泽东做饭用的锅

---

① 参见：中共中央文献研究室：《缅怀毛泽东（下）》，中央文献出版社 1993 年版。

给毛泽东做饭用的沙锅

第三，合理储藏食物。动物性食物蛋白质含量高，容易发生腐败，应特别注意低温储藏。新鲜蔬菜要存于低温环境。贮存食品的容器和环境要求盛放食品的容器和包装物必须安全、无害，易保持清洁，防止食品污染；塑料容器应纯度高，不释放有害物质，不得使用再生塑料器具。

第四，采取降低食物污染的措施。

(1) 挑选出变质的食物。

(2) 清洗蔬菜水果上的污物、微生物。

(3) 用消毒方法减少食物表面微生物污染，方法是先清洗食物，再在消毒剂中浸泡，然后再用清水冲洗几遍。

第五，烹调加工食物时的卫生要求。

(1) 保持良好的个人卫生。

(2) 保持洁净的环境和用具。

(3) 避免食物的交叉污染。直接入口食品，待加工食品和原料三者之间不得混放或混合加工。洗菜盆、刀、砧板、盛放菜的碗盘等一定要生熟食物分开，避免交叉使用。

(4) 慎重处理动物性食物。肉食要热透，要使食物的温度达到100℃并保持一定时间，以免外熟里生。

(5) 改变不良烹调方式，减少煎、炸、烤等烹调方法。

(6) 防止腌制食物变质，腌制食物时应注意加足食盐，并低温储存；腌制蔬菜至少要20天以上再食用。

第六，防止食物中毒。一些动物或植物性食物中含有天然毒素，避免误食这些动植物导致食物中毒。常见的有毒动植物有：河豚、毒蕈、含氰苷类植物、未成熟和发芽的马铃薯、鲜黄花菜、未熟的四季豆及有毒贝类等。

经过比对分析，我们惊奇地发现，毛泽东除了三餐不定时、体重偏高之外，几乎完全与指南的要求一致。毛泽东四菜一汤里诸多值得借鉴和学习的知识，正是他饮食观的科学体现。

给毛泽东做饭用的案板、刀

1955年毛泽东在南京郊区与农民交谈。

毛泽东与食品店店员交谈

三、毛泽东外出视察饮食

毛泽东也是个"美食家"，到了地方，入乡随俗，并喜欢尝尝地方美食、名吃。他在外出中拒绝地方官员请客吃饭，不花地方上一分钱，吃饭按要求每顿四菜一汤，不得超过国家规定的出差伙食费补贴标准。

>>外出视察的饮食标准
>>入乡随俗尝美食

≫外出视察的饮食标准

新中国成立后，毛泽东的足迹遍及祖国的大江南北，有时一年只外出视察一两次，有时一年好几个月都在外地视察（如1958年）。毛泽东的出行跟国家发展形势紧密相连，他要到地方调研，要了解民情。毛泽东外出视察一般坐专列，选择乘坐专列的很大原因是火车能随时停下来，能直接到田间地头，和群众直接交谈。在这里能亲身实地了解民情、听到真话，掌握到真实情况，还少给地方添麻烦。毛泽东经常下车查看庄稼长势，亲手翻开泥土，看小麦的根扎的有多深，土地是否深翻过。

当时的专列虽然比一般客车条件好，但长时间在车上生活就不舒服了，火车摇摇晃晃、噪声震耳，冬天冷，夏天热。那时专列里还没有空调，夏日里车厢内像蒸笼，40℃的温度让人没处躲、没处藏，夜晚蛙声不断，蚊虫叮咬的滋味更不好受。有时毛泽东睡觉时身底下铺上报纸，一觉醒来报纸都被汗湿透了，像这样的情况，他一天只睡一两个小时。

1964年毛泽东在视察途中和身边工作人员合影

每到一个城市，毛泽东都要直接找相关人员到专列上座谈，不是他架子大，而是不愿惊动地方，造成不必要的麻烦。他广泛接触，与官员谈政治、谈服务，到厂矿企业与科技人员谈技术。在外出中他拒绝地方官员请客吃饭，不花地方上一分钱，吃饭按要求每顿四菜一汤，不得超过国家规定的出差伙食费补贴标准，不准身边工作人员利用职务之便向地方上要东西（曾经发生过类似事情，毛泽东都一一核实赔偿，共计2万多元，之后对身边工作人员进行整顿，清退了相关人员）。

逸闻趣事

外出标准不变：一餐四菜一汤

1965年5月22日，毛泽东重回井冈山，住进了井冈山宾馆一楼115房间。江西省委办公厅负责人特向宾馆管理员交待："在宾馆食宿，食品专由你采购，每天按两元五角的伙食标准，素菜中要有辣椒、小豌豆、竹笋、豆豉之类；再准备些猪肉、鳝鱼、泥鳅、猪油渣之类的荤菜；菜要新鲜，随时都要准备好、拿得出。"宾馆工作人员更是以最高的标准招待毛泽东。餐桌上摆了茅台酒、香烟、苹果及丰盛的饭菜。负责毛泽东外巡工作的负责人发现这一情况，立即向宾馆工作人员指明："首长每餐四菜一汤，每天两元五角伙食标准，一路上都没喝酒。你们快将烟、酒、水果都收进去。"宾馆工作人员无奈，只好照此办事，所以，到毛泽东用餐时，桌上只有四小碟菜和一碗汤。

5月29日毛泽东要离开井冈山。前一天，井冈山宾馆的会计雷良钊接到通知说："主席要结账。明天就要下山了，你算一算伙食费。"

当日清晨8时，毛泽东的生活秘书，准时来到宾馆会计室结账。雷良钊感到不可思议，跟主席结账有点儿紧张，来人笑着说："不要急，慢慢算。不结，不好向主席交代。"毛泽东和他身边工作人员的伙食费是分开算的，开了两张发票。毛泽东在井冈山宾馆住了7天，共结17元5角钱，工作人员每天按1元5角算的。一分钱都没有少收。两张发票的底联保留在井冈山宾馆。

身教重于言教，身教不忘言教，毛泽东重上井冈山本身就是一部教科书，交伙食费则是其中朴实而余味隽永的一页。①

自己盛饭

1958年9月19日傍晚，毛泽东来到安徽芜湖铁山宾馆休息。他一见到宾馆的工作人员们，就问候他们说："你们很辛苦了吧！"

工作人员们连忙说："不，毛主席，您老人家辛苦了！"

毛泽东笑着说："你们的眼睛都熬红了嘛！"大家没有想到毛泽东观察得这么仔细，劳累立刻烟消云散。

晚饭准备好了，毛泽东来到大餐厅，他像一个普通旅客一样，很随便地找了张桌子，就坐了下来，还高兴地招呼着有点不知所措的人们："开饭了！来来来，坐坐坐！"说完，也不管别人的反应，自己便拿着饭碗朝饭盆走去盛饭。服务员们这才回过神来，都纷纷抢着去接毛泽东的碗。

毛泽东把手一挥，说："不要，自己来！"他刚要盛饭，又发现饭桶里并没有饭勺。这一下，大家有点慌了，原来大家只顾看他，竟忘了去拿饭勺。毛泽东却从容不迫地从一张桌子上拿起一把长柄大勺，笑着说："这个不是能盛饭吗？"引起了一片欢乐的笑声。

服务员给毛泽东端来了一道炒青菜、一道肉片烧豆腐，另加一道辣椒，并介绍说："这是我们本地的辣椒，叫灯笼椒。"毛泽东夹起一个辣椒，咬了一口，然后笑着对同桌的人说："这个辣椒从外表上看起来很大，别人以为它一定辣得厉害，可实际上却一点不辣。我们湖南的辣椒虽小，却辣得很。"

---

① 参见：马社香：《前奏：毛泽东1965年重上井冈山》，当代中国出版社2008年版。

整个用餐过程中，毛泽东同大家边吃边谈，餐厅里一直洋溢着欢快的气氛。

第二天，毛泽东在芜湖考察。当天吃的四菜一汤有：

午餐：炖羊肉、烧青鱼、蟹黄白菜、烧豆角。小菜：煎洋火腿、荷包蛋。主食：米饭、稀饭、烧饼。

1958年9月毛泽东和张治中在安徽

晚餐：红白豆腐汤、蒸扣肉、烤鸭、炒小鸡、炒空心菜、烧鲫鱼。小菜：牛肉、蒸小鱼、烤青椒。主食：米饭、稀饭、馒头。（客人3个）①

"这菜汤里怎么有鸡味"

1960年5月，毛泽东到武汉时，随行人员告诉厨师杨纯清："不要弄肉给主席吃。要不，主席会发脾气的。"

当时国家面临经济困难，毛泽东给自己定下三不：不吃肉，不吃蛋，吃粮不超定量。毛泽东历来是"交待了的事情就要照办"。

杨纯清听说这种情况，既心疼又感动，又觉得不好办，所以心里很急。当时的省委第一书记王任重同志走进厨房说："杨师傅，你们一定要想办法让主席在湖北吃好点！"

这一天，杨纯清想来想去，还是想出了一招，他斗胆给毛泽东做了一道"素菜汤"。杨纯清将母鸡清炖，然后取出鸡肉，将鸡汤里的油汁过滤干净，最后将青菜叶下进汤里。

毛泽东吃饭时似乎有所醒悟，他对工作人员说："去问一问杨师

---

① 参见：黄允升：《开国领袖毛泽东逸事》，中央文献出版社1999年版。

傅，这菜汤里怎么有鸡味？"杨纯清心虚，便敷衍说："大概是多放了味精。"幸好，还糊弄过去了！

事后，汪东兴开玩笑说："杨师傅的水平高，素菜汤做出鸡味来。"

那些日子，为了改善毛泽东的生活，杨纯清和警卫人员有时到东湖打猎，如果运气好，可以打到野鸡野鸭，还能捉一些泥鳅、鱼虾。这就大大丰富了毛泽东的菜肴。①

1965年毛泽东在湖北武汉东湖宾馆湖边散步

---

① 顾奎琴：《毛泽东保健饮食生活》，广东人民出版社 2003 年版。

≫入乡随俗尝美食

毛泽东也是个"美食家",到了地方,入乡随俗,有什么吃什么,不挑食,并喜欢尝尝地方美食、名吃。他在武汉吃武昌鱼、尝豆皮,在天津吃狗不理包子,在山东吃大葱,在广州吃蛇肉,不过不白吃,按规定付费。

逸闻趣事

"不吃武昌鱼,我是写不出诗来的。"

北周庾信诗:"还思建业水,终忆武昌鱼"(《奉和就丰殿下言志》十首之一)。

唐代岑参诗:"秋来倍忆武昌鱼,梦魂只在巴陵道"(《送费子归武昌》)。

宋代苏轼诗:"长江绕廓知鱼美,好竹连山觉笋香"(《初到黄州》)。

宋代范成大诗:"却笑鲈江垂钓手,武昌鱼好便淹留"(《鄂州南楼诗》)。

元代马祖常诗:"携幼归来拜丘陵,南游莫忘武昌鱼"(《送宋显示夫南归》)。

明代何景明诗:"此去且随彭蠡雁,何须不食武昌鱼"(《送卫进士推武昌》)。

毛泽东写下"才饮长沙水,又食武昌鱼"的诗句之后,武昌鱼更加闻名遐迩,成了湖北的特产,名誉全国。

1956年6月1日上午9时,毛泽东登上了停泊在汉口王家巷码头的"永康号"轮。随即,轮船逆江而上。船到金口,毛泽东下水畅游长江。这是毛泽东第一次畅游长江。他对陪同的李先念说:"以后我每年都要来游长江。"这一次,毛泽东游了约15公里。在沌口上船吃饭。

厨师为他做了四菜一汤,即:清蒸鳊鱼、烧(草)鱼块、回锅猪肉、炒青菜和榨菜肉丝汤。这一餐,毛泽东喝一小杯茅台酒,吃了一小碗米饭,鳊鱼被吃光。

当晚毛泽东回到武昌东湖住地写下了脍炙人口的"才饮长沙水,又食武昌鱼"词——《水调歌头·游泳》。针对这首诗,他说:"古代文人把鳊鱼叫武昌鱼:岑参有'秋来倍忆武昌鱼,梦魂只在巴陵道',马祖常有'携幼归来拜丘陵,南游莫忘武昌鱼。'可见武昌鱼历史悠久咧。不吃武昌鱼,我是写不出诗来的。"

1956年
5月31日
毛泽东
第一次
游长江

狗不理包子"好吃,果然名不虚传。"

一次,列车快到天津了,毛泽东对服务员姚淑贤说:"快到你家了吧?"

"大约再过半小时就能到天津。"姚淑贤告诉毛泽东。

"天津有什么特产?"毛泽东问。

毛泽东手书《水调歌头·游泳》

　　"大麻花，狗不理包子。"姚淑贤认真地回答。

　　毛泽东又问："为什么叫狗不理？"

　　姚淑贤说："据传说，过去有一个小包子铺，做出的小包子很好吃，可是店铺很小，有钱人根本不去，净是做小买卖的、拉车的去，总而言之，都是劳动人民去吃，挣不了多少钱，老板一气之下，就给包子起了一个'狗不理'的名字，谁不吃他的包子，就骂谁呀。"

　　毛泽东听后风趣地说："我们可别挨他的骂。小姚，快到天津了，请我们吃包子吧！"

　　"好，我请。"

　　毛泽东说："我带的人可不少啊！"他用手朝前后车厢一挥，意思是包括车上所有的人。

　　"行，没问题。"姚淑贤爽快地答应着。

　　列车到达天津时，果然上了狗不理包子。

　　"来，大家都去餐车吃包子。"毛泽东高兴地招呼大家，接着又开玩笑地指一指姚淑贤，"今天是小姚请客，我掏钱。"在场的人都被逗笑了。

　　毛泽东看着热乎乎的包子，问管理员张国兴："付钱了吗？"

　　张国兴忙说："付了。"

　　毛泽东又说："付了就好，可不能白吃白占哟！"接着，便对张国兴说："把钱记在我的账上，这事由你负责。"

　　这时，卫士和厨房的服务人员已经把餐具摆好。"来，吃包子！"毛泽东招呼大家。

　　他拿起筷子，夹着包子吃起来，并连声说："好吃，果然名不虚传。"

　　那一次，毛泽东吃得很开心，还特意要了一盘炒辣椒就着吃。①

1958年毛泽东在天津郊区视察

"你们山东人不是爱吃大葱吗？"

　　1959年2月25日，毛泽东来到山东省视察。他乘坐的专列停在济南市后，就在车上召开一个座谈会，参会的是"五级书记"：山东省委书记、历城县委书记、东郊公社党委书记、大辛庄管区党总支书记、

---

① 顾奎琴：《毛泽东保健饮食生活》，广东人民出版社2003年版。

大辛庄党支部书记。

下午6点半，服务员向毛泽东报告："主席，饭做好了。"

毛泽东合上笔记本，对大家说："好，现在请大家吃饭。饭后，咱们继续谈。"

最先上桌的是两碟凉菜：苦瓜、香肠。毛泽东介绍说："这苦瓜，味道很苦，却很好吃，又很有营养，大家尝尝。"

当服务人员把一大盆汤端上桌时，毛泽东风趣地说："分配是个大问题，分配不好，大家会有意见。来，我给大家分配分配。"随即，他操起汤勺，给每个人的碗里都舀入汤。毛泽东如此平易近人，还巧妙地把座谈内容与餐桌分汤联系起来，大家听了，都不再拘束。

山东人有生吃大葱的习惯——大葱蘸大酱。所以，这餐桌上便有了山东的特产：大葱、大酱。毛泽东见了，说："你们山东人不是爱吃大葱吗？"说完，拿起一根大葱就吃。他这么一吃，大家都笑了。入乡随俗，用餐气氛更加活跃，大家都拿起大葱，吃了起来。

平时，毛泽东很少生吃蔬菜，也很少这样整根吃葱，他吃葱，主要是葱花。厨师程汝明做的葱花饼很好吃，他将猪肉切丁，加入葱花、盐，拌匀，包馅，烙制。

毛泽东很喜欢吃这种饼，说："程师傅做的饼也很好吃。"这好吃当中，包含葱花特有的香味。①

"我就不能吃蛇肉？"

外出期间，毛泽东对地方上的一些美食，表现出极大的兴趣。

1954年11月，中央在广州开会，第一次中央负责同志云集广州，省里想好好尽一尽地主之谊，款待一下中央领导，于是请大家吃蛇肉，考虑到毛泽东目标大，就没有请他。

事后毛泽东知道了，就半开玩笑地对陶铸说："好啊，你们吃

---

① 参见：王伯福：《毛泽东轶事大观》，山东人民出版社1997年版。

1958年毛泽东在陶铸陪同下视察广东

蛇肉，就是不请我一个人，我就不能吃蛇肉？"后来陶铸专门请师傅为他做了一次蛇羹。①

"深州蜜桃，名不虚传啊，好吃！"

毛泽东习惯于在列车上工作和休息。有时，请地方领导上车汇报工作，谈完话，他都要请他们吃顿饭，然后让他们下车，从不许送行。

地方同志常要送些当地的土特产，毛泽东一般不收。只有几次例外，其中一次是河北同志送了几筐深州蜜桃，说是给大家尝尝鲜的。毛泽东同意收下了，他也吃了一个桃子，连声称赞："深州蜜桃，名不虚传啊，好吃！"②

外出巡视时，毛泽东的三餐和作息同在北京一样，只是接见的人多，一块吃饭的人也多，主要是他请吃饭。做饭的是自己的厨师，食品大多是自己带的，如需购买自己采购。这样做有几大好处：

第一，自己的厨师做的饭更合口味；

第二，不麻烦地方政府；

第三，不必为毛泽东吃饭操心而浪费人力物力。

逸闻趣事

在武汉的简单饮食

新中国成立后，毛泽东曾多次到湖北视察，从1953年到1974年，几

---

① 李静：《实话实说丰泽园》，中国青年出版社2000年版。
② 李敏、高凤、叶利亚：《真实的毛泽东》，中央文献出版社2003年版。

乎每年都到湖北来一次，大多
住东湖宾馆。他外出的饮食与
在北京差不多，非常简单。除
招待过几次外宾外，从不请客
人吃饭。

1962年6月毛泽东在武汉

毛泽东在武汉的饮食，早
餐一般吃油条、豆皮、米粉之
类。中餐和晚餐则没有固定
的时间，菜式也大体一样，
基本上是四菜一汤。所谓四菜一汤，用的都是小碟子小碗，量很少。
主食就是米饭，掺些红薯、红豆、小米等杂粮，每顿不过一两饭，以
后年纪大了，吃不到六钱。蔬菜都是因时制宜，有什么吃什么，通常
吃的菜就是些冬寒菜、豆芽、番茄、茄子等。每餐荤素搭配。他喜欢
吃肥肉，烧肉就做三四块，蒸肉也做两三块。吃鱼也是普通的鲢、
草、鳊。鲢鱼去头去尾，吃中间一段，鱼头用来做汤。有一种不起眼
的鱼，老百姓叫船钉鱼，寸把长，长在小河沟里，毛泽东很喜欢吃，
冬天有时做点红烧狗肉。青菜每顿都有，荤菜每周几次，不一定顿
顿有。

毛泽东饮食很节约，吃剩的东西从不准倒掉，要留在下顿吃。在
东湖宾馆时，每天结一次账，自己付伙食费。平时偶尔喝点酒，酒杯
不过装两三钱，每次抿一小口，一瓶酒很长时间喝不完。酒瓶喝空
了，不准扔掉，都收集起来，作为伙食费的凭据。①

"来一只'叫化子'。"

"叫化童鸡"是一道蜚声中外的杭州名吃，也叫"叫化子鸡"，
是依据一个传说而得名的。

---

① 参见：章重：《梅岭——毛泽东在东湖客舍》，中央文献出版社 2003 年版。

古时，一个叫化子（乞丐）在饥寒虚弱中昏倒，难友讨来一只小母鸡，给他滋补。在苦于无炊具烹制的情况下，他急中生智，用黄泥将鸡裹起来，在篝火中煨烤。鸡熟之后，异香扑鼻，鸡肉酥嫩。后来，这道泥里煨烤出来的鸡，成了一道名菜。正因为这道名菜与"叫化子"有关，人们便特意在菜名里加入"叫化子"或"叫化"。

新中国成立之后，毛泽东每年都去杭州住一段时间，每次都吃这道名菜。他在高兴的时候，曾幽默地对身边工作人员说："来一只'叫化子'。"工作人员一听就明白，毛泽东是想吃"叫化子鸡"了。

毛泽东外出巡视活动多，运动量增加，饭吃的香，觉也睡的比北京好。从饮食上讲，增加地方特色吃法，能尝到不同口味，多吃几样菜，还能提高食欲，有利于健康。

四、毛泽东的生日菜

　　很多时候，毛泽东忘记了自己的生日，每逢此时身边工作人员总是想方设法提醒他，想着法子陪他过过生日，让老人家也休息一下，高兴高兴。从保留的生日菜谱上看，丰盛的不多，多是平常饭菜，对毛泽东而言一碗长寿面足矣。

>>新中国成立前的生日：无暇顾及

>>新中国成立后的生日：以身作则不做寿

≫新中国成立前的生日：无暇顾及

毛泽东的生日，据《韶山四修族谱》卷十五记载："清光绪十九年癸巳十一月十九辰时生。"即农历十一月十九日生。毛泽东身边的工作人员叶子龙等人，从历书中将公历和农历对照，核定毛泽东的生日为12月26日。毛泽东曾风趣地说："哦，我的那碗面条，此后不在阴历十一月十九日吃，改在阳历12月26日吃！"

建国前毛泽东很少过生日。

毛泽东与母亲、弟弟

逸闻趣事

五十岁生日："无暇顾及"

1943年12月26日，是毛泽东50岁生日。按照中国的习俗，50岁是大寿，理应好好庆贺一番。于是党内一些同志提议为他做寿，同时宣传毛泽东思想。这年的4月间，中共中央宣传部副部长凯丰致信毛泽东，报告了这一计划。这是毛泽东1910年离开故乡以来，第一次遇到"生日问题"。4月22日，毛泽东复信凯丰，明确指出："生日决定不做。做生日的太多了，会生出不良影响。目前是内外交困的时候，时机也不好。我的思想（马列）自觉没有成熟，还是学习时候，不是鼓吹时候；要鼓吹只宜以某些片断去鼓吹（例如整风文件中的几件），不宜当作体系去鼓吹，因我的体系还没有成熟。"

当时担任中央书记处三人成员之一的任弼时，也曾郑重地向萧三嘱咐："写一本毛泽东传，以庆祝他的50大寿。"负责中央宣传部工作的胡乔木也极力帮助萧三集中精力写好毛泽东传记，减少他的一些工作，希望萧三在毛泽东50寿辰到来之际完成。但是毛泽东反对为他祝寿，更反对为他立传，他主张活着的人都不写传，因而萧三写的《毛泽东的初期革命活动》，拖到1944年7月1日和2日才在《解放日报》副刊上发表。在毛泽东的坚持下，党中央和边区各界都没有给他祝寿。

1944年4月30日，毛泽东邀请续范亭等五六个人到他的窑洞小宴。续范亭跟毛泽东攀谈时，问起生肖，彼此都属蛇，方知两人同庚。续范亭感到很奇怪，去年自己过50大寿时，延安交际处专门为自己设宴祝寿，照理毛泽东去年也是50大寿，怎么未见报刊上有任何报道呢？毛泽东笑着说："是我自己决定不做寿！"续范亭觉得，在今天这个聚会上，是个好机会，于是他即席赋诗一首："半百年华不知老，先生诞日人不晓。黄龙痛饮炮千鸣，好与先生祝寿考。"后来，续范亭作《五百字诗并序》公开发表，毛泽东的生日"农历十一月十九日"才渐为人知晓。[①]

五十一岁生日：接受集体祝寿

毛泽东50大寿之日悄然过去，51岁诞辰日又来了，有同志提出为他"补祝"50大寿。毛泽东当然不答应，反而提议要搞一个"集体祝寿"，为杨家岭50岁以上的同志——从伙夫、马夫到主席、总司令"集体祝寿"。1944年12月16日，中央办公厅为杨家岭党中央机关的56位50岁以上的老同志，举办了一次集体祝寿活动。第二天，《解放日报》作了如下报道：

"中央办公厅政治处在中央大礼堂为全杨家岭56位50岁以上的同志集体祝寿，从伙夫、马夫到毛主席、总司令。会场四壁悬挂着各界送

---

① 参见：孙国林：《毛泽东过生日的轶闻趣事》，《党史博采》2008年。

的寿灯、寿幛、寿联、寿诗、寿词。中共中央副秘书长李富春致开幕词，说今天为56位同志祝寿，是我党一件大事，这样红火的大会象征着我党事业的辉煌前途。56位中从伙马夫起一直到徐（特立）老、林（伯渠）老、吴（玉章）老、董（必武）老，以至朱总司令、毛主席止，包括工农商学兵。中间有66岁的劳动英雄姬仲飞、特等劳动英雄岳恒书。中共中央副秘书长李富春代读毛主席的答词（因有要事不能参加）。中央城市工作部部长刘少奇致祝词说：这次祝寿有伙马夫，有中央委员，有朱总司令、刘伯承师长，这说明我们党对伙马夫与中央委员是一样的，是平等的。他们都是一个目的，为人民大众服务。只有为人民大众服务的人，才配得上受人民大众的尊敬。他说：毛主席、朱总司令都是以一个人民大众的勤务员的身份为人民大众办事的。要学习这些同志为公忘私的优良品质和共产主义的精神。新四军陈毅代军长致词，他号召青年党员不要两眼向上，要重视事务工作。徐老（徐特立）代表全体寿翁致谢词，他以自己一生的经历说明过去经过许多摸索，走过许多冤枉路，才走上革命道路，51岁入党。这次祝寿有世界意义，从前称老人为"老顽固"、"老朽"，今天不同了。晚上民众剧团演出秦腔助兴，并举行盛大舞会。寿公姓名年龄如下：徐特立68，吴玉章65，朱宝庭64，董必武60，朱总司令58，林伯渠58，李六如57，刘伯承53，范文澜52，毛主席51……"①

五十四岁生日：找理由拒绝祝寿

毛泽东54岁生日时正赶上中共中央在陕北米脂县杨家沟召开扩大会议。参会的干部对毛泽东说："我们赶上吃你的寿面了。"

毛泽东说："寿面并不能使人长寿！吃不吃无所谓。"

大家又劝，毛泽东还是谢绝了大家的建议。毛泽东说不祝寿有三大理由：一是战争期间，许多同志为革命流血牺牲，应该纪念的是他

---

① 参见：孙国林：《毛泽东过生日的轶闻趣事》，《党史博采》2008年。

们，为一个人"祝寿"，太不合理。二是群众和部队还缺粮食吃，我们不能忘掉群众疾苦。三是才五十多岁，大有活头。

当天晚上，毛泽东在杨家沟看演戏，他悄悄地坐在人群后边。戏散后，周恩来对毛泽东说："你的生日就这么过了？"

毛泽东答道："这么过不很有意义嘛！"

毛泽东对自己生日持无所谓的态度，战争年代更是无暇顾及。因此，在毛泽东50大寿之前，他历年的生日是怎么度过的，几乎没有记载。

≫新中国成立后的生日：以身作则不做寿

新中国成立后毛泽东严格自律，带头遵守党内不公开祝寿的规定，生日只在家吃点便饭，他把做寿和保持党的优良传统和作风联系在一起。毛泽东很少与家人一块过生日，大多是工作人员、民主人士陪伴，很少请党内人士。

逸闻趣事

"六不"规定

1953年8月，在全国财经工作会议上，毛泽东又一次强调了这些规定："一曰不做寿，做寿不会使人长寿，主要是要把工作做好。二曰不送礼，至少党内不要送。三曰少敬酒，一定场合可以。四曰少拍掌，不要禁止，出于群众热情，也不泼冷水。五曰不以人名做地名。六曰不要把中国同志和马、恩、列、斯平列，这是学生和先生的关系，应当如此。遵守这些规定，就是谦虚态度。"

毛泽东是把为自己做寿一事和中国革命的胜利、保持党的优良传统和作风联系在一起的。

毛泽东常说："做寿是不会使人长寿的"，"过一次生日长一岁，最好让时间悄悄溜走"，"我这个人不愿意人家向我祝寿"。

偶尔有几次，身边的工作人员出于真情，为毛泽东庆祝生日，也不过在原来的伙食标准上加一两个菜而已。党内外同志提出为毛泽东祝寿，都被他谢绝了。毛泽东以自己的实际行动，为全党树立了榜样。

毛泽东严于律己，宽于待人，不让别人为他祝寿，而他却常记得别人的生日，对师长、对革命老人、对亲属、对民主人士的寿辰寄予款款深情。

徐特立、吴玉章、董
必武、林伯渠和谢觉哉
"延安五老"的生日宴
会，毛泽东百忙之中也要
去参加。

广为传诵的毛泽东对
徐特立老师的名言："你
是我二十年前的先生，你
现在仍然是我的先生，你

五老合影：左起朱德、董必武、林伯渠、吴玉章、谢觉哉。

将来必定还是我的先生。"就是毛泽东在徐特立60寿辰之际所写贺信
中的祝寿辞。

1940年1月15日吴玉章60寿辰，毛泽东祝词中的名言也成为传诵
的警句："一个人做点好事并不难，难的是一辈子做好事。"其情之
切，其意之深，非同一般。

朱德总司令1946年11月30日迎来60大寿，毛泽东题写贺词："朱
德同志六十大寿人民的光荣"。

毛泽东也关爱民主人士，为党外朋友祝贺生日。1951年阴历五月
初五水利部部长傅作义生日这一天，毛泽东特意派薄一波请傅作义来
吃饭。傅作义感慨万千，激动地说："毛泽东真细心，真伟大，令人
钦佩之至。"

毛泽东虽拒绝做寿，但在家吃碗寿面、打打牙祭还是可以的，他喜
欢与同志们同乐，虽不善饮酒但每逢此时，总会端起酒杯与大家碰杯，
互相祝贺。此时他享受着生日时的热闹，趁此机会放松一下身心。

很多时候，毛泽东忘记自己的生日，每逢此时身边工作人员总是
想方设法提醒他，想着法子陪他过过生日，让老人家也休息一下，高

毛泽东看礼品和礼单

兴高兴。每个生日前后，毛泽东总会收到很多礼物，他吩咐工作人员登记好，分类交公，不能保存的食品，分给其他领导人和工作人员，子女则无。有时送的礼物，在门口摆成一排，毛泽东工作累了出门看一看各地送来的礼物。让他流连驻足的是延安人民送的小米、大枣，他抓一把在手里仔细端详，有时吩咐工作人员，这个留下吧，做给我吃。

从保留的生日菜谱上看，丰盛的不多，多与平常饭菜差不多，对毛泽东而言一碗长寿面足矣，生日只不过是一次快乐的聚会，不在乎吃的好坏，相反如果过于奢侈定遭批评。

毛泽东过生日主动请人的情况很少，70大寿是一次例外，那天他特意邀请了章士钊、王季范、程潜和叶恭绰这四位著名的湘籍同乡做客。毛泽东极少请党内人士吃饭，更不用说过生日了，但1964年71岁生日，毛泽东破例在人民大会堂请了几桌，但在生日宴上，他大谈政治事件，可以说这不能完全算是生日宴，而是一次特殊的会议。

逸闻趣事

59岁生日：与保健医生一起吃了碗清汤面

1952年的12月26日，是毛泽东的59岁生日，当天工作人员在餐桌上摆好了与往日一样的腐乳、酱菜、辣椒三碟小菜和一碟牛肉。桌上没有放往常的米饭，也没有摆炒菜，在白色的搪瓷盆里盛着刚刚煮好的面条汤。桌子上还摆着高脚小酒杯，里面盛着半杯红葡萄酒。这一天，只有一位客人和毛泽东共度生日。这位"客人"就是毛泽东的保健医生王鹤滨。

毛泽东从东侧起居室来到了过厅，用手势招乎王鹤滨坐在他的一旁。刚一落座，毛泽东便举起了手边的那一杯葡萄酒，高兴地说："王医生，来！干杯！今天是我的生日。"他微笑着把酒杯伸过来，与王鹤滨碰杯。

"祝主席身体健康！长寿！"碰杯时，王鹤滨高兴地说。

毛泽东喝了一口葡萄酒，喜悦而幽默地说："王医生，咱们不祝寿，但是可以吃清汤面，是吧。"说着，他伸过手来，把王鹤滨面前的小瓷碗拿了过来，要先给他盛面条。王鹤滨急忙站了起来，接过主席手中的碗和勺子，先给他盛上了面条，然后也给自己盛了一碗。

接过那碗汤面后，毛泽东挟了点小菜，拌着面条吃了两口，然后风趣地说："做寿是不会使人长寿的，对吧？！人活百岁就不得了喽！"

他接着说："哪里有什么万岁呀！"

大概是因为在国庆节群众游行时，他听到了人们发自内心的呼喊"毛主席万岁！"，或是在什么场合，他也听到过这样的呼喊声，因而发出这样的感慨！当然，毛泽东的感慨是有根据的，在中国的习俗中有这样的话："山中可见千年树，人生少有活百年"。

"人的正常寿命是应该活到一百岁或更长一点年龄的。"王鹤滨回答道。

"是吧！人是不会活到万岁的！"毛泽东又肯定了他自己说的话。

一会儿叶子龙走过来，站在台阶下请示道："主席，兄弟党和外国首脑发来的祝寿电报怎么办！"说着将手中的电报文稿向高处举了一下，亮在他的眼前。

"收下来，都不见报。"毛泽东果断地指示。

"如果人家要问，为什么没有在报纸上发表他们的电文，就说这是我们国家的习惯……"当叶子龙要离去时，毛泽东又作了进一步的指示。

毛泽东59岁的"寿宴"，就是和他身边一位普通工作人员共吃了一顿清汤面。[①]

60大寿：一次很热闹的聚会

1953年12月25日上午。

李银桥通知卫士下午研究工作。突然马武义站起来，好像发现了什么似的："卫士长，你知道明天什么日子吗？"

"你搞什么紧张空气，谁不知道明天26号。"说话直率的赵鹤桐不满地说。

这时李银桥才明白过来："哎呀，这么大的事差一点忘了。"

"什么大事忘了？"孙勇和张仙鹏都凑上来说道。

"明天是主席的60寿辰。"李银桥说。

"对呀，主席的60大寿，我们怎么忘了呢？"孙勇拍了一下大腿说。

"哎，你们这些当头的，连这么大的事都给忘了，能行吗？"爱开玩笑的马武义又开了腔。

卫士们都很高兴，商量着为主席过60大寿。李银桥好像有点顾虑，说道："我们在他身边的工作人员，应该让他高高兴兴度过他的60岁生日。可中央三令五申不让祝寿，不让送礼。所以我们不能声张，要保密，不然又得挨批评。"

"我们会保密的。"大家同声表示。

"那就定了吧。做长寿面，喝葡萄酒，加几个菜，只要没有重要会议就能成功。"李银桥做了结论性的发言。

[①] 王鹤滨:《在伟人身边的日子》，中国青年出版社2004年版。

　　26日上午九时，厨师程汝明出主意，给主席蒸两个桃子，作为寿桃。因为平时他不爱吃水果，再加上送桃子在我国传统上就带有吉祥的意思。

　　"行啊，正好我们不会做寿桃，就用'熟桃'代寿桃吧。"李银桥高兴地说。

　　程汝明就从南方带来的一筐桃子中挑选了两个又大又好的桃子，洗得干干净净，先把核扒出来，保持原样，放在小锅里，用电炉子蒸熟。不一会，鲜美的桃味就出来了，李银桥闻着说："好香啊！"

　　估计桃子已经熟了，程汝明取出放在两个碗里，等凉了，用小碗端着一个大"熟桃"来到办公室。毛泽东高高兴兴地把这个桃子吃掉，还连连说："好，这样我能吃。"

　　一个白天，大家都像干一件大工程似的，忙着为主席祝寿。下午程汝明又挑选了五个鲜桃子，加上那个熟桃子，共六个放在一个大盘中，表示"60大寿"，算是给老人家特别的寿桃。其他卫士也都跑到厨房，和厨师一起干，特别是李银桥和孙勇两位一天没停脚。

　　晚上七时，一切都准备好了。搞了六个菜，有木耳炒肉、牛肉炖萝卜、苦瓜炒肉、油菜、鱼等，还有四个小菜，雪里红、小辣椒、咸鱼等。主食是长寿面、花卷。一切准备好后，卫士长让程汝明请毛泽东。

　　北房过厅和毛泽东的卧室连着，他几步就来到了饭桌前。发现桌子上的菜比平时的多，很丰盛，他便惊奇地问："噢，今天怎么搞这么多菜啊？"

　　李银桥像孩子似的说："主席，您忘了今天是什么日子啦？"

　　"什么日子？"

　　"今天是您的60大寿。饭菜准备好了，我们卫士组的同志为您祝寿。"

　　毛泽东很快明白了什么意思，马上严肃地说："中央已经有决议，不能祝寿。你们为什么还为我祝寿啊？"

李银桥回答："主席，这是家常便饭，不过分，还是可以的。"

"银桥，这又是你出的点子吧？"

"主席，这次您可说错了，这是大家想到的，我们集体决定的，共同来办的。"李银桥蛮有理地回答。

"哎呀，还是集体决定的事呢，那我就不好办了！好吧，我服从，那我们就一起来过生日吧。"

卫士组的同志们到齐了。孙勇首先说："主席，我祝您生日快乐。"大家也都同声说祝主席生日快乐。

毛泽东站起来，高兴地点点头说："好，谢谢同志们！"他以长辈的身份，用手示意大家落座，然后，朝李银桥说："拿酒！"

在李银桥拿酒之时，程汝明又小跑到值班室取他的"作品"，并放在桌子正中间，以显出祝寿的气氛。

毛泽东一一和他们碰杯，当碰到马武义时说："小马，听说今天的事是你的点子。"

"我们大家都想祝主席长寿。"马武义有点不好意思地回答。

毛泽东这时点了一支烟，轻轻地吸了一口，用手示意大家吃菜。同志们也都让主席吃菜，李银桥首先给他夹了一筷子米粉肉，手快的马武义见主席吃了肉，又送上一勺苦瓜肉片。毛泽东说："好了，我自己来。"

这时，老人家情绪越来越好，他用大手高举起酒杯说："谢谢大家，祝你们健康成长。""小马，再倒酒，我今天很高兴。你们为我过生日，我也多喝。"

马武义也怕主席喝多了，只给他倒了半杯。毛泽东似乎怕酒不够，告诉李银桥再拿一瓶。这时他是非常高兴的。

酒喝到中间，李银桥把蒸熟的桃子送到主席面前，说："主席，这蒸熟的桃子请您多吃几口。"

毛泽东接过桃子，边吃边幽默地说："你们和我搞'战术'，上午先让我吃一个，现在又让我吃一个，这叫步步深入，引我入圈套，怕突然袭击达不到目的！"大家听了哈哈大笑，毛泽东也哈哈大笑。

吃完了桃子，他把碟子轻轻一推，又点了一支烟，深深地吸了一口，开始发表议论："我们党在七届二中全会上提出要谦虚谨慎，戒骄戒躁，提出'三不'。"

"今天我们是过家庭生日，而且银桥说了还得保密，这不能算数。"马武义插话解释。这时，差不多变成讨论会了，毛泽东发表谈话，卫士随便插话，进行平等的讨论。

"对，不能公开祝寿，但在家里可以吃桃子、长寿面。"毛泽东见大家的情绪也都进入最佳状态，又对李银桥说："银桥，你不是加两个菜吗？再加两个菜怎么样，这两个菜我负责，出了毛病批评我。"说着又用手指了指自己的鼻子。

菜基本上够吃，用不着再加了，这是主席高兴了又和卫士们开玩笑呢。

毛泽东这时红光满面，显得非常健康。他再次提议大家喝酒，希望大家努力工作，为革命做出更大贡献。于是，大家与他再次碰杯，又一饮而尽。

酒喝得差不多了，该上长寿面了。毛泽东是比较爱吃面条的。他接过一碗热乎乎的长寿面吃了两口便说："吃长寿面，能长寿吗？祝寿能使人长寿吗？我看不能。如果能的话，那就天天吃长寿面，天天祝寿就行了。这样能调节空气才是真的。"接着又微笑着说："人活百岁就不得了，有几个能活一百岁的！"

"人的寿命应活一百岁或更长一点。"孙勇插话。

"这都是希望、愿望，实际上现在办不到。"

这时从起居室传来了京剧声，是老人家爱听的《霸王别姬》。毛泽东平常爱听京剧，他马上用手拍着大腿也跟着哼哼起来，完全沉浸在过生日的欢乐之中。①

---

① 顾奎琴：《毛泽东保健饮食生活》，广东人民出版社2003年版。

61岁生日：借生日慰劳身边工作人员

1954年12月26日，是毛泽东61岁生日。李讷自己动手，想绣个手绢作为礼物。但翻来倒去，怎么设计都觉得不够好。父亲的生日过去了，礼物也没拿出门去。李讷不甘心，又补做了一个。她用丝线在圆形的硬纸上编织起来，做成一个非常精致的小书签，一面画着寿桃，一面写着"送给亲爱的爸爸"。

毛泽东收到女儿姗姗来迟的礼物和一封充满真情的信：

"亲爱的爸爸：

你正在睡觉吗？一定睡得很香吧？

你一定奇怪，我为什么突然要写信给你。事情是这样：在你生日的时候，我想给你送礼，一块手绢还没有绣成，你的生日就过去了。而且也绣得很不好，于是我就没有送。因为我知道你不会生气，你是我的好爸爸，对吗？这次妈妈的生日就要到了，就趁此补补吧。我送的东西也许你不喜欢，但这是我亲手做出来的。

东西虽然小，但表示我的心意：我愿我最亲的小爸爸永远年轻，慈祥，乐观，你教导我怎样生活怎样去做人，我爱你呀！小爸爸，我愿你永远活着和我们生活在一起。"

这天卫士长李银桥告诉其他工作人员说，主席吩咐今天要好好慰劳一下身边的工作人员，还特别强调厨房的大师傅和勤杂人员不能漏掉一个。

当天晚上，工作人员来到毛泽东书房，房内摆了两张饭桌，十多个普通工作人员落座后，汪东兴、叶子龙，还有两位卫士长李银桥、孙勇同志当起了堂倌，端菜端饭。那顿饭菜比较丰盛，还上了好多样酒，有巧克力酒、苏联酿制的辣椒酒，并备有各种糖果、大中华香烟。

这天外边的天气特别冷，可屋里的气氛却异常热烈，大家开心地吃着、喝着……。事后，工作人员才知道，那天是毛泽东的生日，那餐饭是主席个人出钱慰劳他们的，得知这一情况后，每个人心里都像打翻了五味瓶，有一种说不出的滋味。①

63岁生日：请工作人员吃龙虎斗

1956年12月26日，是毛泽东63岁生日。毛泽东住在广州一个小岛上，当时他心情很好，恰好又赶上他自己过生日，就请工作人员吃面条。

除了面条之外，加了一道当地的名菜，叫龙虎斗。

这种菜是用蛇肉和山狸做成的。山狸就产自粤北山上，山狸介于猴与猫之间，现在属于野生动物。当时没有动物保护法，没有这个说法，是广东

1958年4月30日毛泽东在陶铸陪同下视察广东农村

---

① 参见：孔祥涛：《毛泽东家风》中国书籍出版社2006年版。

传统的一道名菜。

听说这道菜是吃蛇和猫，有的同志就不动筷子了。

请人家吃饭，人家不爱吃，请人者是什么滋味，这是不难想见的。

毛泽东说："广东的同志既然做了，你们就吃了吧。要尊重他们的意见嘛……"

最后，大家吃了，越吃越觉得有味道，到后来也就没有什么顾忌了。①

64岁生日：被请到桌上才想起是自己的生日

1957年12月26日，是毛泽东64岁生日，工作人员为毛泽东过生日忙碌了一上午。当大家把毛泽东请到餐桌上，他才恍然大悟，才意识到今天是自己的生日。

当天的主食是红小豆、糙白米、小米做的干饭，雅名"红豆二米饭"。外加的几个菜是叶子龙回家带来的腊肉、腊鱼等土产品。毛泽东烟瘾大、酒量小，喝一杯白酒脸就红了。

因为工作太忙，他吃饭特别快。叶子龙说："主席，这个拐角还有个菜没动呢！"

毛泽东问："哪个国家还有菜呀？"

他当时可能正考虑别的问题，把"拐角"误听为"国家"了。②

65岁生日：批评摆生日宴

1958年12月26日，是毛泽东65岁生日。这天他准备离开广州，陶铸特意请毛泽东与大家一起吃一次饭。工作人员加了几个菜，一则为毛泽东祝寿，二则也是饯行。毛泽东批评他们不该为他的生日置酒摆宴，又说："年纪轻的时候，愿意过生日。过一次生日，表示大一岁，又成熟些了。到年纪大了，不愿意过生日。过一次生日，表示少

---

① 参见：于来山、陈克鑫、夏远生：《毛泽东五十次回湖南》，湖南人民出版社2009年版。

② 王伯福：《毛泽东轶事大观》，山东人民出版社1997年版。

了一年，更接近死了。你们去吧，我就不去了。"当天晚上做的饭有：

主菜：萝卜丝鲫鱼、长征鸡、烧豆角、炒大白菜。小菜：炒腌菜、炒腊肉。主食：米饭、寿桃、寿面。（注：离开广州未吃）

饭后不久，李银桥突然招呼大家："主席立刻要回北京。"

66岁生日：同意了工作人员的安排

1959年12月26日，是毛泽东66周岁生日。中国自古有"人逢六十六，不死掉块肉"之说，66岁生日一般说来算大寿。一般情况下，工作人员在毛泽东生日这天总想张罗张罗，都被毛泽东给回绝。

毛泽东66周岁生日这一天，经过叶子龙、李银桥的努力说服，毛泽东同意了，但只是内部工作人员和在家的亲属子女参加。于是厨房按卫士长交待的，准备了简单的菜肴和长寿面，在舍和堂举办了一次生日聚会。

大家听说要为毛泽东过生日，都赶来参加，为老人家祝寿。饭后，毛泽东还同身边工作人员的子女一起照了相。其中，有机要秘书罗光禄、高智的子女，有卫士长李银桥的子女，有记者侯波的子女。

这是一次很难得、很值得纪念的活动。①

67岁生日：安排工作人员下去调查

1960年12月26日是毛泽东67岁生日。这一年，国内经济形势十分紧张，各地传来粮荒死人的消息。毛泽东从大清早起便愁眉不展，心事重重。这天是卫士封耀松值正班，他照顾毛泽东穿衣起床后小心翼翼地问："主席，给您煮一缸麦片粥吧？"毛泽东摇摇头，然后坐到沙

---

① 参见：张国兴、陈贵斌、刘丽：《毛泽东饮食录》1993年版。

1958年秋，毛泽东一边看地图一边同中央办公厅派去河南调查的干部交谈。

发上不断地吸烟。

小封想："今天是主席生日呀，主席这么不开心，今年可又砸了。"突然，毛泽东对小封说："你去把银桥、高智、敬光、林克和东兴叫来。今天在我这里吃饭。"小封一听，顿时高兴起来。他想："主席今年可又要请生日饭了。"然后，他跑去叫人，并告诉厨房，准备做饭。

客人到齐了，厨房也送来了饭菜。菜不是很丰盛，但在当时看来已很不错了。因为此前毛泽东已立下了规矩，要求从今年起要同全国人民一起定量吃饭，并宣称实行"三不主义"：不吃肉，不吃蛋，吃粮不超定量。因此，今天的生日饭菜，厨师们也不敢违反规定，只是做菜时特意多放了一些油。

开饭时，毛泽东把筷子伸向菜盘，没等夹菜就又放下了，他的目光扫视着工作人员："现在全国遭灾，有的地方死人呀，人民公社、大办食堂，到底好不好？群众有什么意见？正确的情况搞不到……"大家心情都很沉重，没有像往常那样在欢声笑语中祝贺毛泽东生日。整个饭局气氛都很沉闷，毛泽东不断讲全国形势，并要求大家下乡调查，并对他们下去后应注意的问题都作了周到的安排。这顿饭，毛泽东没吃几口就放下了筷子。他吃不下去，别人也吃不下去，毛泽东的这一次"生日宴"，被赋予了特殊意义。

晚上，毛泽东吃过饭后给林克、高智等写了一封信，要他们去河南信阳调查。在信的结尾，毛泽东附上这么一段话："12月26日，我的生辰，明年我就67岁了，老了，你们大有可为。"①

---

① 韶山毛泽东纪念馆：《毛泽东生活档案》，中共党史出版社1999年版。

67岁生日时写给工作人员的信

68岁生日：写诗赠友人

1961年12月26日，毛泽东在他68岁生日这天，致信周世钊，信中说："惠书收到，迟复为歉，很赞成你的意见。你努力奋斗吧。我甚好，无病告慰。'秋风万里芙蓉国，暮雨朝云薜荔村'。'西南云气来衡岳，日夜江声下洞庭'。同志，你处在这样的环境中，岂不妙哉？"毛泽东同时还写了那首著名的《七律·答友人》，诗云：

九嶷山上白云飞　帝子乘风下翠微。

斑竹一枝千滴泪　红霞万朵百重衣。

洞庭波涌连天雪　长岛人歌动地诗。

我欲因之梦寥廓　芙蓉国里尽朝晖。

诗中倾注了毛泽东对湖南家乡的深深怀念和对家乡人的美好祝愿。[1]

69岁生日：与工作人员吃顿家常饭

1962年12月26日，毛泽东69岁生日，他只吃了早餐，晚上仅吃了一

---

[1]　赵志超：《毛泽东十二次南巡》，中央文献出版社2000年版。

缸麦片粥。早餐时，毛泽东请了身边工作人员一起吃，菜谱上记载着这样几道菜："干烧冬笋、油爆虾、白汁鲤鱼白、油爆肉、鸡油冬瓜球、炒生菜。"①

70大寿：请四位老同乡

1963年12月26日，毛泽东70寿辰。那天，他在颐年堂设了两桌饭，女儿李敏、李讷，女婿孔令华都来了，身边的工作人员和警卫干部也都来了。

毛泽东还特意邀请了章士钊、王季范、程潜和叶恭绰这四位湘籍同乡做客。考虑到几位老人行动不便，他事前专门让工作人员关照，可携带一个子女。程潜、章士钊带了他们的女儿，王季范带了他的孙女王海容。

饭间，大家都频频举杯祝主席健康长寿。饭后毛泽东还兴致勃勃地同来客分别照了相。工作人员怕他累了，让他坐着与大家照，他执意站着，并风趣地讲："你们都站着照，为什么让我一个人坐着？今天我们要完全地平等。"②

这天的菜有：青椒炒腊肉、干烧鱼、锅塌豆腐、草菇菜心、荤素拼盘、拳鸡寿面。酒是绍兴花雕。

席间，有几道菜特别说明一下：

"拳鸡寿面"是厨师起的名字，拳鸡就是乳毛退净新毛刚长齐的笋鸡，经过粗加工后，样子如同成人拳头一般。它的制作要求是：整鸡制作，去脚爪，膛下开小口，净内脏，略加腌制，急过热油，控干血水，将调好味儿的手擀面填入肚内，排列盆中呈头低尾高状，不加汤水，盖盖儿上屉，水烧开后，旺火蒸三四十分钟即可。上桌时为了增加美感，用青花瓷盘，把鸡摆正，一人一只，不加饰食。此菜肴有两处彩头：一是形状，拳鸡的形状虽经高温蒸透，因由面条支撑，所以原样未变。一

---

① 韶山毛泽东纪念馆：《毛泽东生活档案》，中共党史出版社1999年版。
② 参见：亓莉：《毛泽东晚年生活纪事》，中央文献出版社2004年版。

只只肚藏寿面的笋鸡小巧玲珑，亮如白玉，分外喜气。二是口味，拳鸡的口味则在于鸡、面、料三物各有其香、其味，将它们掺和调匀放在小鸡肚内，经过旺火干蒸，相互融合渗透，具有味美、嫩滑、鲜香的特点，是一道名副其实的生日佳肴。客人们尝鲜品味的同时，无不感受到毛泽东生日的别致用心：不奢侈、不铺张，简易而非单调，精致而非奢繁，一切恰到好处，显示出了高雅的饮食文化内涵。

生日寿桃是由中南海颇具名气的特级厨师田树滨亲手制作的。为了让大家爱看、爱吃，他不辞辛苦地翻阅桃画作品，潜心观察，反复思考，克服难题，终于烤制出了一个鲜亮、逼真的七斤大寿桃。近看其色泽精细，搭配明快，桃体白里带鹅黄，黄中透嫩粉，三色相济相融缓慢而匀称地向桃尖渗去，及至顶端点上嫣红，简直就像刚从树上摘下来的鲜桃一样，活灵活现，人见人爱。大家虽然已是酒足饭饱，但还是每人分切一小块儿，高兴地边看边尝。

绍兴花雕酒是一坛珍藏了40余年的老陈酿。当去掉外层的封泥大盖、揭开内封坛盘后，一股浓郁芳醇的酒香扑鼻而来，瞬间飘散在屋子里，醉人心脾。事先并不知道这是毛泽东特地为来宾准备的一坛老酒，所以没有专用的酒勺、酒壶可用。情急之下，只好把酒倒进一个盛食品的搪瓷盆里，那花雕成色极佳，已不是原本的黄色，变得如同葡萄酒一般紫红，像玛瑙一样艳丽好看，在经过长期的储酿后，已是黏稠厚重、微甜醇香，成了一坛罕有的陈酿。

1954年4月毛泽东和程潜、程星龄、表兄王季范在北京十三陵合影。

71岁生日：一次特殊的会议

1964年12月26日是毛泽东的71岁生日。与往常不同，他决定请客，请了三桌。

这是毛泽东很少的一次请党内同志吃饭。他不允许家人参加，事先就准备要商谈国家大事，因此不能单纯地说成请客。当时在人民大会堂的小餐厅请了30多人吃饭，规模可谓空前绝后。李讷听说爸爸要在人民大会堂请客也要跟着去。毛泽东对李讷说："你今天不能去，爸爸我要骂娘。"

参加12月26日晚宴的名单是毛泽东亲自定的，有部分中央领导同志、各大区主要负责同志及少数部长、劳模、科学家。领导人有周恩来、朱德、董必武、陈毅、贺龙、薄一波、陆定一、彭真、邓颖超、

1964年12月26日毛泽东接见著名科学家钱学森及农业战线上劳模陈永贵

曾志等；劳模有董加耕、陈永贵、邢燕子、王进喜等，他们刚参加完人代会；科学家有钱学森等。三张大桌子按品字形摆放着。周恩来按照毛泽东的意思，安排几位科学家和劳动模范与毛泽东同坐主桌。毛泽东挨个问了董加耕、陈永贵、邢燕子的情况。

这时开始上菜了，是分餐制，共12盘菜，除了盐水虾外其余都是蔬菜，每道菜装在一个小搪瓷盘里。第一盘先端给了董加耕，董加耕礼貌地让给了毛泽东。毛泽东说："谢谢！"他又对董加耕说，"你年轻，是从农村来的，多吃一点。"旋即又问，"你是哪里人？"董加耕说："江苏盐城人。""你是苏北盐城人，知道盐城有两乔吗？"

董加耕猛地一愣，一时没有听懂这问话的含意，只是盯着毛泽东不答。毛泽东知道董加耕没听懂，便提示说："两乔，他们都很会写文章。"董加耕一下子想了起来，便高兴地回答说："我知道，他们是我的同乡胡乔木、乔冠华。"毛泽东高兴地笑起来。他胃口好，吃得快，他吃了两小

毛泽东与陈永贵、邢燕子合影。

碗绿豆饭和一碗面条，还有饺子、煎饼。每道菜是一个小搪瓷盘，不吃就被服务员拿走。[①]

72岁生日：经济好转请工作人员吃饭

三年困难时期结束后，国民经济逐渐好转，毛泽东的心情也开始好了起来。1965年12月26日，毛泽东72岁生日，请了许多工作人员一起吃饭。特别引人注目的是，这次生日，毛泽东吩咐上了几瓶红葡萄酒，并带头喝了一杯。从这天的菜谱来看，比以往要丰盛多了，无论是数量还是质量，均显得与过去不同。这天的菜有：红酱烧冬笋、卤猪肝、蚝油焖鸡、百合炒芥兰、燕菜汤、小青椒、腊八豆、腊肉、黄瓜、叫化鱼、米粉肉、茄子、娃娃菜、素菜汤、炒菊红、糖醋菜、肚尖、黄瓜炒小虾、苋菜。[②]

73岁生日：像台开一次会议

1966年12月26日，是毛泽东73岁生日。这天晚上，他临时通知一些人到他住的地方吃饭。参加的有江青、陈伯达、张春桥、王力、关锋、戚本禹、姚文元，没有林彪、周恩来等人。吃饭按他的惯例，四菜一汤，每人一小碗面条，还有烤白薯、煮玉米。

---

① 孙国林：《毛泽东过生日的轶闻趣事》，《党史博采》2008年。
② 韶山毛泽东纪念馆：《毛泽东生活档案》，中共党史出版社1999年版。

吃饭前，毛泽东先作长篇讲话，像是举行一次会议。毛泽东的这篇讲话没有留下正式记录。据参加这次晚宴的王力说，毛泽东讲的话是："社会主义革命发展到新的阶段，苏联复辟了，十月革命的策源地不行了。苏联的教训说明，无产阶级夺取政权以后能不能保持住政权，能不能防止资本主义复辟，这是新的中心课题。问题出在党内，堡垒最容易从内部攻破。阶级斗争没有完结，无产阶级文化大革命是同资产阶级、特别是小资产阶级在党内代理人的全面较量。"

"中国现代史上革命运动都是从学生开始，后来发展到与工人、农民、革命知识分子相结合，才有结果，这是客观规律。五四运动就是这样，文化大革命也是这样。"①

74岁生日：吃马齿苋

1967年12月26日是毛泽东74岁生日。中午12点左右，毛泽东在书房里，和八名工作人员围坐在一张桌吃饭。

炊事员端来一个菜叫马齿苋。毛泽东首先吃了一口，又用筷子指了指，意味深长地说："这种野菜过去吃它充饥，现在有的人都不吃了。我认为这是一种好菜，吃着它就不会忘记过去。"

护士长吴旭君激动地说："像我们这样和领袖在一起吃饭，历史上还是没有过的。"毛泽东听了这句话，先指着自己的袖口给工作人员说："我不过是一个小小的袖子。"然后又提了提衣领说："提起领子袖子才动，党才是领袖。"

他是把自己看作党领导下的一员。工作人员一个个都端起酒杯祝主席身体健康；毛泽东端起酒杯祝他们身体健康！饭后，工作人员想和毛泽东合影留念，又不好意思说。毛泽东似乎觉察到了，问："你们在讲什么？"

---

① 王力：《毛泽东七十三岁生日的谈话》

大家这才说出照相留念的事，毛泽东说："照就照嘛，现在就照吧。"这一下大家高兴极了，马上搬来一个凳子让主席坐下。毛泽东说："你们站着我坐下，这不显得架子太大了吗？我们都站着吧。"毛泽东和大家合影后，又分别和每个同志合影。[①]

76岁生日：吃了一碗长寿面

1969年12月26日，是毛泽东76岁生日。此前他已在武汉住了很长一段时间。生日当天工作人员想搞个祝寿活动，可他不同意。大家又出了个主意，要给他做长寿面，他愉快地答应了："尊重群众的意见，大家愿意吃什么就吃什么，吃面也可以，管它长寿面不长寿面，只要吃得舒服就行。"他与大家一同吃了顿长寿面，76岁寿辰就这样偷偷地过去了。

在"文化大革命"以前，知晓毛泽东生日的人还只限于毛泽东周围的人。但在"文革"中，毛泽东的生日几乎家喻户晓，每逢12月26日，人民群众便自发组织各种庆祝活动，并有不少人给毛泽东送来礼物，祝贺他的生日。这件事可难坏了工作人员。当时，送来的东西很多，有的是工业品，有的是农产品。生日前后，中南海的各个大门的值班室内特别忙碌，要说服送礼的同志把东西拿回去，是很不容易的，有的同志放下礼品就走了。毛泽东总是要求工作人员把

1966年7月毛泽东和身边工作人员在湖北武汉东湖宾馆合影

---

① 崔永阁：《领袖的生日》，《中国档案》，2009 年第 12 期

东西保存起来，不要损坏。时间长了，送来的东西也多了，就只好专门抽出人去整理和保管各种礼品，开辟了陈列室，分类登记。在礼品中，有的是水果之类，毛泽东就吩咐工作人员分送给机关值夜班的同志。同时经常告诫大家要养成廉洁奉公的好作风，好品德，不许公私不分。[①]

80岁生日：不允许公开宣传

1973年12月26日，是毛泽东80寿辰。这时的毛泽东，在全世界也享有很高声望。不仅全国人民关注，而且世界各友好国家也十分重视。据统计，有120多个国家和地区的领导人发来贺电、贺信给毛泽东，朝鲜民主主义人民共和国首相金日成还特地派人送来寿礼。由于毛泽东不允许，几乎所有的报刊、电台、电视台都未公开宣传和报道，只有新华社办的《参考消息》上透露了若干消息。[②]

81岁生日：长沙决策

1974年12月26日，是毛泽东81岁生日。建国以后，毛泽东先后多次回湖南，其中有几次也逢他生日，但他从来不主张也不接受别人给他做寿。然而，工作人员却时刻惦记着这一天。在毛泽东的住地，工作人员采来毛泽东最喜爱的腊梅和白茶花，点缀在客厅里。茶几上摆上毛泽东家乡的特产：一盘灯芯糕、一盘交切糖、一盘寸金糖、一盘麻花条。从北京抱病而来商议四届人大事宜的周恩来，和盛情的湖南省委工作人员，悄悄地为毛泽东过生日。

毛泽东从花瓶里取出一枝腊梅，闻了闻，然后又轻轻地插回原处。工作人员请他品尝了家乡的点心，并请他吃了一筷子长寿面。金日成送的苹果、葡萄，菲律宾总统马科斯送的芒果，他都送给工作人员一饱口福。

---

①② 游和平：《毛泽东一生中的"12月26日"》。

晚餐时，周恩来亲自掏钱请湖南省委负责人及省委接待处工作人员吃饭。席间，周恩来鼓励工作人员，要他们照顾好毛泽东的生活，让主席休养好，保证他的健康。

当天晚上，毛泽东特地邀请周恩来进行了一次单独长谈，主要内容有两项：一是四届人大的人事安排，二是理论问题。正是在这个夜晚，毛泽东提议增补邓小平为中共中央副主席、政治局常委。后来，人们把周恩来长沙之行的成果和与毛泽东的谈话，称作"长沙决策"，这一决策，决定了未来中国的政治走向。①

1974年至1975年在长沙休养时的毛泽东

值得一提的是最后一个生日，当天气氛很好，身边的工作人员都陪着他，江青也带了毛泽东爱吃的胖头鱼汤和肉丝炒辣椒。但做寿面时，发生了一个意想不到的情况。

逸闻趣事

82岁生日：擀的面条全碎了

1975年12月26日，毛泽东82岁生日，也是他最后一个生日。毛泽东80岁后明显地感到自己老了，将不久于人世了。因此，这几年的生日前后，毛泽东总不时地谈起生死问题。他常挂在嘴边的一句话是："七十三、八十四，阎王不叫自己去。"

也是从80岁后，人们越来越重视毛泽东的生日了。在国内，人们不敢公开为他祝寿，于是便悄悄地在家庆贺；地方不敢为毛泽东献礼，但变着花样转达对毛泽东的祝福。

---

① 游和平：《毛泽东一生中的"12月26日"》。

中南海游泳池，毛泽东1968年后在此居住办公

朝鲜的金日成、阿尔巴尼亚的霍查都派专人送来寿礼，邻邦越南和菲律宾也有表示，家乡湖南送来长达10米的面条。这些礼物，毛泽东看都看不完。

这天，毛泽东特地请来了以前在自己身边工作过的同志。一早，李敏、李讷、吴旭君、俞雅菊和李玲师等来到毛泽东的居室，屋里立刻传出了欢声笑语。

这次生日，毛泽东的餐桌上也很简单，只是比平时多了几样菜。负责毛泽东生活事务的吴连登给田树滨师傅打电话的时候，老田正在电话机边守着。田树滨是中南海的大厨，面食点心做得特别好。毛泽东生日的长寿面，每次都是他擀的。放下电话后，田师傅急忙拿上工具到毛泽东的厨房擀面条。没多久，毛泽东说要吃饭。田师傅把面条下入沸滚的锅里，但意想不到的事情发生了：面条全碎了，一节一节的，没有一根是整的！这一幕惊呆了旁边的吴连登和庞师傅、于师傅。田师傅流着泪说："不得了了！从来没有这样的事，我这辈子从来没有做过这样的面条。"吴连登强烈地感受到厨房里浓厚的伤感和惊慌气氛。

毛泽东吃饭的时间短，菜又不多，只等着吃寿面。再擀肯定来不及了，吴连登当即决定：煮挂面！几十年后吴连登说："主席临终也不知道这件事，他哪里知道这最后一碗长寿面不是手擀面，而是挂面。但他吃得还是很香。"

临近中午，毛泽东夫人江青也来了，还特意带了两道菜：胖头鱼汤、肉丝炒辣椒。这是毛泽东很爱吃的两道菜，是江青在钓鱼台的居所做好后带来的。

生日宴上，毛泽东喝了胖头鱼汤，高兴地说："胖头鱼汤好香噢！"并坚持自己用勺舀汤喝。这顿饭，毛泽东吃得比平时高兴……①

古人称有天人感应，在伟人身上发生的这种奇事，我们也暂且如此解释吧。

---

① 参见：韶山毛泽东纪念馆：《毛泽东生活档案》，中共党史出版社 1999 年版。

1960年7月23日毛泽东接见中国文学艺术工作者第三次代表大会代表中119岁的老艺人王维林

1954年毛泽东在杭州

五、毛泽东的待客菜

　　毛泽东招待的客人范围很广，人数很多，面对诸多客人，毛泽东招待的原则是多一人加一个菜，招待菜该简就简，不大操大办，尽量不浪费。招待费用，他自掏腰包，不占公家一分钱。招待菜以湖南风味菜为主，适当照顾客人的口味。

>>毛泽东的客人

>>毛泽东的待客原则

≫毛泽东的客人

作为国家最高领导，毛泽东经常接触和面对的除了各级政府官员，还有众多人物。按中国的习俗，交往接触、节日庆典免不了吃顿饭。开国第一宴，就是一次集体的庆祝会。

逸闻趣事

开国第一宴

1949年10月1日开国大典后在中南海怀仁堂举行晚宴。毛泽东、刘少奇、朱德、周恩来等党和国家领导人以及各界人士600余人欢聚一堂。这一宴就成了"开国第一宴"。

根据当时的记载，这一盛大的国宴菜谱大都是现在的大众菜。

凉菜：桂花鸭子、葱油鸡、桃仁冬菇、镇江肴肉、虾籽冬笋、油泡黄瓜。

热菜：罐焖四宝、干靠明虾、口蘑蒸鸡、鲜蘑菜心、红烧鲤鱼、红烧狮子头。

汤：清汤燕菜。

点心：炸春卷、豆沙包、千层油糕、黄桥烧饼。

主食：米饭[1]。

儿子毛岸英结婚时，他为了节俭，只请了几位老人参加，饭菜也十分简单。

1949年9月毛泽东与参加政协会议的部分人员合影

---

[1] 顾奎琴：《毛泽东保健饮食生活》，广东人民出版社 2003 年版。

逸闻趣事

"为了节约，只请你们夫妇俩做客吧。"

1949年10月15日下午3点多，毛泽东在居住的中南海丰泽园的家中为毛岸英、刘思齐举行婚礼，没有鞭炮迎亲，没有鼓乐齐鸣，没有唢呐助兴，只有简朴和温馨。

1947年11月毛泽东和王明、谢觉哉在陕北神泉堡

参加婚礼的只有张文秋、谢觉哉、王定国、周恩来、邓颖超、朱德、刘少奇等人。谢老收到毛泽东亲笔的字条，上面写着："岸英要结婚。为了节约，只请你们夫妇俩做客吧。"

当天下午，毛泽东站在家门口向前来参加儿子婚礼的客人表示欢迎，接受着大家的祝贺。筵席共三桌，品字形排开，上首一桌坐着新郎、新娘、新娘的母亲张文秋、邵林、邵华，周恩来、邓颖超作陪。毛泽东、朱德、刘少奇、谢觉哉、王定国分别作陪另外两桌。筵席上最好的菜就是腊鱼、腊肉、辣椒、苦瓜，还有一大碗红烧肉。席间，毛泽东和儿子、媳妇分别给大家敬了酒，简朴而不失热闹。

筵席过后，毛泽东拿出一件呢子大衣，递到岸英手里，充满父爱地说："我没有别的礼物送给你们，这是我赴重庆谈判时穿过的礼服，后来未曾动用过，现在送给你们，白天岸英穿在身上，晚上盖在被子上，思齐也有份！"

饭后，客人们又到中联部岸英的

1949年毛泽东和毛岸英在香山

宿舍看新房。新房很简单，摆一张床，一张桌子，几个凳子，都是在机关借的旧家具。[①]

毛泽东拒绝各级官员的请客，也很少请他们吃饭，即便有也是很简单的便饭。

逸闻趣事

"鸡汤面条"

50年代毛泽东请政治局常委吃面条

1957年秋季的一天，在中南海丰泽园的颐年堂里，中央政治局常委正在开会。已经是半夜一点多钟了，会议还在进行。厨师请示主席是否给常委们做些夜宵，毛泽东指示吃碗面条就可以了。对政府官员，毛泽东一般不请他们吃饭，即使吃也十分简单，特别是地方党政军一把手，毛泽东让他们吃面条就是要提醒他们老百姓还很苦，不能脱离群众，应自己率先垂范。

按主席吩咐，厨师做了"鸡汤面条"，常委们拿起碗筷，一人一碗，只有十几分钟时间就吃完了，常委会仍继续开会，一直开到天亮。[②]

至于其他人士，毛泽东招待的甚多：

第一类，民主与科学人士。毛泽东极其注重与民主人士的交往，常交往的有：宋庆龄、何香凝、郭沫若、齐白石、黄炎培、章士钊、张澜、陈叔通、陈嘉庚、庄明理、李四光、丁玲、钱三强、萧三、柳

---

① 参见：中共中央文献研究室：《缅怀毛泽东（上）》，中央文献出版社 1993 年版。
② 李敏、高风、叶利亚：《真实的毛泽东》，中央文献出版社 2003 年版。

亚子、冯友兰、张元济、周培源、杨振宁、李政道、茅盾等人。

1961年6月30日毛泽东和何香凝握手

1960年毛泽东会见著名作家老舍、著名
京剧艺术家梅兰芳、著名剧作家田汉

逸闻趣事

请齐白石喝酒

1950年初夏的一天上午，毛泽东派秘书田家英看望齐白石老人，详细地询问了他的健康和生活情况。

第二天下午，风和日丽，毛泽东派车接他到中南海叙谈，并品茶赏花，还请朱德作陪共进晚餐。因为都是湘潭人，口音一致，每句话都听得十分真切。毛泽东还亲自为齐白石夹菜敬酒。平时，很少饮酒的齐白石喝了好几口葡萄酒。

在此之前，毛泽东曾亲笔写信给齐白石，向他问好，字里行间敬老、谦虚之情溢于言表。而齐白石亦精心镌刻了两枚朱、白寿山石名章，呈献给毛泽东，表达了他对人民领袖的崇敬。[①]

"今天我请客，请你们尝尝湖南菜。"

1955年6月毛泽东在长沙横渡湘江后，请周世钊等吃午饭。饭菜有：红烧肉、炒猪肝、蛋汤、蔬菜、辣椒，另加他在学生时代露宿风餐的野果。

---

① 参见：张国兴、陈贵斌、刘丽：《毛泽东饮食录》1993年版。

毛泽东说："今天我请客，请你们尝尝湖南菜。"他介绍湖南菜的特色：辣椒、豆豉、酱油。大火、红锅、煎炒。并奉劝诸位仔细品味。

毛泽东谈笑风生，丝毫没有疲倦的表现。周世钊对毛泽东说："您是60以上的人了，还是那样健康，还能像今天这样横渡湘江，这样登上岳麓山，大大赛过了许多年轻的人。如果把今天的真实情况讲给青年们听，他们一定会感到无比高兴，无比振奋。他们要认真向您学习。"

毛泽东笑着说："这算什么，爬山嘛，锻炼锻炼，何况仅仅是这样一点短路，另外游泳也不是什么难事情。我们不是每天都要走路么？游泳也容易出问题，不可粗心大意。我在第一师范学习游泳时，就出过几次危险，不是同学的救护，险些'出了洋'。"这话逗得大家都笑了。①

1955年4月毛泽东在宴会上与胡志明交谈

第二类，国际友人。毛泽东接见和接待过许多国际友人，有：尼克松、西哈努克亲王、胡志明、马海德、斯特朗、斯诺、基辛格、蒙哥马利等人。

逸闻趣事

请斯诺吃西红柿

1936年的一天，毛泽东在保安窑洞里请斯诺吃饭。

斯诺看到这顿晚饭除了有一碗炒白菜，还有一碟西红柿炒辣椒，

---

① 赵志超：《走出丰泽园——毛泽东南巡纪实》，中央文献出版社2010年版。

便惊奇地问：“保安还有西红柿？”

毛泽东告诉斯诺是外地的同志送给周恩来的：“恩来没有舍得吃，又给我送来了。”

斯诺说：“主席应该多吃一些，西红柿的营养是很丰富的，我在北平倒是不难吃到西红柿。”

毛泽东说：“西红柿从欧洲传入我们中国才有几十年时间，在民间还没有开始大量栽种。听说西红柿原来有个很可怕的名字，叫‘狼桃’，是吗？”

斯诺说：“西红柿的老家在南美洲秘鲁的森林里。它是16世纪才被一个英国公爵从南美洲带到欧洲的。”

1956年10月2日毛泽东举行国宴招待苏加诺总统

1976年2月23日毛泽东会见第二次访华的美国前总统理查德·尼克松

毛泽东接着讲起西红柿变为蔬菜的历史：“由于西红柿的枝叶分泌出来的汁液气味难闻，一直被人们视为有毒之果。直到18世纪末，法国的一名画家在为西红柿写生时，被西红柿艳丽的色泽，诱人的浆果所感悟，产生了品尝的欲念，决定品尝这个既可爱又可怕的‘狼桃’。他品尝之前，穿好了入殓的衣服。接着就吃了一个。他觉得甜滋滋、酸溜溜的，十分清爽可口，并无难受之感。这可口的滋味，反而使他更加神经紧张。他便干脆躺在床上，等着死神的召唤。可是一个小时又一个小时过去了，他没有死。红西柿的食用之谜被揭开了，立即风靡世界，成为人们竞相食用的最佳蔬菜。这个名气不大的法国画家也因此成了传奇式的人物。”

斯诺听了，对毛泽东丰富的知识和巧用寓意的才能十分敬佩。他风

1960年毛泽东宴请斯诺

趣地说："我准备到红区来的时候，也是下了和那个品尝西红柿的法国画家一样的决心！"

毛泽东诙谐地笑着说："你也是下了死的决心来我们红区，准备'品尝'我们共产党领导的中国革命喽。"

斯诺介绍了白区流传的各种攻击。

毛泽东风趣地说："蒋介石老兄把我们说得比'狼挑'还可怕呀！"[1]

毛泽东宴请金日成

1950年，抗美援朝时，毛泽东在安东（现在的辽宁省丹东市）第一次接见金日成。此后，他多次宴请过金日成。请他吃饭时，做的菜都跟毛泽东平时吃的差不多，都是些家常菜。一般来讲，毛泽东吃什么，金日成就吃什么。也就是米粉肉、小笼牛肉、红烧狗肉、米饭等，这些他都吃。请金日成吃饭时，一般给他加一份狗肉就可以了，因为他比较喜欢吃狗肉。做狗肉时要放葱、辣椒、香叶、陈皮等调料，有了辣椒，狗肉的土腥味就少了。[2]

"今天的菜不是咱们的厨师做的吧？"

1961年9月，在英国政府的安排下，蒙哥马利作为英国政府政策意图的执行人，继1960年5月访问中国后，又一次踏上了新中国的土地。在中国期间，蒙哥马利除会见中国领导人外，还从东到西访问了

---

① 参见：王伯福：《毛泽东轶事大观》，山东人民出版社1997年版。
② 顾奎琴：《毛泽东保健饮食生活》，广东人民出版社2003年版。

包头、太原、延安、西安、三门峡、洛阳、郑州、武汉等许多地方，他努力地想把中国看个够。

9月23日中午，蒙哥马利在李达等人的陪同下，从北京乘专机飞抵武汉，在汉口胜利饭店下榻。

蒙哥马利想见毛泽东的心情十分迫切，此时，他显得非常激动和兴奋，稍事休息后，特意整理了一下自己的衣装。元帅虽已年过古稀，但仍保持着军人的作风和十足的英国绅士派头。

1958年11月26日毛泽东在东湖宾馆宴请金日成

晚上6点半，蒙哥马利来到风景秀丽的东湖湖畔。在东湖客舍甲所的红色地毯上，毛泽东走上前去，紧紧握住了元帅的手。

"How are you！"毛泽东微笑着用英语向元帅问好。蒙哥马利听到毛泽东用英语向他问好，感到非常亲切。

9月24日下午，毛泽东要与蒙哥马利共进晚餐。宴会的菜谱是六道凉菜，四道热菜。

凉菜有：花篮红鱼籽（是由鸽蛋和鱼籽做成的）、酿鸽子（将鸽子去骨，放肉馅、虾泥、蟹泥等）、法式凉虾（是用生菜垫底，虾煮后去皮、籽，浇上汁）、烤猪排、麻辣牛肉、什锦沙拉。

热菜有：烫片鸭子、铁板扒桂鱼、牛肉扒、炒豆苗。

1960年5月27日毛泽东在上海会见英国蒙哥马利元帅

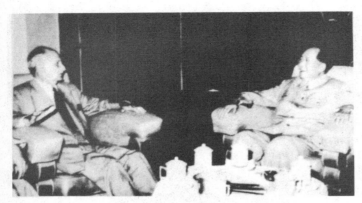

1961年9月23日毛泽东在东湖宾馆会见蒙哥马利

吃完饭后，蒙哥马利对毛泽东说："我吃得太饱了，从来没吃过这么好的饭菜。"

毛泽东笑着说："这顿饭不是我们的人做的。"

这时，吴旭君来问："主席吃好没有？"

毛泽东笑了。吴旭君问："主席，您笑什么？"

毛泽东说："今天的菜不是咱们的厨师做的吧？"

吴旭君跑去问厨师："今天的菜到底是谁做的？"

厨师回答说："那还能有谁，今天的菜当然是我们做的。就是临场发挥，点缀点缀，把以前学的东西给搬上去了。"①

"请客吃饭，别管什么清规戒律吧。"

一次，毛泽东在中南海的会客厅接见秘鲁哲学家门德斯，原定接见时间不长，但是，哲学家碰到哲学家，话匣子打开了……这不是礼仪性的访问，而是两位哲学家的学术讨论，谈起来就远远超过预定的时间了。

到了下午五点多钟，毛泽东摇了一下放在茶几上的铃，秘书走了进来，毛泽东对秘书说："准备饭菜，留客人吃饭，不要让客人饿肚子。"秘书应声，准备立即通知厨房，毛泽东又说："也不要让我饿肚子啊！"秘书回答："是！"毛泽东又说："请客吃饭，别管什么清规戒律吧。"秘书回答："明白了。"

① 顾奎琴：《毛泽东保健饮食生活》，广东人民出版社2003年版。

毛泽东喜欢吃红烧肉，保健人员怕毛泽东吸收过多脂肪，一般有所限制，这就是清规戒律，有朋友自远方来，当然要破戒了。厨房制作了8个菜：炒虾仁、素炒干贝、鱼香肉丝、醋溜鱼片、红烧狮子头、鱼头豆腐汤、冬菇白菜、红烧肉，最后这道菜放在毛泽东面前，紧靠这道菜的是一大盘红艳艳的凉拌辣椒。

1962年毛泽东会见亚非拉各国朋友

毛泽东夹一块红烧肉送到门德斯面前，说："你尝尝这红烧肉，是我最喜欢吃的一道菜。"

门德斯品尝之后，赞不绝口："这道菜油而不腻，香甜隽永，吃下肚去，感到浑身舒畅，妙极了！"

毛泽东说："这是一道好菜，百吃不厌。有人却不赞成我吃，认为脂肪太多，对身体健康不利，不让我天天吃，只同意隔几天吃一回，解解馋。这是清规戒律。革命者，对帝国主义都不怕，怕什么脂肪呢！吃下去，综合消化，转化为大便，排泄出去，就消逝得无影无踪了！怕什么！"

门德斯说："主席先生综合消化能力强，这样健康的身体是少见的……"①

第三类，国民党要人。解放战争中许多国民党爱国将领起义，走到共产党这边，为共和国的解放和社会主义建设做出了贡献，毛泽东很重视与他们的交往，有的还成为至交。还有一些国民党将领，在解放后回到大陆来，同样受到毛泽东的亲切接待。这些国民党要人主要

① 参见：周而复：《往事回忆记录》，《新文学史料》1997年第一期

有：张治中、傅作义、程潜、陈明仁、李宗仁、卫立煌等人。

"至少要洗50打。"

1950年9月19日，毛泽东宴请程潜、陈明仁，作陪的有刘伯承、陈毅、粟裕、李明灏、陈叔通、张元济等人。席间，毛泽东谈笑风生。他频频举杯，祝贺程、陈两将军的起义成功，盛赞他们为湖南人民立了大功，一番话说得在场的人心里都热乎乎的。

午饭后，毛泽东邀请程潜、陈明仁一起去游览天坛公园。游览中，毛泽东特地把陈明仁叫到自己身边，问寒问暖。熟悉的乡音使陈明仁感到分外温暖。

毛泽东说："你顺利地过了战争关，过来了就是好的。后天新政治协商会议就要开了，各方面的代表人物都有，唯独还缺少蒋介石的嫡系将领。你来了，代表性就全面了，说明我们是真正的民心所向。你可以在会议上发言，想说什么就说什么，我们共产党人不干压制言论自由的那一套，那都是蒋介石那伙人的法西斯主义。"

1952年9月，毛泽东和全国政协委员程潜在中南海划船。

陈明仁不住地点头，毛泽东的话更使他感到共产党没拿自己当外人。

想起自己的过去，陈明仁感到十分内疚，诚恳地向毛泽东表示自己对1947年四平之役的负罪之感。毛泽东摇摇手，安慰他："两军相战，各为其主，犹如划船，都想划赢，有什么错？以后不要再多去想这个问题了，要向前看，来日方长嘛！"

接着他又鼓励陈明仁："我看林彪打仗就不如你！"一行人边走边谈，笑语声中来到祈年殿前。毛泽东与大家合影留念后，向陈明仁摆了摆手，道："子良将军，来，我们两个单独照个相。"

1949年9月19日和陈明仁在天坛合影

面对毛泽东的盛情邀请，久经沙场的陈明仁竟拘谨得有点手足无措了。照完相，毛泽东对陈明仁说："子良将军啊，现在外面谣言很盛，说我们共产党虐待俘虏，杜聿明、王耀武已被我们'五马分尸'，干掉了。我们共产党是严格执行宽待俘虏政策的。杜、王正在济南改造，生活得很好，你去亲眼看一下，好把情况向外宣传解释一番。写些书信给你的故旧，策动他们及早觉醒。请他们不要轻信谣言，不要受骗上当，莫再顽固到底，不要继续站在人民的对立面，害人害己，劝劝他们及早归来，这也是为他们好。"

听了毛泽东一番诚恳的话语，陈明仁马上爽快地答道："我一定照办。"

"你还可以把这张照片送给你的黄埔同学，只要送得到的，都送一张，你看好不好？"

"好！我一定照办。"陈明仁立刻答道。

"你打算洗印多少张呢？"

陈明仁略微思考了一下说："我打算洗10打。"

"不够，不够！"毛泽东摆了摆手道，"至少要洗50打。凡能送的，都要送一张。"大家全都笑了起来。①

第四类，亲朋好友。亲戚很多，主要来自毛家、文家、杨家、罗

---

① 参见：张文雄、胡锦昌、叶健昌：《聚焦主席台》，湖南人民出版社 2009 年版。

1959年毛泽东主持李敏婚礼后与参加婚礼的人员合影

家、族人、亲家、远房亲戚。新中国成立后毛泽东很多亲戚都到过北京，其中王季范、王海容、章淼洪等是常客，经常陪乡下亲戚到毛泽东家。另外就是，少时好友、老师如徐特立、毛宇居、李漱清、邹普勋、张干、罗元鲲、黎锦熙等人。

逸闻趣事

"你是主席的老师……更应该坐上席。"

徐特立是毛泽东在湖南长沙第一师范读书时最敬佩的老师之一。

1945年和徐特立

毛泽东尊称他为徐老，在长期的革命岁月中，他们一直保持着深厚的师生情谊。

"革命第一，工作第一，他人第一"，是毛泽东对徐特立高贵品质的称赞。

建国初，毛泽东惦念着南方的徐特立，专门发电邀请他到北京。徐特立到中南海后，毛泽东准备了几样家乡菜为老师洗尘：一碗湘笋，一碗青椒，是两菜一汤。

"没有好菜吃。"毛泽东表示抱歉。

"人意好，水也甜嘛。"徐特立笑着说。

吃饭前，徐特立对毛泽东说："您是全国人民的主席，应该坐上席。"

"你是主席的老师。'一日为师，终身为父'，您更应该坐上席。"毛泽东谦让着，硬是让徐老坐了上席。

几日后，二人话别，毛泽东见徐特立还穿着简朴的衣服，就随手把自己的一件呢子大衣送给徐老，以表心意。

徐特立接衣在手，激动不已。毛泽东拉着老师的手，依依不舍，送了一程又一程。[①]

毛泽东与青年时期的老师符定一交谈

"饭上加酒哪里有呀！"

1950年9月下旬的一天，毛泽东在中南海的家里，接待了文泮香十阿婆、文梅清十七阿婆、刘媛英、章淼洪、文泽湘、王先槐、王季范。

当天晚上，客人到了之后，毛泽东对他们说："今天晚上，请大家吃顿便饭。"

从客厅到餐厅仅一墙之隔，中间垂着绿绒布。客人们掀开绒幕，来到小餐厅里，围了一大桌。

桌子摆着一些酒菜。酒有白酒和葡萄酒，菜都是湖南风味，如扣肉、腊肉、火焙鱼、炒粉丝等。

毛泽东开始叫大家就餐，他先给客人们敬酒。王季范、章淼洪在外摔打多

1959年6月26日毛泽东同他私塾老师毛宇居在故乡携手同行

---

① 王守柱、李保华：《毛泽东的魅力》，中央文献出版社2003年版。

年，学会了应酬，能喝几盅；乡下来的人几乎不能喝白酒，只有刘媛英能喝几口，其余的全喝葡萄酒。

毛泽东先给大家敬了一杯葡萄酒，乡里来的人不懂得城里敬酒的规矩，没有碰杯就一口干了。毛泽东也不介意，继续同王季范、章淼洪碰杯、干杯。

敬了酒然后是敬菜。毛泽东给每个客人夹了一块扣肉，叫他们多吃点菜。接着，又给每人夹了一个大辣椒，说："湖南人喜欢辣椒，我就最喜欢这个，可北京很难吃到。这是北京的油炸辣椒，味好，就是不辣。给你们每人吃一个算了。"

文泮香十阿婆、文梅清十七阿婆勉强吃了一杯葡萄酒。开始吃饭了，她们一边吃，一边想着刚才杯子里桔红色的液体，不觉有些醉意，天真地问道："主席，您给我们喝的是不是糖水？"

真是叫人哭笑不得！特别是王季范，来之前就嘱咐她们见了主席不要多讲话。此时，他连忙朝她们眨眼睛，示意她们不要再多话。

毛泽东仍不介意，他一边扒饭，一边回答："十嫂、十七嫂，这是葡萄酒，你们在乡里没喝过吗？"

"没喝过。"文十七阿婆答道。

"那就多喝一杯吧。"

"不喝了，谢谢主席。"文十七阿婆说。似乎没有注意到王季范的表情，仍然醉意薰薰地说："三哥，台湾怎么不拿回来算了？"到底是乡下老太婆，她连"解放"这个词都不会说，只会用"拿"字来代替。

毛泽东笑着说："十七嫂，台湾是要拿来的，只是要等待时机。"

毛泽东吃完饭，又端着杯子对大家说："吃过饭，都喝一杯酒。这样好，饭上加酒哪里有呀！"说完，又喝了一杯白酒。

人们也跟着喝了一杯白酒或红酒。

客人们散了席，回到客厅，工作人员已把客厅打扫得干干净净，桌子上的香烟、水果全换上了新的。

"你们吃吧。"毛泽东指着香蕉、苹果对大家说。

1953年12月，毛泽东在北京中南海同文家表嫂等合影。

大约又谈了半个小时，秘书走过来和毛泽东耳语了几句。毛泽东听后，起了身，两手张开道："摄影师已经准备好了，跟你们一起照个像。"

于是，就在客厅的一面垂下绿绒布壁帘，作为照相的背景。客人们分成两排，同主席合影留念。前排坐着毛泽东、王季范、文十阿婆、文十七阿婆，后排依次站着刘媛英、章淼洪、文泽湘、王先槐。

照完像，王季范便对大家说："主席很忙，不要耽误他太多的时间。"

于是，客人们开始向毛泽东告辞。①

"过去的事不要提它了。"

1951年秋，张干应毛泽东邀请，到北京渡过了一生难忘的两个月。

毛泽东同时请来的，还有青少年时代的师友罗元鲲、李漱清、邹普勋，到中南海一起吃饭。餐桌上，摆着七八道菜，有红烧肉、家乡腊肉、火焙鱼、豆豉炒辣椒、两碗汤菜，还有两道北方菜。

叙谈间，毛泽东叫来子女，向他们介绍自己的老校长和师友，并诙谐地说："你们平时讲你们的老师怎么好，这是我的老师，我的老师也很好！"

几句话，顿时消除了大家的拘谨情绪。张干这时却想到当年那场学潮，一边吃一边自责。毛泽东缓缓地摆摆手："我那时年轻，看问

---

① 参见：赵志超：《毛泽东一家人》，中央文献出版社2000年版。

1952年9月26日毛泽东与邹普勋（左一）、李漱清（左二）、张干（右二）、罗元鲲（右一）合影。

题片面。过去的事不要提它了。"

之前，毛泽东得知张干现在仍在教书时，说："哦！还在吃粉笔灰！"他受到很大触动，说："张干这个人很有能力，很会讲话，30几岁就当第一师范校长，不简单。原来我不高兴他，我估计他一定要向上爬的。他要爬上去也很容易，结果他没有向上爬。解放前吃粉笔灰解放后还吃粉笔灰，难能可贵！"①

"这东西我就不爱吃，可医生说有营养。"

1956年4月20日这天晚上10点，中南海来电话，通知毛泽全一家和毛纯珠一起去见毛泽东。毛纯珠高兴极了。

当晚，毛纯珠与弟弟毛泽全、弟媳徐寄萍，还有两个侄女一同乘车来到中南海。

"我刚睡醒，现在是我精神最好的时候，大家先吃了饭再谈。"寒暄之后，毛泽东说。

一听主席叫吃饭，毛纯珠兄弟也不便推辞，便拿起了筷子。其实，毛纯珠他们早已吃过晚饭。此时，一种荣幸和幸福感又促使他们在饭桌旁坐下来。

饭桌放在办公桌旁，桌上摆着几个小碟，盛着炒茄子、辣椒、苦瓜及西红柿炒鸡蛋等普通菜。

---

① 参见：张国兴、陈贵斌、刘丽：《毛泽东饮食录》1993年版。

人们围着方桌共进晚餐。毛泽东指着西红柿对毛纯珠等人说："这东西我就不爱吃，可医生说有营养。鸡蛋呢，医生一会儿说应多吃，一会儿又说不能多吃，我就不管那一套。医生的话，不可不听也不可全听啊！"

"今天我特意要他们加了个燕窝汤，让大家尝尝。"

1956年11月中旬的一天，毛泽东接见文涧泉、文运昌、文梅清三位表兄及文运昌儿子文凤良，王季范作陪。

毛泽东对文涧泉、文运昌、文梅清三位表兄说："你们都是年逾花甲的人了，有的工作是力不从心了。"

晚上毛泽东请诸人吃饭。桌上摆满了佳肴和酒，除常有的清蒸鸡、红烧肉、黄焖鱼、炖羊肉外，还有海鲜、鱼肚片和鱿鱼以及香菇、寒菌、玉兰片、辣酱等菜。酒是茅台酒和葡萄酒。

过了一段时间，毛泽东又接见了他们。

就餐时，毛泽东笑着说："今天我特意让他们加了个燕窝汤，让大家尝尝。"于是大家依次入席。毛泽全和文凤良依然坐在毛泽东的两侧，负责为各位老人夹菜。

饭后，大家随毛泽东回到客厅，品尝茶点、水果。毛泽东对文凤良说："我有一笔稿费存在中央特别会计室，我很想对棠佳阁各家的老人，在生活上给予一些帮助，但不知他们的实际情况，你给我参谋参谋好吗？"于是，文凤良如实地将文泮香十阿婆、文南松二十阿婆如

1958年10月毛泽东与王季范（右一）、文静纯（左二）、文运昌（左三）、文梅清（右三）等合影。

今寡居，文涧泉十一阿公老年无伴，文梅清十七阿公和文十七婆年老膝下无儿等情况，分别详尽地向毛泽东作了汇报。

毛泽东说："帮助，我看还是平均主义的好，不然他们会有意见的。"①

韶山请客八桌

1959年6月25日，毛泽东回到了阔别家乡32年的故乡韶山冲。韶山有个故园，毛泽东回去之后，就住在那里。26日他自己花钱请村里的干部、毛家亲属们吃饭，一共是八桌饭。饭菜有：

主菜：杂烩、木耳炒鸡、回锅肉、炒鸡杂、烧鲜鱼、烧丝瓜、炒豆角。

小菜：菜心汤、排骨、香肠、咸蛋、卤味。

主食：米饭、稀饭、卷子。

这八桌饭是由湖南省委、长沙市招待所、宾馆的厨师和毛泽东的厨师共同做的。

韶山毛泽东纪念馆珍藏的毛泽东回韶山家乡请客的菜谱

---

① 参见：赵志超：《毛泽东一家人》，中央文献出版社2000年版。

"我是党的主席，我要为大多数人谋福利"

1962年的一天，这天是星期天，毛泽东家中十分热闹。女儿李敏、李讷，侄儿毛远新都放学回家了；在医院养病的江青也回到了家。毛泽东把几个孩子喊到身边，向毛泽嵘一一作了介绍，并让他们喊"五叔"。

江青这天兴致很高，亲自做了饭菜，而且是按毛泽东的吩咐做的湖南风味菜。开餐了，毛泽嵘事先以为主席请他吃饭，使他开开洋荤，哪知道桌上摆的是几样普通的家常菜：炒豆角、辣椒、茄子、空心菜等。他心中有些不快。

毛泽东吃得挺香，一边吃饭，一边和泽嵘拉家常，谈笑风生："泽嵘，你年纪大了，到外面走不方便，我的工作忙。今后一般情况，你不要来京。"毛泽东说。

毛泽嵘说："主席，我家有困难，家底子穷，老伴有病，我的眼睛不大好，身边又无儿女。"

1953年12月毛泽东与韶山亲友王季范、毛泽嵘、毛月秋、文东仙等合影。

毛泽东放下饭碗，温和地说："泽嵘，你有困难，我同情，理解。但是我是党的主席，我要为大多数人谋福利，不能只考虑你一个人的利益，我以前跟你讲过，你有困难要当地政府解决。"①

第五类，有身边工作人员、社会友人、宗教界、劳模、群众、演员等。毛泽东经常招待离开后回来看他的身边工作人员，如卫士、秘书、医生、护士等。

---

① 参见：赵志超：《毛泽东一家人》，中央文献出版社2000年版。

逸闻趣事

"你辛苦了，中午我们一起吃饭。"

1958年3月29日毛泽东乘坐江峡号轮船

1958年3月的一天，地方保卫干部谢滋群接到上级指示，要他28日务必赶到重庆，任务是保卫毛主席由重庆安全到达武汉。

3月29日，毛泽东在柯庆施、王任重的陪同下，登上了停靠在朝天门码头的江峡轮，谢滋群跟随在毛泽东的身后，江峡轮乘风破浪，向武汉航行。毛泽东坐在轮船的三楼船尾甲板上，眺望川江无限风光。

毛泽东说："将来一定要改造长江流域，开发长江三峡，将来筑个三峡大水库，不仅可以发电、行船，到那时还可以南水北调，让中原变成绿洲。"

中午吃饭时，毛泽东对谢滋群说："小谢，你辛苦了，中午我们一起吃饭。"

午饭就在江峡轮的餐厅里吃，一盘辣椒豆腐，一盘辣椒烧鱼，一盘红烧肉，一碗菠菜丸子汤。毛泽东喝的是茅台酒，他端起酒杯要谢滋群一起喝。谢滋群忙告诉毛泽东说："主席，谢谢你，我不喝酒。"最后，谢滋群以茶代酒，举杯先敬毛主席。这是谢滋群第一次与毛泽东一起吃饭。[1]

特意为贺凤生加了道炒鸡

60年代的一天，贺凤生到毛泽东家做客。贺凤生是毛泽东的表兄

---

[1] 李甫华：《谢滋群：我陪毛主席42次游长江》，中国江西网2006年。

弟贺晓秋的儿子。大革命时期，毛泽东回韶山进行革命活动，遭到敌人追捕，贺晓秋舍身相救，使毛泽东脱离了危险。

毛泽东曾三次接见贺凤生，贺凤生也如实地反映了家乡的情况。毛泽东了解到一些很难得到的真实情况。

1962年1月，毛泽东在北京中南海颐年堂同表兄文涧泉（左二）、表侄文炳章（左一）、贺凤生（右一）亲切交谈。

这天毛泽东要和他一起吃顿饭。毛泽东说："不早了。就在这里和我一道吃晚饭吧。"

不一会儿，菜端上来：粉蒸肉、瘦肉片、红烧鲤鱼、炒白菜、炒鸡，外加一个鸡蛋汤。

贺凤生不敢相信，这就是毛泽东晚餐的菜肴，按他的想象，这小盘小碟起码也该有几十个吧。可厨师说，炒鸡还是毛泽东吩咐特意为贺凤生加的呢。[①]

"只有你才是真正的客人嘛！"

1962年1月31日早晨，章士钊、程潜、仇鳌和王季范收到毛泽东的请柬，到家中小酌。在毛泽东身边工作过的人都知道，毛泽东举办湘味家宴是他最开心的时候。四位一到，毛泽东就开门见山地说："今天请乡亲们来，要陪一位客人。"

客人是谁毛泽东没说，章士钊颇觉新奇。毛泽东看出大家的意思，笑着说："你们都认识他，来了就知道了。也可以事先透一点风，他是你们的顶头上司呢！"

几个人正在猜测这位"顶头上司"到底是谁，工作人员已把一位

---

① 参见：张国兴、陈贵斌、刘丽：《毛泽东饮食录》，1993年版。

高个清瘦男子，引进颐年堂宽敞的客厅。毛泽东虽是第一次见到这个人，但却像老朋友似地迎上去握手，并拉他在自己身边坐下，环视应邀先到的客人，带着浓重的乡音微笑说："他是宣统皇帝嘛，我们都曾经是他的臣民，难道不是顶头上司？"章士钊等人恍然大悟，眼前正是清朝末代皇帝溥仪。

毛泽东指着在座的客人一一给溥仪介绍，溥仪很礼貌，无论介绍谁，他都站起来鞠躬致意。

"你不必客气，他们都是我的老朋友，常来常往的，不算客人，只有你才是真正的客人嘛！"毛泽东对溥仪说的这句话，自然是对主宾和陪客的解释。溥仪虽然不算毛泽东的乡人，却成了毛泽东湘味家宴的上宾，有幸与毛泽东同桌共饮。在特赦人员中，溥仪是唯一受到毛泽东接见并宴请的人。

到了开饭的时候，毛泽东请大家到饭厅就坐，热情地把溥仪让到自己上位，风趣地说："你是我们的顶头上司，我们做过你下面的老百姓，请你坐上席了。"溥仪盛情难却，笑了笑就坐在了毛泽东旁边。

毛泽东的家宴，没有"燕窝席"、"鱼翅席"的排场，也没有溥仪当皇帝时常常吃的"满汉全席"和奢华的"御宴"，餐桌上只有几碟湘味的辣椒、苦瓜、豆豉等小菜。

"湖南人最喜欢吃辣椒，叫做'没有辣椒不吃饭'，所以每个湖南人身上都有辣味哩。"毛泽东说着，夹起一筷子青辣椒炒苦瓜。放在溥仪的小碟内。见溥仪吃进嘴里，毛泽东笑着问："味道怎么样啊？还不错吧！"

"很好吃！很好吃！"辣得溥仪鼻尖上已沁出汗珠。

"看来你这个北方人，身上也有辣味哩！"毛泽东说完，指了指仇鳌和程潜，继续风趣地对溥仪说："他们的辣味最重，不安分守己当你的良民，起来造你的反，辛亥革命一闹，就把你这个皇帝老子撵下来了！"

毛泽东的幽默和风趣，逗得大家捧腹大笑，溥仪虽有些拘谨，但也被逗得笑了起来。

　　毛泽东知道溥仪在抚顺时，已与他的"福贵人"离婚，他见溥仪笑了，气氛活跃了，话题一转，问起了溥仪的婚姻问题："你还没有结婚吧？"

　　"还没有呢！"溥仪回答。

　　"可以再结婚嘛！"毛泽东说，"不过，你的婚姻问题要慎重考虑，不能马马虎虎。要找一个合适的，因为这是后半生的事，要成立一个家。"

　　"谢谢主席的关怀。"溥仪很感动地说。

　　"主席又兼起'参谋长'的职务。"章士钊等人打趣地说。

　　"对，你们几位今天的饭可不能白吃，要关心溥仪的婚姻问题，当一当红娘啊！"毛泽东继续说着。

　　他们用过饭，毛泽东与五位客人合影留念。照完，他又特意拉溥仪站在自己的右侧，说："我们两人可得照一张相哟！"遂请摄影记者为他们拍了一张珍贵的合影。这张照片溥仪一直像宝贝似地珍藏着，无论住在独身宿舍，还是有了家庭，总是把它摆在床头几上。在"文化大革命"中，溥仪怕被红卫兵抄走，上缴政协机关保存起来。

　　就在毛泽东的湘味家宴过后不久，由文史资料专员周振强和人民出版社编辑沙曾熙的热心撮合，溥仪认识了北京市朝阳区关厢医院的女护士李淑贤，他们度过了3个月甜蜜的恋爱生活，于1962年4月30日，在南河沿政协文化俱乐部礼堂举行了世人瞩目的婚礼。

　　毛泽东对溥仪的情况很熟悉。1963年11月15日，毛泽东会见来华访问的阿尔巴尼亚总检察长阿拉尼特·切拉时说："我们把

1962年毛泽东和清朝末代皇帝爱新觉罗·溥仪在一起

一个皇帝也改造得差不多了。""他现在五十几岁，有职业了，听说还重新结了婚。"

1964年2月，在春节茶话会上，毛泽东说："听说溥仪生活不太好，每月只有180元薪水，怕是太少了吧？"一说到这里，转向章士钊说："我想拿点稿费，通过你送给他改善生活，不要使他'长铗归来兮食无鱼'，人家是皇帝嘛！"

此后不久，有关部门将溥仪的工资由180元增至200元。"文化大革命"期间，溥仪不但人身受到保护，而且生活也有保障，工资200元照发，并保证细粮供应。

每当溥仪回忆起毛泽东对他的关怀时，心情都格外激动，他曾对周恩来说："我的生命属于党、属于人民，要尽一切力量改造好，一定不辜负毛主席和总理的期望，一定不辜负！"[①]

请吴冷西吃狗肉

1958年10月25日毛泽东找吴冷西和田家英谈话，涉及的问题较多，时间也较长，一直到中午后。他留吴冷西和田家英吃午饭。

可能是预先告诉了大师傅，加了两个菜，一个是小砂锅炖狗肉，一是红烧狮子头，其他四个菜是湖南腊肉，豆豉炒辣椒，西红柿炒鸡蛋，麻婆豆腐，都是毛泽东常吃的。比较特别是一个苋菜汤，每人一个烤得半焦的玉米，这是最后吃的，也是毛泽东的习惯，有时代之以烤红薯。这天毛泽东请他们喝的是茅台酒，第一杯毛泽东请他们喝，第二杯吴冷西和田家英一同祝毛主席身体健康。[②]

毛泽东与吴冷西

---

① 参见：黄允升：《开国领袖毛泽东逸事》，中央文献出版社1999年版。
② 参见：中共中央文献研究室：《缅怀毛泽东（上）》，中央文献出版社1993年版。

≫毛泽东的待客原则

　　面对诸多客人，毛泽东招待的原则是多一人多一个菜，招待菜该简就简，不大操大办，尽量不浪费。招待费用，他自掏腰包，不用公家一分钱。招待菜以湖南风味为主，适当照顾客人的口味。对于亲戚或熟人，毛泽东的招待菜很随便，如果赶上用餐时间了，就一块吃，不够再加一两个菜，都是些家常菜。但稀客如民主人士、国民党要员，毛泽东则用丰盛的菜招待，如李宗仁，毛泽东用各种京畿名菜招待他。相反，国外送的珍贵燕窝却被毛泽东送到人民大会堂招待客人，自己则一点不留。

韶山毛泽东纪念馆收藏的毛泽东部分请客菜谱

逸闻趣事

"把它们全部送到人民大会堂招待外国人。"

　　大约在1964年，印度尼西亚发生了一系列迫害我侨胞的事件，中国政府义不容辞地出面保护了他们。

侨胞们出于感激之情，送给毛主席的燕窝重达31.5公斤。燕窝之珍贵众所周知，当时毛泽东毫不犹豫地指示："把它们全部送到人民大会堂招待外国人。"

秘书徐业夫试探地说："主席，是不是给家里留一点……"毛泽东摆摆手，打断道："不用留，一点都不用留，全部送走。"于是，这31.5公斤的燕窝1克不少地送到了人民大会堂。

1975年，毛泽东身体很虚弱，已经行动不便，咳嗽哮喘，外加心力渐渐衰竭。管理员吴连登向张耀祠提出要给毛主席增加营养，最好能弄点燕窝炖汤。经了解，这才发现当年的燕窝尚有七两。经汪东兴批准，由吴连登打了收条取回中南海。每次都是瞒着他在汤里加一点。直到伟人离世，他老人家也不知道那31.5公斤的燕窝被他喝掉了七两。

不过，延安人民送来的一点小米、红枣、花生等杂粮，毛泽东从不拒绝。吴连登经常让师傅们给主席煮点尝一尝。他喝着延安的小米粥，脸上往往露出欣慰的笑容。有时候他又一言不发，专注地看着老区送来的杂粮……①

招待客人虽然占用了毛泽东很多时间，但对他有诸多好处：

第一，与客人吃饭、谈话，减少了工作时间，缓解了他工作的紧张，是一种特殊的休息；

第二，边吃边谈，减慢了他吃饭的速度，有利于健康；

第三，一般有客人时，他能喝点葡萄酒，少量饮葡萄酒对于有大量脑力劳动的人来说，具有很好的保健作用；

第四，招待客人也是他了解民情、掌握信息的一种方式，与他们交谈，毛泽东精神是很愉悦的。

毛泽东招待的客人范围很广，人数很多，上至高官，下至普通百姓。谈话中毛泽东总能抓住核心，找到共同语言，倾心真诚地与他们

---

① 顾奎琴：《毛泽东保健饮食生活》，广东人民出版社2003年版。

交流，给很多人留下了终身难忘的印象。在这里，不同的客人享受同等的待遇，没有贫富差别、高低贵贱之分。

这就是人民的领袖毛泽东。

1970年8月毛泽东和周恩来在杭州汪庄一号楼与身边工作人员合影
（后排右边数第五人是吴连登）

毛泽东与归国的李宗仁夫妇等交谈

1956年毛泽东和中国伊斯兰教协会副主任达浦生（左）交谈

六、毛泽东曾就餐的店堂

毛泽东外出视察时也想到地方饭店尝尝鲜，深入群众。但他不想给地方带来麻烦，不想惊扰正常的社会生活，于是很少提要求。在我们查阅的众多资料中，发现毛泽东只到过寥寥几个餐馆。他下馆子的另一层心思是接触和了解民情，对他来说最开心的事莫过于过一下平民的生活。

》下馆子怕找麻烦
》毛泽东就餐过的饭店

≫下馆子怕找麻烦

　　毛泽东很少下馆子吃饭。解放前是没条件，一则打仗没时间，经济上也不允许；二则战争中馆子少，偏远农村更没有，想吃吃不着。按理说解放后有条件了，可以到饭店享受一下美食，可是目标太大，少有的几次，还是经过精心安排，否则就出不了饭店的门。人民爱戴毛主席，这种热情瞬间可以唤来成千上万的群众，在南京、天津、北京都发生过被人民热情"包围"的场面。1952年他去武汉，游龟山、蛇山，参观黄鹤楼的时候，就被一个孩子认出来了。毛泽东被负责保卫的人员拼命护着送上船，摘下口罩毛泽东说出了那句著名的话："真是下不了的黄鹤楼！"1958年8月他在天津正阳春饭馆吃饭，被群众认了出来，也造成一片欢呼，交通拥堵，护送出来后毛泽东说："又是一次黄鹤楼。"

　　毛泽东外出视察时也想到地方饭店尝尝鲜，深入群众，他说："我都成了笼子里的老虎了，什么自由也没有。不能随便外出，不能随便看戏，不能随便干我想干的事情，整天是这个警卫、那个警卫，我干什么非得你们那么多人同意？"

　　但他不想给地方带来麻烦，不想惊扰正常的社会生活，于是很少提要求。他说："比如，你下了班，可以和家里人，和朋友到大街上转转，我可没这个自由。我要是走到街上，大家都认得我，说主席来了，一下子都围上来，越围越多。围着你喊万岁，搞不好还会影响交通呢。"

>>毛泽东就餐过的饭店

在我们查阅的众多资料中，发现毛泽东只到过寥寥几个餐馆：

◆杭州楼外楼饭馆

就餐的饭菜：鱼头、叫花鸡。

◆北京新街口陕西羊肉泡馍馆

就餐的饭菜：羊肉泡馍、牛肉片。

◆武汉老通城

就餐的饭菜：四菜一汤、三鲜豆皮、汤包。

◆湖南火宫殿

就餐的饭菜：麻辣百页、红煨牛蹄筋、红烧水鱼、红烧狗肉、臭豆腐、菠菜三鲜汤。

◆天津正阳春饭店

就餐的饭菜：烤鸭等。

◆韶山家乡招待所

就餐的饭菜：辣子鸡、炒腊肉、炖羊肉、烧水鱼、蒸青鱼、炒空心菜、烧豆腐、煎苦瓜、炒辣椒。

逸闻趣事

"这个饭馆有特点，做的饭菜确实好吃。"

1953年12月29日毛泽东第二次外出，参观钱塘江大桥和六和塔。

在钱塘江大桥，当谭震林书记介绍说这座桥有两层，上面走汽车、中间走火车、水上走轮船，目前全国仅此一座时，毛泽东说："过不了几年，我们会建造出更先进的大桥。"

1959年11月毛泽东在杭州观看雷锋塔址

参观六和塔时，毛泽东称赞道："这里环境、风景真好！"

王芳说："这个地方游人非常多，凡是来杭州的人都要到这里游览。"

晚上，谭震林等浙江省委领导同志请毛泽东到杭州著名饭馆楼外楼吃鱼头和叫化鸡。随行的工作人员也都尝到了美味。毛泽东饭后赞赏说："这个饭馆有特点，做的饭菜确实好吃。"

后来，这个饭馆的厨师韩阿富调到了中南海给毛主席当厨师，还在北京培养了不少的徒弟。①

"找一个饭馆，到饭馆里面去吃。"

1955年初夏的一天，毛泽东去西郊参加活动。在返回的路上，当车子行至阜成门外时，毛泽东说："肚子饿了，想吃饭。"

高智听毛泽东说想吃饭，就回答说："主席，不远了，快进城了，咱们回到家，别的什么也不搞，先吃饭。"

毛泽东吸了一口烟，拉长了声调说："不，找一个饭馆，到饭馆里面去吃。"毛泽东向来说一不二。

高智是个"老陕西"，对羊肉泡馍情有独钟。他突然想起一个羊肉泡馍馆子，立即对毛泽东说："主席，新街口有个陕西羊肉泡馍馆子，我们去吃羊肉泡馍吧！"

---

① 孙勇：《在主席身边二十年》，中央文献出版社2010年版。

"好。"毛泽东高兴地同意了。

经过精心安排，车子开到饭店门口。在工作人员的引导和掩护下毛泽东走进饭馆，一股香喷喷的气味扑鼻而来。馆子里有好多人在吃泡馍，没有人认出来人是谁。

毛泽东一行来到木板隔出的小房间坐下。他们一边喝茶，一边等饭。不一会羊肉泡馍端上来了。这里吃泡馍分大、中、小碗，给他们端上来的是中碗。羊肉切成大的薄片，馍掰成很小的块泡在碗里。还有几个小碟，放有辣子、糖蒜、香菜等。

毛泽东端起一碗，说："我吃不了这么多。"高智用筷子把毛泽东碗里的馍拨给李银桥和自己一点。毛泽东又端起碗，津津有味地吃起来。他下饭馆的愿望满足了，自由自在地过了一下老百姓的生活。在这种小饭馆里安安静静地坐一坐，对毛泽东来说，本身就是一种难得的享受。

毛泽东吃罢，走出了雅座，立即被人认出。饭馆里的顾客们拍手鼓掌，毛泽东也向大家点头招手，出了门。"原来是毛主席。"店主兴高采烈。

他们一共吃了六元三角九分钱，付款时几个人都掏空了兜，怎么也凑不够这顿饭钱。高智对店里人说明了缘由，出来时忘了带钱，明天一早送过来，店里的人满口答应。翌日一早，高智骑着自行车，把饭钱送到那店主手中。①

"三鲜豆皮制作精巧，味道鲜美"

毛泽东爱吃中国传统的、有地方特色的食品。武汉老通城是以三鲜豆皮而久负盛名的老字号餐馆。1958年4月3日，毛泽东来到老通城餐馆，品尝三鲜豆皮。

下午七时许，毛泽东走进餐馆，当时谁也没想到毛泽东光临这

---

① 参见：黄允升：《开国领袖毛泽东逸事》，中央文献出版社1999年版。

里。下车后，他先到厨房和各位师傅谈话，之后才去用饭。

当品尝豆皮的时候，毛泽东说："豆皮是湖北的风味，要保持下去。"他一人吃了一大盘子，足有3两，并称赞说："三鲜豆皮制作精巧，味道鲜美，这才是湖北风味呢。"并告诉随行人员："你们都吃完，不准浪费。"

席间，毛泽东问餐馆的工人："你们餐馆是合作社还是公私合营？"工人们回答说："是国营。"听了回答，毛泽东郑重地讲："国营职工要全心全意为人民服务。餐馆要特别注意搞好卫生，保障人民身体健康。"

吃完饭后，毛泽东和职工一一握手告别，然后离开了老通城。

菜谱中保存着其中三天的饮食：

1953年，毛泽东同秘书叶子龙（中）、卫士孙勇（右二），在武昌蛇山黄鹤楼遗址和小商贩交谈。

之一：炒鳝鱼片、山药牛肉、炒空心菜、炒绿豆芽、西红柿鸡蛋。小菜：黑鱼籽、糖蒜、烧菜花。主食：豆米饭、肉丝汤面。（注：有林克）

之二：烧鱼唇、炒鲜奶、烟香鸡、椒盐鸡肝、炒苋菜、烧鳊鱼、烧茄子、蛋卷沙锅。小菜：腊狗肉、腊鱼、拌黄瓜、花生米。（有客人三个）

之三：烤猪排、炒芥菜、酸菜肉丝。小菜：咸蛋、猪血。主食：牛奶、面包、饺子。①

---

① 参见：章重：《东湖情深——毛泽东与王任重十三年的交往》，中共党史出版社2004年版。

> **"火宫殿里的臭豆腐，有三个特点：**
> **闻起来很臭，看起来很脏，吃起来很香。"**

在湖南民间很多家庭主妇会自制臭豆腐，毛泽东从小常吃母亲做的臭豆腐。

长沙"火宫殿"的臭豆腐最有名气。"火宫殿"选用上等黄豆做成豆腐，然后把豆腐浸入放有冬笋、香菇、曲酒、浏阳豆豉的卤水中浸透，表面会生出白毛，颜色变灰。初闻臭气扑鼻，用油锅慢慢炸，直到颜色变黑，表面膨胀以后，就可以捞上来，浓香诱人，浇上蒜汁、辣椒、香油，即成芳香松脆、外焦里嫩的臭豆腐。

1958年4月12日毛泽东在长沙火宫殿品尝小吃

1958年4月12日，毛泽东一行来到"火宫殿"，并亲切地与店里人握手问好。之后他们被带到楼上一间已经准备好的餐厅。

毛泽东青年时代就曾多次来过这里，熟知这里的餐饮特色。这次，他点的菜肴，还是从前的家常口味。其中，有一道菜是臭豆腐。毛泽东一边品尝，一边幽默地说："火宫殿里的臭豆腐，有三个特点：闻起来很臭，看起来很脏，吃起来很香。"

走时毛泽东又说："臭豆腐是劳动人民的产品，你们应该做好。火宫殿是人民喜爱的地方，你们应该搞好。"

有了毛泽东的评价，"火宫殿"的臭豆腐名气更大了，很多到长沙的

1958年4月毛泽东在长沙火宫殿就餐的房间

游客都到这里尝尝鲜，一饱口福。①

在正阳春饭店吃烤鸭

1958年8月13日，毛泽东在天津视察了南开大学、天津大学之后，已到了吃午饭的时候。毛泽东想找个饭馆随便吃顿午饭。经过比对，工作人员选择了天津长春道的正阳春饭店。

饭店选好后，毛泽东和随行人员坐车来到饭店，在二楼餐厅就坐。菜很快就上来了，毛泽东看看烤鸭，很高兴，就和陪同人员一起吃起来。平时很少上饭店吃饭的毛泽东，吃得格外开心。

毛泽东吃饭很快，一般他吃饭不喝酒，不讲究，所以他很快就吃完了。他坐在座位上，听到街上传来人们的说话声、车鸣声，就站到窗前向外看。这一看不要紧，立即招来了麻烦，给随行人员带来一场不大不小的虚惊。

毛泽东打开纱窗看街景时，正巧被对面楼上一位晒衣服的妇女看到了，她不由自主、又惊又喜地喊起来："毛主席，毛主席，毛主席万岁！"

更多的人看到了毛主席。掌声、欢呼声震荡着大街上空。毛泽东伸出头来向大家招手致意。街上的人们更加激动。刹时，人们从四面八方涌向"正阳春"，由几千人聚到了几万人。交通瘫痪，连交通警察也跟着挤起来，也想看到毛泽东……从下午1点多到5点毛泽东一直被"包围"着。主席总是和人民群众心连心，老人家多次走到窗口，向大家挥手、鼓

1958年8月13日毛泽东在天津正阳春饭店与经理及工人们交谈。

① 参见：于来山、陈克鑫、夏远生：《毛泽东五十次回湖南》，湖南人民出版社2009年版。

掌。毛泽东第五次走到窗口，向群众点头招手达五分钟之久。

天津警备区用一个排的兵力硬把一辆"华沙"小轿车推进人群，挤到"正阳春"门口，一群精壮的战士好不容易把毛泽东"推进"车里，由战士们前面开路、后面推车，费了好大劲，才冲出了"包围圈"。事后，挤掉的鞋子、帽子、钢笔等，收了几筐。

回到专列上，大家都对毛泽东说："主席，这太危险了，以后千万不能这样了。"毛泽东接受了大家的意见，以后很少在街上吃饭了。①

吃韶山风味

1959年6月25日下午，毛泽东乘车，经湘潭而来，6点抵达韶山冲。

故乡的招待所准备了这样一些韶山菜为毛主席接风：辣子鸡、炒腊肉、炖羊肉、烧水鱼、蒸青鱼、炒空心菜、烧豆腐、煎苦瓜和炒辣椒。同来的罗瑞卿、王任重及毛泽东身边工作人员有幸同享韶山风味。

1959年6月毛泽东在韶山故乡

6月26日早晨、中午的饮食为：

主菜：炒空心菜、炒腊肉、煎荷包蛋。主食：牛奶、酪炸。

主菜：回锅肉、空心菜、木耳菜汤、东安鸡。主食：蒸饺、米饭。②

这几个餐馆是荣幸的，也因毛泽东的到来名声大振。其实我们不难发现，这几个餐馆虽然都是名吃，但毕竟不是大饭店更谈不上高级。毛泽东不到高级饭店享受，那里接触不了群众，他下馆子的另一层心思是接触和了解群众，对他来说最开心的事莫过于过一下平民的生活。

---

① 孙勇：《在主席身边二十年》，中央文献出版社2010年版。
② 参见：韶山毛泽东同志纪念馆：《毛泽东遗物事典》，红旗出版社1996年版。

毛泽东在外出中休息。

1953年毛泽东在武汉蛇山与群众在一起。

七、毛泽东与烟酒茶

　　毛泽东的一生与烟结下了不解之缘。嗜好吸烟的毛泽东，可谓独步古今中外，如爱吃辣子一样，香烟伴随了他的一生。许多重大决策、许多重要思想在烟雾缭绕中产生，在他吞云吐雾、青烟袅袅的弹指一挥间，运筹帷幄之中，决胜千里之外。

　　在充满硝烟战争的漫漫长夜中，陪伴毛泽东的除了烟还有一杯热腾腾的茶，他喝浓茶、热茶，还习惯吃茶叶。

　　毛泽东终生不善饮酒，只要喝一杯酒便面红耳赤。虽不爱酒，毛泽东却深谙酒事：熟知酒文化，遵守酒礼节，以酒待友。

》毛泽东与烟

》毛泽东与酒

》毛泽东与茶

≫毛泽东与烟

毛泽东有时简直是个谜，与他相处多年的工作人员也常常感到他确实"神"。他工作量惊人，而且抽烟较多，常犯着医学的禁忌，可他很少闹病！任弼时曾多次感慨："中华民族有幸，出了个毛泽东！"

嗜好吸烟的毛泽东，可谓独步古今中外，如爱吃辣子一样，香烟伴随了他的一生。可以说，烟草是毛泽东的一种"救命粮"。不论行军于田野地，还是坐在中南海的沙发上，许多重大决策，在吞云吐雾中形成，许多重要思想在烟雾缭绕中产生。在毛泽东留给世人的诸多影像、图片、文字资料中，手夹香烟成了他的标志性形象。

1954年毛泽东在外出视察的专列上

逸闻趣事

"我是跟细菌作斗争啊！"

在毛泽东的大量的吸烟照片中，《劳动模范徐建春为毛主席点烟》影响较大。画面上，一个20岁出头的姑娘，脸上洋溢着纯朴而灿烂的微笑，她右手划着火柴，左手托着因激动而不停颤抖的右手，为身着灰色中山装的毛泽东点烟。毛泽东周围围满了来自各民族的青年，每双眼睛都注视着他，而照片中那个身穿花格子衣服、留着短发的姑娘就是徐建春。

1952年，17岁的徐建春带领互助组取得优异成绩并被评为省级模范团员，应邀参加国庆观礼。1953年，她又成为初级社社长、高级社社长，以出色的成绩成为建设社会主义新农村的带头人，并被选为共青团第三次全国代表大会代表。

这天会议休息时，毛泽东在休息厅接见了会议代表。他从烟盒中抽出一支烟，这时，沉浸在幸福中的徐建春看见面前茶几上放着一盒火柴，便怀着激动而忐忑的心情拿起火柴，用颤抖的双手划着火柴，为毛泽东点上了烟。

毛泽东深深地吸了一口，然后笑着说："我是跟细菌作斗争啊！"他幽默风趣的话语让代表们紧张的情绪一下子松弛下来。随后，他与代表们亲切交谈，并主动与徐建春握手，鼓励大家在各自的岗位上为新中国做出更大的贡献。这张照片就这样保存下来，而这次接见也成为了一段佳话。①

1957年5月15日毛泽东与出席团第九次代表大会的青年代表们在一起

毛泽东大约有60多年的抽烟历史，可能任何国家的领导人都不如他抽的烟多。在毛泽东的革命生涯中，叶子烟、卷烟、旱烟、水烟、过滤嘴烟、雪茄烟都抽过，走到哪抽到哪。在他吞云吐雾、青烟袅袅的弹指一挥间，运筹帷幄之中，决胜千里之外。

毛泽东何时学会吸烟的，迄今不得而知，他本人也不曾讲过。但可以肯定的是，在井冈山时期，毛泽东的烟瘾已经很大了，而且喜欢劲大的烟。

逸闻趣事

"不，这样的好烟我不能独自享受。"

1931年4月的一天晚上，王稼祥到毛泽东住处，二人就工作等问题

---

① 卢贤松：《毛泽东一生爱烟》，东方烟草报社，总期数：1350 期，2003 年

进行了长谈。毛泽东一边热心地给他介绍着这些文件材料，一边伸手去摸烟，谁知掏出来的只是个空烟盒。原来他们刚才边谈边抽烟，不知不觉一包烟已抽完了。

王稼祥一见忙说："哦，我这还有一包好烟呢！"忙从口袋里掏出一包从上海带来的用以掩护身份装阔气的名牌烟。

毛泽东一见便高兴地说："好！三炮台，真难得！"

王稼祥打开烟盒一看，不禁摇摇头："唉！真遗憾，只剩下最后两支了！"

毛泽东说："那正好，你我二人分而食之。"

王稼祥说："不，你的瘾比我大，都请你吸了吧！"说罢连盒都塞给了毛泽东。

毛泽东说："不，这样的好烟我不能独自享受。"还是硬给王稼祥也分了一支，并且为他点上了火。

王稼祥一边抽一边说："我们这样一人一支，不成了所说的绝对平均主义了吗？"

毛泽东笑道："平均而不绝对，偶一为之也不能算为主义。哈哈！"

两人正在说笑间，忽从外头传来了嘹亮的号音，毛泽东一听说："哦，起床号，天亮了！我们畅谈一夜，误了你的好觉，抱歉，抱歉！"

王稼祥也深感歉意地说："不，该道歉的是我，我影响了你的休息，实在惭愧！"

毛泽东说："深夜长谈，我是常事，只要你有兴趣，本人乐意奉陪！"①

毛泽东一生中主要吸的是"纸烟"。战争年代抽烟没有保障，毛泽东抽的烟主要是国民党军队"进贡"（战利品）的，战士们缴获什么

---

① 华敏：《第一次见到毛泽东》，中央文献出版社 2000 年版。

烟就抽什么烟，牌子形形色色、多种多样，毛泽东曾经戏称之为"吃百家饭，抽百家烟"。他也常吸当地农民自种自晒的"旱烟"，这种烟劲大油重，常常伴随着一股异味，但毛泽东抽起来还是那么津津有味。没有"战利品"的时候，毛泽东烟瘾来了就用纸卷成喇叭筒，里面包点烟丝抽，烟味重而且辛辣。

逸闻趣事

"把分给你的烟，都给我留着啊！"

毛泽东对谢觉哉是无话不谈的，并且只对谢老有所求。战争年代缺烟，毛泽东对谢老说："你是真秀才，不抽烟，不喝酒。把分给你的烟，都给我留着啊！"

从此以后的许多年中，谢老总是将他得到的或者分给他待客的烟，细心地收留起来，每过些日子就给毛泽东送去。边区参议会的工作人员王炳章种了一点烟叶送给谢老，谢老便像个地道的抽烟人一样，熟练地捻碎烟叶，用碎纸条将烟叶卷起来，舔湿纸边再用手抚平，卷成一支支"大炮"，给毛泽东送去。[①]

长征途中，在香烟严重匮乏的情况下，毛泽东抽叶子烟，就是用纸裹住树皮、树叶、稻草来抽。在香烟的伴随下，毛泽东度过了漫长而艰苦的战争岁月。

逸闻趣事

"丢炸弹有什么了不起？先给我点支烟吸。"

1948年5月的一天，上午8点多钟，敌机轰炸毛泽东驻地阜平县城南

---

① 参见：中共中央文献研究室：《缅怀毛泽东（下）》，中央文献出版社1993年版。

庄。当时，熬了一晚的毛泽东刚刚入睡，在防空警报第二次响起后，警卫人员破门而入，惊醒了毛泽东。

当他知道飞机要来扔炸弹时，却不慌不忙地说："给我拿烟来。"

当警卫人员急得直跺脚时，毛泽东却说："丢炸弹有什么了不起？先给我点支烟吸。"

就在这时，敌机扔下三颗炸弹，正落在房前，却意外地并没有炸响。心急火燎的卫士们搀扶着毛泽东飞快地向房后的防空洞跑去，刚到洞口，院子里传来隆隆的爆炸声，滚滚黑烟弥漫了半天空。

毛泽东站在防空洞口不往里走，固执地说："给我点支烟吸，我还没吸烟呢。"直到卫士给他点上烟，深深地吸了一口，这才向洞里走去。①

新中国成立后，毛泽东抽烟更多了。思考问题时，他更是一支接一支地抽，几乎到了宁可不吃饭也不能不抽烟的地步。这时候生活条件改善了，香烟来源稳定，同时，毛泽东的工作更加繁重，他常以香烟作为神经缓冲剂，一边工作一边抽烟，休息时也点上一支烟，一边抽一边思考问题。

1969年毛泽东视察南方在火车上

毛泽东白天休息，晚上通宵达旦地工作，吸烟一般也是在晚上，有时他工作一晚能抽掉一包半香烟。但这烟并非全是吸掉的，大部分自己燃烧掉了。毛泽东有一个习惯，当他考虑某些重大问题时吸烟很厉害，他伏在书桌上看文件、写文章、想问题，一坐下来便很少起身。当他遇到难题时便点上一支烟，吸几口放在烟灰缸

---

① 李银桥、韩桂馨:《在毛泽东身边十五年（修订版）》，河北人民出版社 2006 年版。

上，接着又投入工作，香烟却依然在燃烧。有时，毛泽东一边工作一边吸烟，烟就夹在左手手指间，当他专心致志的思考时便忘了吸，直到烧痛手指才想起。

毛泽东的烟瘾很大，工作人员每次买回的烟数量较多。香烟会受潮，不便长时间保存，而且吸的时候很费力。工作人员便为他特制了一个"烤烟箱"，通常将受潮的香烟烤一烤再给他抽。毛泽东对此很满意，夸工作人员很细致，注意节约，避免了浪费。

逸闻趣事

"烟有些上潮了，吸不动，你们想想办法。"

毛泽东晚年抽上特制雪茄烟后，工作人员又多了一项烤烟的工作。因为，雪茄烟在春季、夏季极易受潮。有一年夏天，毛泽东在江西庐山视察。庐山气候温和凉爽，自然风光美不胜收，但是多云多雾，非常潮湿。因此，毛泽东携带的特制雪茄香烟大都受了潮。工作人员很着急，于是每天在煤火、白炽灯下烘烤香烟。

毛泽东还常去北戴河海滨小住。这里温和凉爽，但空气湿度也很大。有一次，毛泽东吸了上潮的香烟后感慨地说："烟有些上潮了，吸不动，你们想想办法。"然而，工作人员还是得在白炽灯下烘烤。烤烟是一项必须特别细心的工作，稍不留意便会烤糊烤焦，工作人员为此颇伤脑筋，但一时又无计可施。有一次，卫士周福明在白炽灯上烤烟时突然受到启发："白炽灯可以烤烟，为何不做一个木箱呢？这样白炽灯的热量不是更加集中吗？"于是，他便试着制作了一个小木箱，中间用铁丝作隔

给毛泽东烤烟用的烤烟箱

层，箱底安装白炽灯，而受潮的香烟则放在铁丝栏栅上。做好后，工作人员试用几次，发现果然不仅省事，而且效果也不错。从此，毛泽东便有了独特的烤烟箱。①

烟太干吸起来呛人，遇到这种情况毛泽东就请工作人员想想办法。

逸闻趣事

"你们帮我想想办法，看能不能把卷烟弄湿一点。"

五六十年代，毛泽东时常外出，各种会议也很多。每次外出，工作人员都要帮毛泽东带上足够的香烟。在中南海，毛泽东的香烟一般放在办公室、床头等伸手可及的地方，但外出后则行踪难以预料，便出现了携带问题。毛泽东登山、游历、访问时，香烟或自己放在口袋里，或由随行人员装入一个公文包里。有时，毛泽东摸出烟来时，发现烟盒挤皱了，工作人员见了很不安。后来，他们找来天津卷烟厂生产的"双猫"牌金属烟盒，将烟卷一支支装进去，从此便不必再担心弄皱烟卷了。

毛泽东抽过的香烟

冬天里，气候干燥，烟卷水分蒸发后干得几乎掉渣，吸起来干而呛人，平淡无味。有一次，毛泽东抽烟时对工作人员说："在我们南方，冬天切烟丝时要喷上几口水，要不然就不好抽。"还说："你们帮我想想办法，看能不能把卷烟弄湿一点。"工作人员大都不吸烟，没有"实践"经验，实在是想不出好点子。后来，他们终于从"老烟民"处得到一个办法：在烟盒中放些新鲜油菜叶，上盖下垫，能保证烟丝不干。毛泽东抽了这个法子保管的烟后很高兴，对工作

---

① 韶山毛泽东纪念馆:《毛泽东生活档案》，中共党史出版社1999年版。

人员大加称赞。①

毛泽东吸烟一直用火柴点烟。划的时候很注意节约，有时火柴用完，火柴皮还是新的，装些火柴继续用。现在毛泽东遗物中，有不少当年留下的空火柴盒，是伟人艰苦朴素的历史见证。

逸闻趣事

火柴盒"凡是还可以用的，都不能丢掉！"

毛泽东抽了一辈子烟，可他从来没有使用过打火机。他习惯用火柴。毛泽东每天吸烟量大，火柴消耗特多。也许他意识到了这点，便十分注意节约使用，从不浪费。

毛泽东用过的火柴盒

毛泽东吸烟都是自己点火，很少让工作人员帮忙。他擦划火柴的习惯也与众不同。一般人用火柴点火时大都在火柴盒两侧磷皮上随意擦划，而毛泽东则有意从磷皮两端擦起。这样，一盒火柴棍擦完后，磷皮的中间部分可能还完好如新。有一次，一位新到的工作人员在收拾毛泽东的物品时，不知毛泽东有保留火柴盒的习惯，便随手将一个空火柴盒扔进了垃圾桶。毛泽东发现后叫他将火柴盒捡回来。这位工作人员不解地问："主席，空盒子还要啊？"

毛泽东说："凡是还可以用的，都不能丢掉！"事后，这位工作人员闲聊时说起丢火柴盒的事："一盒火柴一分钱，空盒子留下来干什么？刚好这话让毛泽东听到了，他很生气，叫来这位工作人员谈话，说："你这么说是错误的。我们国家还很穷，凡事都要讲节约，浪费不起哟。火柴盒确实不值钱，但它是用木材做的，丢掉它不就是丢掉木材

---

① 韶山毛泽东纪念馆：《毛泽东生活档案》，中共党史出版社1999年版。

么？"这下，工作人员都能理解了，他们十分细心地将毛泽东用完的空火柴盒保留下来，然后去北京火柴厂买回火柴棍，重新装上再使用。一只空火柴盒往往反复使用多次，直至完全不能使用时才扔掉。

打火机是比火柴更进步的现代火种。可是，毛泽东拒绝使用打火机。也许，毛泽东是为了节俭，因为打火机价高；也许是因为毛泽东闻惯了火柴燃烧时那种独特的松香味。①

毛泽东原来抽烟从不用烟嘴。为减轻对身体危害，工作人员建议他用烟嘴抽烟，并弄了一些给他，毛泽东尽管不乐意接受，但还是采纳了，后来慢慢地习惯了。

逸闻趣事

自掏腰包买烟嘴

毛泽东吸烟用的烟嘴

1961年6月，工作人员打听到国外有种烟嘴可装过滤药物，大大减少了尼古丁等有害物质的吸入，于是便委托外交部购买了两打。这年7月1日，外交部派了专人将烟嘴送至中南海，同时交给毛泽东的生活管理员一张结算通知书，计人民币94.23元。生活管理员想在招待费中报销这笔开支，但毛泽东坚决反对，表示自掏腰包。管理人员将事情上报中央办公厅，中办领导考虑再三，认为还是从他稿费中报销为妥。

此后，毛泽东吸烟便用这种烟嘴。工作人员还制作了一个小木箱，专门用来放烟嘴、过滤药物，以及为烟嘴清洗消毒的酒精、镊子、棉球等工具。毛泽东用过烟嘴后，工作人员都要将用过的过滤药物用镊子挑出来，用酒精擦洗消毒，然后重新装上新的过滤药物。毛泽东外出视察期间，工作人员都要带上小烟箱，每天把四、

---

① 韶山毛泽东纪念馆：《毛泽东生活档案》，中共党史出版社1999年版。

五个带有过滤器的烟嘴拿出来擦洗消毒，以备随时使用。①

毛泽东喜欢抽"熊猫"牌香烟，之前曾经抽过几年"555"牌香烟。这种烟劲大，一般人一抽便呛得受不了，但毛泽东却很喜欢。也许是因为抽洋烟要花外汇，他只抽了很短的一段时间便坚决不抽这种"鬼子烟"了。

用稿费购买烟嘴的收据

国产烟中他还抽过云南的"云烟"、山东的"大公鸡"、陕西的"金丝猴"、河南的"散花"等，后来抽上海的"熊猫"。建国初期国产卷烟质量很差，毛泽东曾评价说："现在做的纸烟质量总比外国人制造的要差，要拿点好烟招待外宾，纸烟两面沒有中国字，都是外文，很不好。要搞一种较好的烟出来，不用一个外国字。""中华"牌卷烟诞生后，中央领导人大多抽它，毛泽东抽后感觉很满意，很长一段时间他都抽"中华"烟。在不少回忆和描写毛泽东生平的著作和文章中，都可以看到关于毛泽东与"中华"烟的描述。有一次，毛泽东去武汉，听武汉一位同志说湖北生产一种"珞珈山"牌香烟，烟味很好，价钱却很便宜。毛泽东听罢便托人弄了几条，试抽后觉得的确名副其实，于是多买了几条带在身边。1959年6月，毛泽东回故乡韶山时，随身带的就是"珞珈山"香烟。

---

① 韶山毛泽东纪念馆：《毛泽东生活档案》，中共党史出版社1999年版。

　　1968年，有一天毛泽东患重感冒，病中烟瘾发作，一抽烟便咳嗽不止。有的同志向他推荐特供雪茄烟，吸过后，的确不怎么咳嗽。于是他决定放弃"中华"烟，改抽雪茄烟。之后，有关部门与烟厂合作，专门生产什邡特制2号烟，这是一种掺有中草药的雪茄烟，去掉一部分香烟中对人体有害的成分，让人既过烟瘾，又尽可能的少损害身体，很适合患有气管病的烟民抽。该烟虽然包装普通，外观仅为白纸制成，毫无装饰，但有一个与众不同的特点，即暂停未吸20秒后便自动熄灭，不会因乱丢烟头引发火灾。在很多关于毛泽东的录像或照片中，经常能看到他手中夹着一支烟身棕黑、烟灰雪白、形状粗实的雪茄。

逸闻趣事

"此烟既过瘾又不咳嗽，真是太妙了。"

　　毛泽东爱抽雪茄烟。这种烟陪伴了他五年之久。为了卷制这种雪茄烟，北京专门成立了"一三二小组"。

　　1965年一个阳光灿烂的午后，有个同志向毛泽东介绍雪茄烟味道很好，毛泽东好奇地点燃一支深深地吸了一口，立即对其清凉香醇的味道产生了兴趣，他说："此烟既过瘾又不咳嗽，真是太妙了。"从此也便认准了这种四川什邡烟厂的雪茄。

　　起初，中央没有惊动什邡烟厂，而是每月派专人从北京前往成都军区取烟。对什邡烟厂来讲，只是每次供给成都军区的雪茄烟数量加大了，他们并不知道其中有些烟是要被送至毛泽东等领导人手中。每批烟的"必经之路"是：什邡烟厂—成都军区—中央警卫局—中央特供处（服务处），然后被送至毛泽东手中。

　　1971年9月13日，林彪事件给中央笼罩上一层紧张气氛。其间，毛泽东身边的各项事务尤其被严加防范，而从什邡来的烟经手之多、运转时间之长都是不安全的因素。什邡向中央的供烟工作暂告一段落，他重新拿起了上海的"中华"。

在停吸什邡雪茄烟期间，为解决毛泽东的抽烟问题，决定从北京派烟草技工到什邡"取经"。北京的两位"老学生"潜心学习着四川师傅的每一点手艺。可是20天过去了，他们终究不得不说："实在学不会。"

什邡烟厂经过严格政审，并征得本人同意，选中几位厂里的技术骨干。1972年3月，这几位四川师傅举家迁至首都北京。

"一三二"雪茄烟有两处特别：其一是烟叶的特别，其二是手工卷制技术的特别与精湛。

为保证烟支质量，小组成员对生产中遇到的每一个问题都要费一番琢磨。如在成立初时，有一次工作人员看到毛泽东手中的雪茄烟总是抽了三分之一便放下不抽了，而以前从什邡来的雪茄烟最多只剩五分之一。为此，小组成员和北京卷烟厂的领导、业务人员当晚即召开讨论会，将毛泽东放下的烟头捻碎仔细观察，并拿起一个烟头重新点燃，吸了几口后，突然感到烟的温度很高，夹烟的两指明显感觉灼热。原来，在什邡烟厂卷烟时烟叶中水分含量为13%，当烟支被送至中央，正好11%的含水量。现在北京的生产小组在处理烟叶时仍采用13%的水分比例，但省却了路途上所费的时间。次日，生产小组将烟叶中水分直接处理至11%，果然发现他几乎把手中的雪茄烟全部抽完了。小组人员考虑到毛泽东高龄，在把烟叶搓成碎片前将上面的叶茎全部抽掉。这样，雪茄烟在抽吸的时候变得更加柔和松软。

"一三二"这个名字只是两种烟的型号，即十三号和二号。

最初，毛泽东等领导人抽用的全部是十三号雪茄，二号烟是发生下面这件事后小组对烟支外形改良的产物。在一次接见外宾时，毛泽东习惯性地点燃一支雪茄，这时他身边的工作人员惊讶地发现他把雪茄烟拿倒了。原来，生产小组沿袭了什邡烟厂的做法，卷制出来的雪茄烟一头粗一头细，细的一端用来吸，粗的一端用来点火，这种卷烟的型号为十三号。毛泽东忙于谈话不小心把火点在细的那头，把粗的一头放在嘴里，这样既不好看也不易抽吸，生产小组随即将雪茄烟卷改成两头一样粗的圆柱形，任意一头都适合抽吸和点火，这种烟的型号为二号。①

毛泽东晚年把吸烟幽默地喻为"讲卫生"。

逸闻趣事

"你现在还讲不讲卫生哪？"

1972年尼克松访华，周总理带熊向晖向毛泽东汇报会谈情况。

毛泽东问熊向晖："你现在还讲不讲卫生哪？"

在一旁的王海容解释说："主席问你还抽不抽烟？"

王海容接着说："老熊是个烟鬼。"

毛泽东说："怎么是老熊啊？年纪不大嘛。"

熊向晖在他的回忆录中这样写："茶几就有烟，他拿一根抽了，唐闻生给他点了火，主席就说：'现在医生不让我抽香烟了，只让我抽雪茄。他们都这样讲过，周总理和王海容他们都讲过，他们都不抽烟，你不讲，你就抽吧，我也不孤立了'。"②

贺子珍抽烟也很厉害，据说一个晚上能抽两包不带过滤嘴的"中华"烟。1959年7月，贺子珍被接到庐山见毛泽东，此后毛泽东时常挂念贺子珍，常常叫女儿李敏带着"中华"、"熊猫"烟去看望她。烟成了两人彼此牵挂、联系的纽带。

在中国新民主主义革命进程中，吸烟是革命家工作生活中不可缺少的一部分，很多中共领导人都是烟不离手，毛泽东最富有烟民领袖的色彩。烟草仿佛是政治，吸烟成了毛泽东一种认识历史的态度，一

---

① 《毛主席专用特供烟解密》，《文史精华》2009年。

② 熊向晖：《我眼中的毛泽东》。

种革命的思考。虽说吸烟对毛泽东的健康造成了一些危害，但对比毛泽东为中国的解放和建设做出的卓越功勋来说，烟的作用不可替代，甚至可以说功不可没：

1.在中国革命事业许多决策关头，吸烟对毛泽东的思考起到了促进作用。

逸闻趣事

决策关头手不离烟

1936年12月，陕北窑洞里，三个昼夜烟雾缭绕，毛泽东高大的背影，熬着希望的灯光，完成《中国革命战争的战略问题》这篇著作，此时案头烟蒂已堆积如山。

沙家店战役，毛泽东"不出屋，不上床，不合眼"三天两夜，整整吸掉五包烟。

1947年秋，国民党几万大军紧追我中央机关的几百人，从绥德直到葭县黄河边。形势十分严峻，当时毛泽东说过："不打败胡宗南决不过黄河。"而且只要"毛泽东还在陕北"，全国人民就有了坚持斗争的精神支柱，过黄河，还是不过黄河成了关键问题。此时，毛泽东镇定地坐在一块大青石上伸出两根指头："给我拿烟来。"他凝思着点燃了香烟，吸得好深啊！……片刻，一股烟雾从鼻孔和齿缝中溢出一半，又极猛烈地吸回，从齿缝中发出咝咝声。几百人的眼睛紧盯着那支青烟袅袅的香烟，仿佛所有人的命运，甚至整个中国革命的前途都系于那支香烟上。倾刻卷烟燃成烟蒂，他蓦地立起身，将烟蒂奋力掼于地下，气壮山河地一声吼："不过黄河！"

1950年他三天三夜没睡觉，"一支接一支吸烟"，随后做出派遣志愿军赴朝的决定。[1]

---

[1] 柯美瑜:《毛泽东与烟的不解之缘》2009年。

2.毛泽东的吸烟习惯，不单纯是个人的行为，早已上升到政治意志。

逸闻趣事

烟与政治

在奔赴重庆上飞机前，毛泽东还要点燃一支香烟；而在重庆和谈时，数小时不吸一支烟，不吸烟的蒋介石大为惊讶。蒋介石曾与陈布雷说："毛泽东此人不可轻视。他嗜烟如命，手执一缕，绵绵不断，据说每天要抽一听(50支装)。但他知道我不吸烟后，在同我谈话期间绝不抽一支烟，对他的决心和精神不可小视啊！"由此，能窥测到毛泽东的毅力和意志是多大啊。对他而言吸烟是一种政治，政治家的动机总是与其政治理想、事业信念、政党形象，有千丝万缕的联系。[1]

3.毛泽东连续吸烟也是抑制情绪的一种手段。

逸闻趣事

用香烟抑制情绪

毛泽东吸烟用的烟灰缸

当毛泽东听到爱子毛岸英牺牲的消息，先是一怔，后将眼光移向烟盒……他没有掉眼泪，而是一支接一支吸烟。他眼里有哀伤，有思念，有怒火，就是没有泪。他是在用香烟抑制自己极度悲伤的情绪。

当他听到社会上一些不太如意的事情，也是一支接一支吸烟，以此来克制

---

[1] 参见：黄允升:《开国领袖毛泽东逸事》，中央文献出版社1999年版。

自己愤怒不满的情绪。

4.抽烟也是毛泽东交谈、交往、深入群众的需要。在中国，吸烟已成为一种交际手段。敬烟往往是社交的序曲，能缩短人与人之间的心理距离。互相敬烟能沟通感情，产生心理上的接近，有利于问题的解决。随着这种"礼尚往来"的增多，交流和认识也逐渐加深。毛泽东常常利用香烟拉近谈话双方的距离，让他们放松，不拘束。

逸闻趣事

入乡随俗吸百姓烟

毛泽东1927年初考察湖南农民运动时，就入乡随俗，抽的是一种"叶子烟"，边吸边与农民促膝谈心，当时湖南农村老百姓都抽这种烟，毛泽东为便于接近群众，一边提问一边抽这种烟，让参加座谈会的群众备感亲切。随后写出了光辉著作《湖南农民运动考察报告》，深入群众去调查，能够从实际中及时地采集第一手资料，进行科学判断和准确决策。

一支烟掰成两半

西安事变后，毛泽东住在延安一所窑洞里。当时，很多人前来访问毛泽东，时间大多安排在夜间10时左右，有时一谈就是三个多小时。毛泽东谦虚诚恳的态度和关于团结抗战的谈话，使客人心悦诚服。

有一次，一位老教授访问毛泽东。毛泽东拿出纸烟来招待他，可巧，只剩下了一支烟，自己不吸，或客人不吸都不好。于是，毛泽东将一支烟断成两半，自己和客人各抽半支。

老教授离开毛泽东之后说："这种小事可以看出毛主席待人热情、诚恳而又亲切。这使我很受感动。"[1]

---

[1] 王伯福：《毛泽东轶事大观》，山东人民出版社1997年版。

给郑洞国点烟

1954年的一天，郑洞国突然接到一张套红的金字请贴。打开一看，原来是毛泽东派人送来的请贴，要在中南海宴请他……

郑洞国十分不安。毛主席日理万机，还想到他，甚至要设宴招待，败军之将，见了主席，不知说些什么。

那天，郑洞国迟到了几分种。刚到，毛泽东即迎了过来，同他握手，寒暄，让座。

郑洞国本来有些拘谨，毛泽东一句话一个动作就使他轻松多了。毛泽东一上来就问"抽不抽烟？"

郑洞国应声说："抽。"顺手就近拿了一支香烟。

毛泽东十分敏捷地擦着一根火柴，站起来给他点烟，是随和、亲切、彬彬有礼，毫无国民党官员那种令人生畏、讨厌的傲慢派头。郑洞国在国民党阵营里20多年，未曾受到如此礼遇！而毛泽东——共产党的第一把手，国家元首、人民拥戴的领袖居然为他点烟，这不能不使他感到共产党的领导人不是官，而是朴实的人民公仆，既平凡又伟大。[①]

请私营企业老板抽烟

1956年一天，毛泽东在上海会见并宴请80位私营企业的工商巨头。

会见开始，老板们都提前来到会客厅，等待目睹共和国领袖的巨人风采。毛泽东为使他们不过分紧张，慢条斯理地说："你们怎么不抽烟？"他虽如叙家常，会场还是没有回音。

"啊，抽烟不一定对身体有害，邱吉尔一生抽烟，身体健康。"毛泽东见会场气氛很快缓和，含而不露地说："上海的资本家表现很好，我最近在北京听说有的提出要国有化，不愿意拖全国工商业改造的后腿，我有些不信，就来听听。"并故意说："今天的任务只是听听你们的意见，与大家喝杯酒。"

[①] 参见：郭思敏、华一民：《我眼中的毛泽东（续集）》，河北人民出版社1995年版。

这是毛泽东的策略。醉翁之意不在酒，与会的资本家已知道全国的形势，听出了毛泽东的弦外之音。在不长的会见中，他们纷纷表示参加国营。有个资本家，星期一还是私营老板，星期五就成了公私合营的经理。

1961年
毛泽东
在上海
和各界
朋友在
一起

5.通过拿烟、点烟、抽烟来拖延一点时间进行思考，这是外交上的需要。

逸闻趣事

抽烟的特殊用途

为了让毛泽东少抽烟，工作人员把一支烟分成两截，用刮脸刀片把烟的边缘刮的非常整齐，然后装进烟盒，再放进他的口袋里。毛泽东考虑问题时，常常取出烟来就吸，并不注意烟的长短，半支也当一支吸，照旧还是吸完为止，这样一包烟就当成两包吸，毛泽东一天能少吸好多烟。这个办法十分见效并维持了很久，工作人员非常高兴。

过一段时间毛泽东发现了问题："你给我这个烟不对头啊。"

工作人员说："怎么啦？主席。"

毛泽东说："我接待外宾时，总不能拿半支烟给人家抽吧？人家会说你们中国怎么这么小气啊，从礼貌上说也不合适。"

工作人员说："主席，真对不起，我们没考虑到这些问题，只考虑健康问题，没有想到外交场合不合适。"

毛泽东说："你不会抽烟，根本不了解抽烟人的心理。再说我还有特殊用途呢。有时和外宾谈到重大问题需要思考时，我可以通过拿烟、点烟、抽烟来拖延一点时间进行思考，这是外交上的需要，你懂吗？"

工作人员回答说："您每次见外宾时，我们就提前把短的烟换成长的。"

毛泽东点了点头。①

6.烟是不可缺少的精神食粮，能减轻劳累，是休闲的一种特殊方式。

逸闻趣事

吸烟也是消遣

毛泽东有醒来先倚在床上吸烟的习惯，一边看文稿、看报，一边吸烟。香烟是他生活中不可缺少的精神食粮。在繁忙紧张的工作中需要它提神醒脑，促进思考；在生活中用它来调节情绪，消遣生活。毛泽东也曾戒过烟，但终于又重新抽起来。他说："戒烟无益于事，我们工作太辛苦，不能不抽。"

实际上，毛泽东对吸烟的危害是清楚的，从思想和行动上也愿意把烟戒掉，在医务人员的劝说下，毛泽东本人也曾配合，同意工作人员在他的口袋里放一些瓜子、水果糖，在烟瘾上来的时候，以此来替代。最终毛泽东还是感觉不可行，他说："烟，我吸进去的并不多，大半是在手中燃烧掉的。没有香烟在手上，或吸上几口，在思考问题时，总觉得缺少点什么。有了香烟在手，就没有了这个不足，糖和瓜

① 参见：顾奎琴:《毛泽东保健饮食生活》，广东人民出版社 2003 年版。

子，起不到这个作用。"

"饭可以不吃，烟可不能不抽"

有一次毛泽东请几个年轻人吃饭，席间开玩笑地说："你们多吃点，人家说'人是铁，饭是钢'，我认为'人是铁，烟是钢，一次不抽闷得慌'，饭可以不吃，烟可不能不抽噢。"

"烟不抽，能怎么样呢，我真不明白抽烟为什么总那么上瘾？"有人故意这样问。

装在烟嘴上用来过滤有害物质的药盒

"不入虎穴，焉得虎子，你不抽烟，当然不知道抽烟的瘾头。但还是不抽好，尼古丁是害人精呢。"

毛泽东原来抽烟抽得很厉害，从1972年患病后，他由多渐少，慢慢地戒烟了，但他对烟依旧有些恋恋不舍。先开始是每天控制抽5支，后来又减少至3支。当时，他每次抽烟，都把一支掰成两截，一次抽一截，似乎这样就显得多抽了几支。

有时周围的人劝他少抽，他就笑着说："谈起话来、考虑问题时已经成了习惯，随便就拿起烟来，积习难改了，而且每次都要吸完一支才行。"有时他还风趣地开玩笑："吸烟是爱国，给国家交税。"而有时，毛泽东还称吸烟者是自成一派。

毛泽东下决心戒烟，是他晚年的时候。这时毛泽东的身体已大不如前，血压偏高，眼睛又患白内障，常有咳嗽。经保健医生和大家规劝，毛泽东同意了戒烟。经过一段时间的煎熬，毛泽东终于把烟戒掉了，告别了"烟民世界"。此后，他从未破过戒，直到去逝。

逸闻趣事

"你戒得了，我戒不了。"

对毛泽东嗜烟如命、烟不离手的生活习惯，周围的人曾利用各种戒烟法，想让毛泽东远离香烟。但听到的总是："你戒得了，我戒不了。"

早在三十年代，茅盾就曾劝毛泽东戒烟。当时，茅盾看到毛泽东一根接一根地抽烟，就关心地对毛泽东说："主席呀，你日夜操劳，身体很累，又抽那么多的烟，这对你的身体是很不好的，你还是戒了吧。"

毛泽东幽默地说："戒不了啦，前几年医生命令我戒烟，我服从了，可是后来又抽上了，看来在这个问题上，我是个顽固分子哟。"

第二个劝毛泽东戒烟的人，是从加拿大不远万里来到中国的国际共产主义战士白求恩。因为其特殊的身份，他有机会和毛泽东接触，他忠告毛泽东不要再抽烟。毛泽东对这位国际友人，不知道是出于礼貌还是自愿，按白求恩的要求暂时放下香烟，戒了一段时间。

第三个劝毛泽东戒烟的人，是苏联最高苏维埃主席团主席伏罗希洛夫元帅。斯大林逝世之后，他访问中国时，曾告诉毛泽东说："苏联的医学专家认为，如果斯大林遵照医嘱戒了烟的话，他可能不会逝世得那么早。"这句话也许触动了毛泽东的痛处，他决定远离香烟，珍爱生命，但10个月后，他再次吸上了香烟。

后来疾病迫使毛泽东一支也抽不了了，他不得不完全戒掉了烟，但他依然忘不了香烟的独特味道，开始烟依然放在身旁，有时烟瘾上来了就拿在手上，并放在鼻子上闻闻。过一段时间，毛泽东下定决心，让工作人员把烟具、烟统统拿走，不再看一眼，抽了60多年的香烟终于离他而去，此时已是他去世的前一年。[①]

烟，伴随了毛泽东一生，其中隐含着烟草情思、烟草哲学和一个永恒的毛泽东。

---

① 参见：柯美瑜:《毛泽东与烟的不解之缘》2009 年。

》毛泽东与酒

吸一支烟，退追兵十万；饮半瓶酒，俘敌军六千。这是神话中的毛泽东！

嗜烟如命，却一再戒烟；不善饮酒，偏频频举杯。这是生活中的毛泽东！

毛泽东嗜烟是出了名的，而对于酒却不感兴趣，终生不善饮酒，这在党内外不算是秘密，甚至连许多平民百姓都知晓——只要喝一杯酒便面红耳赤。毛泽东遗物中有一罐玻璃缸盛装的茅台酒，重约4公斤，酒中浸泡数枝高丽参。这是毛泽东晚年体弱多病时工作人员特意为他泡制的，毛泽东却从来未喝过。

逸闻趣事

开国大典国宴喝"特酿"红葡萄酒

1949年10月1日，是毛泽东最高兴的一天。这天，他站在高高的天安门城楼上庄严地宣告了新中国的诞生，宣告了一个新时代的到来。晚上，中共举行重大庆祝宴会，招待来自苏联等国家的代表团。

宴会前，负责中央首长工作、生活安排的中央办公厅很担心有的中央领导会喝醉，因为苏联人很能喝酒。于是，中央办公厅指示保健医生、首长贴身卫士用茅台酒瓶装了白开水为我方人员斟酒。

宴会上，毛泽东喝的是红葡萄酒。工作人员便用红茶水代替葡萄酒给毛泽东斟了一杯又一杯。毛泽东对此很满意，因为他已喝过几杯真正的葡萄酒了，如果再不想想办法，结果难以预料。当然，苏联人并不知道这一内幕，他们只觉得眼前的中共领导人一个个都很善饮，

个个都是海量……①

毛泽东虽不胜酒力，却自己酿过甜酒招待客人。

逸闻趣事

"尝尝我做的甜酒"

1937年春天的某一天，以前给毛泽东当过警卫员的吴吉清应毛泽东之邀，星期天去家里吃甜酒。吴吉清到了后，毛泽东说："今天请你来，主要请你尝尝我做的甜酒好不好。"

吴吉清说："先看看甜酒吧，顾不得坐了。"便照直向隔壁的伙房里走去。进了伙房，只见毛泽东做好的甜酒正在锅台上放着。吴吉清见甜酒已经做好了。就忙着帮炊事员煮饭做菜。毛泽东也亲自动手，一会儿烧火，一会儿剥葱，还不时说起在长征中闹过的那些笑话，逗得大家笑个不停。

吴吉清和炊事员都说："主席，您歇一会儿吧！"毛泽东却笑着说："烧火剥葱，也算一功嘛！"饭菜做好后，毛泽东就和他们围着桌子坐好，他把甜酒满满地斟了一碗，放在吴吉清面前，然后才给自己斟酒。毛泽东说："你今天要吃得好好的，吃得饱饱的，我想你不会客气吧？"

吴吉清笑着说："到主席和贺大姐这里，我不会客气的。"大家边喝边吃，十分和谐。②

虽不善饮酒，但生活中毛泽东也有开怀畅饮的时候：

一是安眠药服完的时候，他为了睡一个好觉，要喝一杯酒帮助入睡。

二是遇到重大问题要处理，饮点酒来提神，如打仗或写作的时候，连续几天不睡觉要喝点酒。

---

① 参见：王鹤滨：《在伟人身边的日子》，中国青年出版社2004年版。
② 参见：柳云峰：《毛泽东书法与其酒文化艺术欣赏》，西苑出版社2008年版。

逸闻趣事

"钟松还是比葡萄酒辣一些，没那么好喝。"

毛泽东是个很幽默的人，饮酒也很有幽默感。1947年毛泽东指挥沙家店战役时，有一次对卫士长李银桥说："这是一场大战，敌我主力都集中在这里，困兽犹斗。何况钟松刚受过蒋介石嘉奖。气焰正盛。刘戡与他相距不到一天的路。打得好，是个转折，万一打不好，我们就得继续走。"

在战斗即将打响时，他忽然对李银桥说："银桥，还有酒吗？你给我拿一瓶来。"

李银桥知道毛泽东平时不喝酒，遇到几天几夜睡不着觉时就会要酒提神。他问道："拿葡萄酒吗？"

毛泽东轻轻摇头，做出很幽默的样子说："不行，钟松还是比葡萄酒辣一些，没那么好喝。"

"那就拿高粱白？"

毛泽东又摇头说："那又高抬他了，他也辣不到60度，没那么难喝。还是拿瓶白兰地吧。"

毛泽东这一风趣的比喻，逗得周恩来、任弼时以及周围其他同志都放声大笑起来，这次战役全歼敌整编36师。

战斗结束后，一瓶酒喝掉还不到三分之一。他敲了敲瓶子，又风趣地说："还是不那么英明，从一开始就拿错了。钟松也就是个葡萄酒水平。"①

三是每当亲朋相逢，工作人员探亲回归或家逢喜事之时，毛泽东心情愉快喝上两杯。

不逢知己酒不香。1945年8月重庆谈判期间，毛泽东在民主人士鲜英家开怀畅饮大醉而归，与蒋介石碰杯却滴酒未沾；1949年，当毛泽东

---

① 参见：柳云峰：《毛泽东书法与其酒文化艺术欣赏》，西苑出版社2008年版。

的长子毛岸英结婚时，他在酒宴上首先向亲家母张文秋祝了酒；1959年，当毛泽东第一次回故乡韶山时，请全村父老吃了餐"团圆饭"，第一杯酒就敬了自己少年时的老师毛宇居先生。

逸闻趣事

"不逢知己酒不香"

1945年8月，毛泽东赴重庆谈判。白天，毛泽东与蒋介石在谈判桌上针锋相对；夜晚，毛泽东还要时常接受在渝民主人士的邀请，出席各种宴席。谈判结束前蒋介石也举办了一个招待宴会，宴会上，蒋介石举杯向毛泽东敬酒，他在宴会上一直显得很开心。但毛泽东却并不领他的情，只是礼貌性地与蒋碰了杯，却未喝一口酒。

去民主人士鲜英家做客，鲜英夫人拿出家乡陈酿枣子酒款待，毛泽东在品尝后，称赞道："浓度适宜，醇香爽口。人好酒美，果真三生有幸，名不虚传啊！"连一旁的周恩来总理也开怀畅饮几杯，并风趣地说："我恩来与酒无缘，却饮到巴蜀佳酿，也真三生有幸啊。"这一次毛泽东大醉而归。

这就是毛泽东的性格，不逢知己酒不香。[①]

1945年9月12日蒋介石在官邸约见毛泽东、周恩来并共进午餐。

"来，你们劳苦功高，干一杯。"

毛泽东注重实际调查。卫士经常遵照毛泽东的指示，分期分批回乡探亲搞调查，回京以后，毛泽东总是亲自听取他们的汇报，批阅他们的

---

① 参见：韶山毛泽东纪念馆：《毛泽东生活档案》，中共党史出版社1999年版。

调查报告。一群生龙活虎的小战士，无拘无束地向毛泽东汇报着探家的见闻。毛泽东津津有味地认真听着，他时而沉思，时而做着笔记，时而插话，时而长长地叹着气。毛泽东的感情被农民的喜怒哀乐牵动着。

毛泽东还常常用一顿便餐，喝一点水酒，来慰劳搞调查的同志。和毛泽东一起吃饭，战士们多少有些拘束。毛泽东怕他们吃不饱，告诉他们哪些菜好吃，并不停地给每个人往碟子里夹菜，说："你们吃，不吃就浪费了。"看见谁不动筷子，就说："你不要太斯文嘛！"最后，毛泽东总是站起来，说："来，你们劳苦功高，干一杯。"说完，一饮而尽。

离开的卫士回来看毛泽东时常被留下来吃顿饭，比如李连成、田云玉刚离开的那一年，过春节毛泽东接见他们，便留在家里一块吃饭，毛泽东一般不喝酒，那天给离开的卫士敬了一杯酒，自己也干了一杯。

他的脸立刻红了，深情地望着过去的卫士们说："欢迎你们常来看我，我会想你们的。"

凡是在毛泽东身边工作过的人员，只要来信说生活困难，毛泽东无不解囊相助。他的工资开销计划表上，帮助身边同志是一个专项。有时不够了，就动用稿费。

毛泽东多次说过："他们帮过我的忙，我不能忘记他们。"但是，毛泽东不曾帮助身边一个工作人员"飞黄腾达"去做"大官"。他的临别赠言总少不了这样几句话："安心搞生产"，"要夹着尾巴做人"，"生活有困难就给我来信"。

四是宴会中，需要礼节性敬酒。毛泽东平时用餐都不喝酒，即使喝酒，多喝葡萄酒，少饮白酒。葡萄酒是世界卫生组织推荐的第二大健康饮

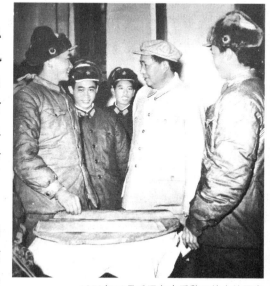

1958年10月毛泽东查看警卫战士的厨房

尼克松赠给毛泽东的酒杯

料，经常喝一点能延缓衰老，能扩张动脉血管促进血液循环，降血压降血脂，能预防冠心病的发生。

五是身体不舒服，患轻感冒时喝一、二杯酒。有小病，他不找医生看，也不爱吃药，相信自己的抵抗力能去病。喝一、二杯酒去去寒，病也就顶过去了。

另外就是在游泳时，特别是游大江、大海时，下水前、上岸后喝一、二杯去寒防病。

逸闻趣事

"把酒倒在手里，往腿上和胳膊上搓，以免今后得关节炎病。"

在西柏坡的时候，毛泽东工作非常辛苦，他有一段时间没有出外散步了。直到10月的一天，毛主席来到警卫班，把几个警卫员叫上到西柏坡村外散步。

他们步出了西柏坡村，来到离东柏坡不太远的地方，看到有一个大水坑。毛泽东好像从这水坑里发现了什么似的，身子向前倾着，突然面带笑容地说："你们看，这水坑里准有鱼。"

武象廷说："主席，要不，我先下水里去摸摸看，看有没有鱼？"

毛泽东感觉这里的天气冷了，关心地说："天凉了，水太冷，不要下去，怕把你的腿冻坏了。"

年轻人根本不在乎天气冷不冷，武象廷已经扒起裤管，捋起了袖子，做好下水的准备，等毛泽东话一出口，他就下到水坑里去了。还真叫主席给说对了，这水坑里的确有鱼，而且还不少哪。不一会儿工夫，武象廷就摸到了一条鱼，捞上来后一看，是一条大鲇鱼。

毛泽东见是鲇鱼，高兴地说："这条鱼还真不小，足有一斤多重，这是鲇鱼，这种鱼的肉挺好吃的。"大家都知道，毛主席是非常喜欢吃鱼的。

武象廷站在水坑里，把鱼高高举起来，说："这条鱼足够主席吃一顿的。"

毛泽东关心地说："水挺冷的，你先上来，咱们再说。"

武象廷从水坑里上来以后，毛泽东对几个警卫员说：

"看来这坑里的鱼还不少，不要我一个人吃，你们回去一个人，拿一只水桶来，咱们多捞上一些鱼，你们警卫班今天也改善一下生活，美餐上一顿。另外，再带两瓶酒来。"

一会装鱼的水桶和避寒的酒都取来了。

这时，毛泽东认真地说道："今天天气很冷，水也很凉，下水里捞鱼的同志，每人喝几口酒，赶赶心里的寒气，暖和暖和身子，要不然会得病的。"

会喝酒的同志，打开酒瓶盖对着嘴扬起头就喝开了。武象廷当时还没有学会喝酒，于是说："主席，我不会喝酒，我就不喝了，年轻人没有事。"

可毛泽东却说："你现在年轻觉着没有事，今后上了年纪，就会得关节炎，腿要疼的，叫他们会喝酒的下水里去抓鱼，你就在上边等着。"

武象廷满不在乎地说："主席，我从来也没有捞过鱼，今天这可是个好机会，还是叫我下水里去捞鱼吧。"

毛泽东很有经验地告诉武象廷："你非要下水里去捞鱼，就把酒倒在手里，往腿上和胳膊上搓，以免今后得关节炎病。"

武象廷按照主席说的办法，把酒倒在手心里，往腿上和胳膊上抹了抹，然后又搓了搓，确实觉得热呼呼的，趁着这股热呼劲儿，武象廷也下到水坑里同大家一起摸开了鱼。

1950年6月23日毛泽东接受出席全国政协一届二次会议委员的祝酒

经过大家一阵紧张的水中"战斗"，时间不太长，就捞了一桶鱼。他们把抓来的鱼提回来后，交给了炊事员高金文去做。晚上，毛泽东又送来了酒，警卫班十几个人在一起会餐，大家高高兴兴地吃鱼喝酒，有说有笑，十分热闹。①

毛泽东喝过很多种白酒，喝的最多、最喜欢喝的还数茅台酒。

逸闻趣事

第一次喝茅台酒

红军长征路过茅台镇，赶了一宿夜路，天亮时住进赤水河畔的一间茅屋，又累又饿的毛泽东对身边的警卫小陈说："赶快弄点吃的来。"

小陈随即打开蓝色的搪瓷饭盒，倒出昨天在茅台镇盛的冷饭和一些油炸过的朝天椒。毛泽东正准备吃时，小陈说："等一下，还有好东西呢，昨天在茅台镇带了一瓶茅台酒。"

毛泽东接过瓶子，望着上面贴有"赖茅"的商标，解去瓶口系的线绳，切开用猪尿皮紧裹着的瓶口，一股醇香溢满小屋。毛泽东拿出两只碗倒出酒，递给小陈一只说："来，我们对饮。"

毛泽东接着说："这是中国的名酒，昨天忙着研究渡河，今天就算补这一课。"

---

① 参见：李家骥，杨庆旺：《毛泽东与他的卫士们》，中央文献出版社1998年版。

小陈见主席这么高兴，端起碗碰了一下，抿了一口说："怪不得昨天好多人都去喝酒，还有用瓶子装着，说带在路上喝。听说李德喝得大醉，还是周副主席叫醒他的。"

毛泽东笑道："1915年在巴拿马国际博览会上茅台酒得过金奖，可不要小看这个土里土气的瓶子。"

"好酒。"毛泽东说。"过去我也不大喝酒，今天例外，难得的好心情，非痛饮一番不可。"

小陈遗憾地说："主席高兴，有好酒可没好菜呀。"

泡有人参的茅台酒

毛泽东一笑，用筷子指指："这个辣椒不是很好嘛。"

小陈劝道："主席吃饭吧，用开水泡热的饭又快凉了。"

毛泽东摆摆手："今天不吃饭了，就喝这个酒。你知道吗，我还是在长沙见过'茅台'，只有富人才买得起呀。"

一会儿，周恩来来了，看见桌子上的酒瓶和碗，笑道："好大的酒味，你喝酒了？"

毛泽东微笑着说："是的，这酒确实不错，连李白到此都不须归。"

这是毛泽东第一次品尝茅台酒，也是有记录中喝酒最多的一次。①

"延安重逢喝茅台"

抗战期间，黄炎培应沈钧儒之请，参观其子沈叔羊在重庆推出的画展。沈叔羊的画上有一把酒壶、几只杯子，写着"茅台"二字。在

---

① 参见：柳云峰:《毛泽东书法与其酒文化艺术欣赏》，西苑出版社2008年版。

沈钧儒请黄炎培题词时，黄炎培针对前几年国民党诬蔑共产党人在长征途经贵州茅台镇，纵容官兵在著名的茅台酒池里洗脚的不实之词，题了一首七绝讽喻："喧传有人过茅台，酿酒池中洗脚来。是真是假我不管，天寒且饮两三杯。"后来，这首诗流传到了延安。中共的领导人读了之后都颇感欣慰。由于黄炎培题上这首诗，这幅画作陡然升值，被呈送到毛泽东手中，最后挂在延安杨家岭接待宾客的中共会客堂里。

1945年7月1日，黄炎培等六位国民参议员赴延安访问。第二天，毛泽东专门用茅台酒宴请黄炎培，周恩来、陈毅作陪。席间，陈毅提议饮酒联句，大家赞同。

毛泽东率先作曰："延安重逢喝茅台。"

周恩来续道："为有嘉宾陕北来。"

黄炎培念了自己过去诗中的一句："是真是假我不管。"

陈毅也念了黄炎培过去诗中的一句："天寒且饮两三杯。"

由于黄炎培的这首诗在延安广为人知，毛泽东听了黄炎培、陈毅的联句后，连说："不算，不算，从头再来。"接着，他又起首句："赤水河畔清泉水。"

周恩来续道："琼浆玉液酒之最。"

黄炎培接句："天涯此时共举杯。"

陈毅举杯一饮而尽，收句道："惟有茅台喜相随。"

吟罢，众人不禁相视抚掌大笑。[1]

1945年7月2日，毛泽东在延安宴请国民参政会参议员

---

[1]　张小灵:《毛泽东与茅台酒的不解之缘》,《文史天地》2009 年第 5 期

茅台酒 "换" 小轿车

1949年末，新中国刚刚成立不久，为了在国际上让新中国争取到有利的生存环境，毛泽东决定亲自率领代表团访问苏联。12月6日晚上6时，毛泽东率领代表团乘火车赶往中苏边境。与此同时，一列装满贵州茅台酒、山东大白菜、大萝卜、大葱、苹果等物品、总重量达两万多斤的火车也一同开往苏联。12月16日中午12点，毛泽东带着礼品抵达莫斯科。12月21日，是斯大林七十寿辰，来莫斯科的许多国家的共产党代表团纷纷前往祝贺。毛泽东将自己精心准备的寿礼送给了斯大林。其中，茅台酒是作为国礼相赠。斯大林

1950年6月毛泽东和黄炎培等人步入中南海怀仁堂

十分高兴地接受了这些礼物。1950年1月24日，毛泽东结束了对苏联的访问，告别斯大林准备乘火车回国。斯大林也同样准备了厚礼回赠毛泽东，这些礼物中就有"斯大林汽车制造厂"生产的吉姆牌高级小轿车。毛泽东也欣然接受。

出于对斯大林一番盛情厚意的尊重，从苏联归国后不久，毛泽东就改乘斯大林相赠的汽车。此前，他没有真正意义上的专车，时而乘坐那辆战争年代用过的美制中型吉普车，时而乘坐原国民党政府官员留下的各种式样的轿车。在国产"红旗"高级轿车问世前，毛泽东一直乘坐斯大林送给他的两部轿车。当时，一些深知内情的同志常常以玩笑的口吻指着汽车说："毛主席的汽车来得划算呢，是用茅台酒和大白菜赚来的！"[1]

"茅台酒究竟是用什么神水搞的？"

国外有很多人研究茅台酒，他们用最先进的现代化科研手段，对

---

[1] 张小灵：《毛泽东与茅台酒的不解之缘》，《文史天地》2009年第5期

茅台酒生产地的水文、地理、植物、气象进行了全面的反复的研究，企图破译茅台酒的酿酒秘方，但终无所获。

50年代的一次会议的间隙，毛泽东把时任贵州省委书记的周林请到了自己的身边，亲切地问道："老周，你不是贵州仁怀人吗？你给我说说，你们的茅台酒究竟是用什么神水搞的？让那么多人神魂颠倒地在研究它？"

周林回答说："主席，哪有什么神水，就是用您长征四渡赤水的那个水搞的。"

毛泽东听后爽朗一笑说："对我是不是也保密啊？"

周林回答说："对主席哪有什么密可保。"

听到这里，毛泽东高兴地说："果真如此那就太好了！既然有这么多的神水，贵州茅台酒，为何不搞它个一万吨呢？"

现在，贵州茅台酒生产量已大大增加，相信贵州茅台还会有更加辉煌的一天。

"要1952年生产的茅台酒三箱"

1973年3月，金日成访问中国，会谈中向毛泽东提起了茅台酒。毛泽东立即向中央军委打电话："要1952年生产的茅台酒三箱，两箱送给金日成，一箱留在中央用，用飞机送来北京！"

毛泽东对茅台酒的深刻印象，始于1935年，当年红军长征经过茅台镇，他喝过茅台酒。茅台酒助红军长征胜利立了功劳，毛泽东也因领导四渡赤水的胜利而彪炳史册。

毛泽东指定要1952年生产的茅台酒是有原因的。1952年茅台酒在全国第一次评酒会上一举夺魁，名列全国八大名酒榜首。在时隔21年之后，毛泽东指明要金榜题名的1952年生产的茅台酒，可见茅台酒给他的印象之深。

喝茅台酒畅游韶山水库

1966年6月18日，毛泽东回到了韶山滴水洞，一连在这里住了十多天。

6月24日上午，在游泳队陪护下，毛泽东前往韶山水库游泳。虽时值盛夏，因水库地处幽谷密林中，水温并不高。山风吹着水面，波光粼粼。11时许，毛泽东在随从人员和游泳健儿的陪同下，兴致勃勃地来到水库边。他在更衣室里更了

1959年6月毛泽东在湖南韶山水库游泳

衣，喝了一杯茅台酒，吸了一支烟，自由地舒展了一会身体，然后沿扶梯信步浸入水中。

他一边用手捧水拍了拍胸部，一边神态自若地用脚踩水。游了一阵，又换成仰泳，一直游到水库中央。时间一分一秒地过去，他却毫无倦意。这一天，毛泽东游了近一个小时。①

除了茅台之外，毛泽东熟知很多名酒，特别是对于有历史渊源的名酒，表现出浓厚的兴趣。

逸闻趣事

"泸州老窖为什么那么香，那么美"

在重庆谈判时，毛泽东受到各界名流欢迎和招待，不少人用泸州老窖与毛泽东干杯。因为毛泽东宴请和谈代表和各界友人时，总是用泸州老窖酒。

---

① 张小灵：《毛泽东与茅台酒的不解之缘》，《文史天地》，2009 年第 5 期

新中国成立后，在一次会议的间隙，毛泽东把邓小平请到了自己的身边，问道："小平，你们四川的泸州老窖为什么那么香？"

邓小平高兴地说："泸州老窖400多年了，窖老酒香。"

毛泽东笑着说："那你也爱喝泸州大曲？"

邓小平笑着说："我最爱喝泸州大曲酒。"

这时，毛泽东充满想象地说："400年老窖，500年老窖、1000年老窖，该如何香呢？"

"不叫'仿茅台'，就叫'白沙液'好了。"

1974年12月26日，毛泽东在长沙过了81岁生日。生日这天工作人员给他倒了杯长沙本地酿造的"仿茅台"白酒。

毛泽东抿了一口酒，问："这酒很好，是什么酒？"

工作人员介绍说："是长沙酒厂取白沙古井的水酿造的，酒质、味道很好，酿制几年了，还未有酒名。"

毛泽东随手拿起印有"仿茅台"标签的白瓷酒瓶，看了看说："这酒很好，是取白沙井古井之水酿造成的酒，酒质味道不错，不叫'仿茅台'，就叫'白沙液'好了。"然后，毛泽东指着酒瓶，要大家喝完，不要浪费了。

于是，这种长沙酒厂新出品的白酒便按照毛泽东的意思，取名为"白沙液"。

20世纪70年代，此酒成为国内三大名酒之一，行销国内27个省市区和10多个国家。要说名牌战略，毛泽东算得上是第一人。白沙液酒厂所处环境经国家名优酒调研小组考察认定，确是环境极佳，是酿酒之胜地，尤其是采用白沙古井，天下名泉之水。白沙古井位于天心阁以南约一公里处的白沙街，水清如镜，光可照人，确是"长沙沙水水无沙"。这里的水，旱季不干，雨天不溢，终年不涸，常舀不竭，与趵突泉、漏泉、虎跳泉并称"天下四大名泉"。据说用此井水泡茶，茶香；酿酒酒清甜；洗衣不伤衣；煮药，药味不变。至今，许多居民仍不辞远劳，来这里取水以供饮用。①

　　毛泽东虽不爱酒，却深谙酒事：熟知酒文化、遵守酒礼节，以酒待友。

逸闻趣事

"来，干了这杯酒。"

　　入朝作战前夕，毛泽东请杨成武等到颐年堂谈工作，到了吃午饭的时候，毛泽东留他们吃饭。时间将近正午，颐年堂门外阳光灿烂。门前的空地上搭着一个简易席棚。席棚下的阴凉里有一张木质方桌，桌上已经摆好了碗筷饭菜。

　　"你和你们的兵团就要入朝作战了，这顿饭算是为你们饯行吧。"毛泽东领着杨成武和张南生走向席棚下的餐桌。

　　桌上的菜是几碟家常菜，特别一点的就是摆了一瓶酒和几个小酒杯。酒是红葡萄酒，杯子是高脚玻璃杯。

　　毛泽东举起一杯酒，说："我祝你们一杯酒！"

　　杨成武立起身来说："主席，应该是由我们来敬你的酒。"

　　"不，我来祝你们的酒！祝你们到了朝鲜，与朝鲜人民军并肩作战，共同打胜仗！我们的战争是正义的，是反侵略的，是为了保卫东方和世界和平。"

　　"我们一定坚决完成任务！"杨成武将杯中酒一饮而尽。"

　　主席连连用手示意，让他吃菜。又接着刚才的话头说："抗美援朝也就是为了保卫我们自己的国家。志愿军要尊重朝鲜人民和朝鲜人民的领袖金日成同志，谦虚谨慎，尊重朝鲜人民的风俗习惯，爱护他们的一山一水、一草一木，不拿朝鲜人民一针一线，这是胜利的基础。要和朝鲜人民亲如兄弟般地团结在一起，为战胜共同的敌人而奋斗。"

---

① 参见：于来山、陈克鑫、夏远生：《毛泽东五十次回湖南》，湖南人民出版社 2009 年版。

主席第二次举起一杯酒："再来一杯！"

杨成武饮了第二杯酒。

主席说："经过几次战役，我们的战略反攻已经完成了保家卫国、援救兄弟邻邦的主要任务，现在实行战略防御就是要巩固前一阶段的战果。入朝后一定要眼观全局，在全局上有个正确的指导思想，这就是准备持久作战，准备打阵地战，同时争取和谈，以达到这场战争的结束。当前，美国一面表示要进行停战谈判，一面又宣称要继续抗击和惩罚中国人民志愿军与朝鲜人民军。所以，我们在军事上必须准备持久作战，积极防御。要坚持这个战略方针，不能轻易放弃一寸土地，不能轻易后撤。你们20兵团入朝后，在朝鲜东线的主要任务就是要在敌人正面不增兵、侧后不登陆的情况下，把防线稳定在"三八线"与"三十八点五度线"之间。

杨成武说："主席，我们都记住了。"

这时主席却第三次举起了酒杯："来，干了这杯酒。"

主席喝第三杯酒时说："要注意战场上的局势，注意军事的和政治的形势。你们给'志司'（即中国人民志愿军司令部）的电报，重要的要报军委。"

三杯美酒，几番叮嘱。每番叮嘱都包含了重要的内容，每一杯酒都渗进了殷切的希望。①

毛泽东还曾用酒办了件"私事"——在为赴朝作战的彭德怀将军壮行的家宴上，请求彭德怀收毛岸英这个兵，入朝打仗。

逸闻趣事

"老彭啊，我有一事相求。"

一次，毛泽东设家宴为即将赴朝的彭德怀壮行。

---

① 参见：郭思敏、华一民：《我眼中的毛泽东（续集）》，河北人民出版社1995年版。

家宴就在办公室兼客厅的菊香书屋东厢房举行。饭菜不算丰盛，只是比平时的四菜一汤多了两个菜。彭德怀看了一下桌子上红红绿绿的家常菜，有苦瓜炒腊肉、辣子火焙鱼、肉末酸豆角等，高兴地说："好菜，一看就是湖南风味！"

"都是岸英探亲时从家乡带来的，好多年没吃到这么地道的湘菜了！"毛泽东身为开国元首，仍不改简朴之风。毛泽东频频举杯劝酒，彭德怀虽有海量，因肩负着天大的担子，不敢开怀畅饮。毛岸英则跑里跑外，端菜斟酒，添茶递烟，格外殷勤，惹得彭德怀不由得多看他几眼。宾主喝过几杯酒，毛泽东笑着说："老彭啊，我有一事相求。"

"我这个儿子不想在工厂干了，他想跟你到朝鲜打仗去！"毛泽东指着岸英说，"抗美援朝，是政治局同志集体讨论决定的，儿子报名想当志愿军是他自己选择的，他要我批准，我可没得这个权力哟！你是司令员，你看要不要收他这个兵呢？"彭德怀终于拗不过毛岸英的坚持。

"岸英，跟这个老总打仗可非比一般，他是不钻地洞的，哪里打得激烈他就在哪里露面。你做过洋学生，他是阳司令哟！"毛泽东分外高兴，兴致勃勃地调侃起来。

"是啊，打仗钻地洞心里就不宽敞了，听不到炸弹声心里就别扭，指挥员的眼光盯在战士的刺刀尖上，心里才踏实。"彭德怀说完又看看毛岸英，"不过，你得听从我的安排。"

"行，保证服从您的命令，干什么都行，只要能去朝鲜！"毛岸英高兴地答道。"你不是会俄语吗？那你就留在我的身边当翻译官吧，将来少不了和苏联方面打打交道。"

"谢谢彭叔叔！""哎——"彭德怀把后音拉得很长，"以后不要再叫叔叔了，我是你的司令员，你是我的参谋。你要再叫我彭叔叔，我就不带你去朝鲜了。"话虽如此，但彭德怀还在迟疑，只是两眼盯着天花板，眼眶泛着亮光，任凭泪水往下流。毛泽东为了中朝友谊，为了世界和平，把党的命运、国家的命运、自己的政治生命，甚至家庭都押上去了，足见他为打赢这场战争的勇气和信心！想到此，彭德怀猛然一拍桌子:"好,我收下了!岸英,我带你去朝鲜!"

毛泽东举起酒杯,朗声说道:"那么,这杯酒……是为你们两个人壮行的,还是那句老话,祝你们旗开得胜,马到成功!"说完,很少喝酒的毛泽东破例地一下子把酒倒进嘴里。①

"毛主席用兵真如神!",借酒用兵,传为佳话。

逸闻趣事

以酒惑敌

1971年9月,毛泽东南下,拟着手解决林彪问题。在杭州时,他察觉了阴谋,当即决定星夜返京。为确保顺利通过上海,他急电许世友入沪。但一切行动均在暗中,明里不能动一兵一卒,怎么办?用酒事耳。许世友素来嗜酒,由他出面宴请上海那伙蠢蠢欲动之辈,拖住他们,掩护毛泽东远去,神不知鬼不觉也。②

毛泽东不喜欢酒,可他自己就如同一坛陈年老窖,唯有细细品咂,方可体会其真正的韵味。

一次"大鼻子"米高扬要与毛泽东比酒量,而毛泽东则巧妙地与他比吃辣椒。这体现了毛泽东从不屈服他人的倔强个性和"你打你的、我打我的"军事战略思想,看了让人忍俊不禁,不得不由衷佩服一代伟人的聪明睿智和豁达潇洒。

逸闻趣事

"今天咱们喝酒,每喝一杯,就吃一个辣子,谁不行就认输。"

新中国成立前,苏联领导人米高扬到访。一天,毛泽东单独宴请

---

① 武立金:《毛岸英在朝鲜战场》,作家出版社2006年版。
② 《把酒酹滔滔 心潮逐浪高——毛泽东与酒》

米高扬，米高扬的酒量很大，宴席上频频向毛泽东敬酒，很有点一较酒量高低的意思。论酒量，十个毛泽东抵不过一个米高扬。为了不驳米高扬的面子，维持宴席上的和睦气氛，毛泽东想出了一个绝妙的主意。

毛泽东对米高扬说："中国人有句俗话说'吃香的，喝辣的'，这个辣的就是指白酒，酒的度数越高，就越辣，所以湖南人有个习惯，喝酒必须吃辣子，一杯赶两杯嘛，今天咱们喝酒，每喝一杯，就吃一个辣子，谁不行就认输。"

米高扬觉得论酒量他一定没有问题，于是就同意了毛泽东的建议。双方各自斟满了自己的酒杯，毛泽东端起酒杯，喝干了杯中酒，吃了一个红辣椒。米高扬端起自己的酒杯，喝干杯中酒，刚吃完一个红辣椒，就已面红耳赤了。

毛泽东斟上第二杯，喝干，又吃了第二个红辣椒，酒喝得潇洒痛快，辣子吃得有滋有味。米高扬喝了第二杯酒，第二个红辣椒没吃完，就开始抓耳挠腮了。

毛泽东倒满第三杯酒，米高扬就说："不行，不行，这样喝不行。"毛泽东接着说："怎么，你不能喝了，那就我喝一杯酒，你吃一个辣椒吧。"

米高扬说："不行，不行，我喝一杯酒，你吃一个辣椒。"

于是，比赛重新开始，米高扬喝一杯白酒，毛泽东吃一个辣椒，直到晚宴结束，米高扬已是酩酊大醉，主人尽力而为，客人尽兴而归，取得了一个圆满和睦的结果。①

1949年毛泽东会见苏共特使米高扬

---

① 韶山毛泽东同志纪念馆:《毛泽东遗物的故事》

毛泽东深知酒精的危害性，因此他一贯反对多喝酒。他曾对身边工作人员说："喝酒会误事，不能喝的人最好不要喝；能喝的最好少喝。"然而，作为领袖，毛泽东总有应酬。在中国几千年灿烂文明中，酒已成为应酬场合中一种特殊的文化。因此，毛泽东在各种应酬场合上便不得不喝上几杯。

逸闻趣事

"多吃辣子能成事，喝酒多了可是会误事。"

毛泽东60岁生日时，工作人员想"讨扰"一杯寿酒，他会意地笑了笑，同意了。但待酒上桌后，他只闻了闻，就把酒杯推开了，说："你们喝酒，我吃辣椒，我们湖南的辣椒可比酒还厉害哟。"

他起身对大家说："今天可以多喝，误了事不怪罪。"

于是，毛泽东没少吃辣椒，同志们没少喝白酒。卫士长喝醉了，摇晃着，笑着，张大嘴巴呕吐。后来又抱起痰盂吐，吐完又呵呵笑，笑过了又吐。毛泽东毫不怪罪，和大家一道张罗着给他递茶水和毛巾。①

毛泽东平素身体很好，各项生理指标正常，至少拥有一般人所能承受的酒力，为何可以畅饮而不饮？这一直是个不解之谜！

---

① 参见：韶山毛泽东纪念馆：《毛泽东生活档案》，中共党史出版社 1999 年版。

≫毛泽东与茶

除了烟之外，喝茶是毛泽东的另一大爱好。

新中国成立前，在充满硝烟战争的漫漫长夜中，陪伴毛泽东的除了烟还有一杯热腾腾的茶。他写作、开会时总是茶不离手。

逸闻趣事

喝了毛泽东的一杯水

1943年11月的一天，毛泽东在陕北军政干部大会上作报告，台下几百人凝神聆听。突然，座位上的陈赓站起来了，径直走向主席台，然后，在众目睽睽之下，端起毛泽东桌上的茶杯，一仰头，"咕噜咕噜"，把毛泽东茶杯里的水喝了个精光。

毛泽东喝茶的茶杯

然后，他一抹嘴，又在众目睽睽之下回到了自己的座位。

当他"表演"完这一切后，连同毛泽东在内，一片哄笑。

在笑声中，陈赓大声说："口渴了，借主席的茶水润润喉咙。"

"你这个陈赓呐！"毛泽东也哭笑不得，会场的气氛一下子活跃起来。

原来陈赓会前忘了喝水，实在忍受不住了，便伸着脖子搜寻着整个会场找水喝。结果，只有主席台上放着一杯茶，他于是干脆起身走了上去。①

---

① 参见：陈冠任：《解放军传奇将领：战将》，中央文献出版社2007年版。

1949年3月5日毛泽东在七届二中全会上作报告

毛泽东每日睡醒后第一件事就是喝茶、看报纸，工作中往往茶不离手，工作人员隔一段时间过来续一次水。他喝绿茶，要浓、要热，而且喝茶很厉害，每个月要喝一斤多茶，最多的时候，一个月喝二斤左右。毛泽东到晚年时，起床先喝红茶，20分钟后再喝龙井茶。

毛泽东最喜欢喝的是杭州西湖的龙井。工作人员给他试过多种茶，如普洱茶、云雾茶、豫毛峰、梅家坞、洞庭茶、铁观音、碧螺春、云川沱茶以及汉阳峰、毛尖等数十种茶，最后还是喜欢龙井茶。

逸闻趣事

"我喜欢喝龙井茶"

1954年1月4日，毛泽东到龙泉古井茶园参观。龙泉古井茶园就是大名鼎鼎的龙井茶产地。龙泉指的是一个大的水泉流成的水溪。

负责保卫工作的王芳说："这里就是狮峰龙井茶产地！"

毛泽东问："我喝的龙井茶就是这里生产的吗？"

王芳回答："供给中南海中央领导同志的龙井茶都是这里生产的。我们跟茶厂订了合同，防止污染，保证质量。"

毛泽东叮嘱："不要让茶农吃亏。"

王芳说："省政府给茶厂适当补贴。"

随后，毛泽东参观茶厂、看了制茶生产流水线，受到工人、群众

热烈的欢迎。返回途中，他兴
趣盎然地论起茶来。

他说："我喜欢喝龙井
茶，长江以北产的茶都不如杭
州龙井茶好喝。茶绿、清香爽
口。"

王芳介绍说："杭州狮峰
龙井茶好。一是土壤好，环境
好，气候好；二是制作非常精

1954年毛泽东在杭州茶园

细，清明节前采摘的小嫩叶茶，要经过几十道工序才能制成最好的龙
井茶，产量非常少，所以名贵价高。"①

"这个瓮安茶好喝。"

毛泽东习惯在晚上工作时喝茶。红军长征途经贵州瓮安的一天深
夜，警卫员给他泡了一杯热气腾腾的浓茶，毛泽东顺手端起呷了一
口，顿时闻到一股特有的清香，他停下笔问："哪里弄来的茶？"

警卫员答道："是当地老乡送来的，本地茶。"

毛泽东接着又呷了一口，细细地品味着，高兴地对警卫员说：
"这个瓮安茶好喝。"

毛泽东突然想起什么问道："老乡送来的茶，不能白喝，钱给没
有？"

警卫员回答说给了，毛泽东才放心。

毛泽东与西山茶

西山茶始于唐代，到明清已享有盛誉，然而，到了民国后期却衰
败落伍了。1949年，释宽能法师到西山洗石庵任住持的时候，西山茶

---

① 孙勇：《在主席身边二十年》，中央文献出版社2010年版。

的年产量只有十几斤。之后，在释宽能法师及众僧的努力下，西山茶又繁盛起来。

1954年，他们精选了2斤茶叶，寄给毛泽东。收到茶叶后，毛泽东立即委托中共中央办公厅秘书室写去了一封鼓励信，信中说"你们在茶叶生产上获得显著成绩，这是很好的。希望你们今后继续努力，不断地提高产量和质量，以供应人民生活的需要。"

第二年，释宽能法师又寄去了2斤茶叶。毛泽东嘱咐工作人员作价寄回茶叶款，并作了说明："最近，中央已规定：国家机关工作人员不准接受礼物。这次寄来的茶叶作价寄回……"

收到信后，释宽能法师感慨地说："共产党和毛主席是多么的高瞻远瞩啊！"

而今，西山茶的年产量已经逾10万斤，名扬四海。

都匀"茶叶很好，茶叶可命名为毛尖。"

1956年，都匀县人民送了3斤上好的鱼钩茶给毛泽东，茶叶放在一个精致的木盒中。

没过多久茶农便收到中共中央办公厅的回信。信中说：你们给毛主席的茶叶已经收到，经主席批准，寄给你们十五元作成本费。毛泽东还在信中亲笔写着："茶叶很好，今后山坡上多种茶，茶叶可命名为毛尖。"

从此，都匀毛尖名声大噪。

"蒙顶山茶要发展，要和群众见面。"

抗日战争胜利后，毛泽东应蒋介石之邀亲赴重庆谈判，无论到哪里都少不了喝"川茶"，从而进一步加深了对四川茶叶的印象。民谚说：天下茶叶数四川，四川茶叶数名山，名山茶叶在蒙山。名山县的蒙顶山茶，从汉代至清朝末年，一直作为贡茶，供历代皇室饮用。民国初年，停止生产贡茶，转为民用，品质上乘。

后来，由于连年军阀混战，你争我夺，民不聊生，使蒙顶山茶的生产受到严重破坏。在国民党统治时期，赋税繁重，蒙顶山茶的生产仍难达到原有水平。新中国成立后，党和国家多方面扶持和鼓励生产，使蒙顶山茶的生产迅速复苏。但产量仍然有限，国家实行派购统销政策，一般群众很难买到品质优良的蒙顶山茶。

1958年3月上旬，毛泽东到成都主持召开中央工作会议，四川省委领导向毛泽东汇报工作，送给他几包蒙顶山茶。谈话中，毛泽东仔细询问了蒙顶山茶的生产和销售情况。当他听说蒙顶山茶的产量少，只能保证内部供应时，当即指示："蒙顶山茶要发展，要和群众见面。"

韶山云雾茶

1959年，毛泽东回到阔别32年的家乡。32年已是物是人非，毛泽东在老屋里伫立良久。他仿佛又回想起少年的生活，又看到亲人熟悉的身影。

毛泽东在韶山住了三天。临走时，他起得很早，独自一人坐在石坪的凳子上，缓缓地喝着韶山云雾茶。毛泽东思绪万千，脚下是韶山的土地，呼吸的是韶山的空气，他只想最后与故土旧居，作一次儿子与母亲的贴心交流。

毛泽东喜欢喝浓茶、喝热茶。工作时，毛泽东案头时刻摆着一杯热气直冒的酽茶。为了提高脑力劳动的效能，他经常喝很浓的龙井茶，茶水下面三

1965年3月毛泽东在湖南陈家山看茶花

315

毛泽东用过的茶盒

分之二是泡胀了的茶叶。过多的饮用咖啡可导致心脑血管疾病增加，但是大量饮茶则未见此种现象。多饮茶使人体摄入了较多的水分，这对毛泽东的健康来说是非常有益的。

毛泽东喝茶有一个习惯，就是睡前喝的那杯茶不倒掉，几小时后起床，加点开水再喝。

毛泽东喝茶还有一个特点，喝完茶用手指把茶叶掏出来放到嘴里吃掉，他认为茶叶像青菜一样也有营养。他吃茶叶已养成习惯，但不是天天吃，更不是杯杯吃。

逸闻趣事

"茶叶也是绿叶子，为什么不可以吃？"

毛泽东爱喝茶、爱吃茶叶，在井冈山时期就出了名。

在毛泽东的办公室内、办公桌上或茶几上常放着一个小碟子，下边放一块小方毛巾，防止把桌子烫坏，上边放一个大搪瓷缸子。喝完茶水，如果卫士续水跟不上，他就用手捏一撮茶叶放到嘴里，嚼嚼吃掉。

这对一般人来说就不好理解。有一次毛泽东对卫士李家骥说："李家骥，茶叶是个好东西，喝茶水可以提神，既可以沏水又可以吃；既能解渴又可以充饥。"

一天，毛泽东伏在办公桌上批阅文件。值夜班的卫士封耀松轻轻走过来，准备给毛泽东的茶杯里续水。照规律，一个小时左右要续一次水。可就在这时，毛泽东伸出左手端起了茶杯。发现杯里没水了，毛泽东右手放下那支红蓝铅笔，将三个指头插入茶杯，将杯里的残茶放进嘴里咀嚼起来。这一连串的动作自然熟练，像个老农。封耀松目瞪口呆，赶紧拿起空杯出去换茶。

"主席吃茶叶了，是不是嫌茶水不浓？"封耀松小声报告卫士长。跟随毛泽东多年的李银桥对此似乎司空见惯，根本不当回事，说："吃茶叶怎么了，在陕北就吃，能提神，扔掉了不是浪费？"

吃茶叶是毛泽东的一个习惯，他认为茶叶像青菜一样也有营养，全吃下去是理所当然的事。

有时工作人员问毛泽东："主席，您喜欢喝浓茶。常看到你喝完茶，用两个手指夹起茶叶放入口中吃掉，好吃吗？"

毛泽东微笑着解释："喝茶后，叶子都泡开了，一片片小芽叶吃到口里有苦味，既好吃又能清火。"

他还说："我们家乡的人都吃茶叶。蔬菜都是绿叶子，很新鲜，可以吃，茶叶也是绿叶子，为什么不可以吃？"

受毛泽东的影响，有的工作人员喝龙井茶或其他绿茶时也常吃泡过的茶叶。①

经济困难时期，毛泽东一度连茶也不喝了。

逸闻趣事

"我已经不喝茶了，也不能以茶敬客了"

1950年11月25日，毛岸英在朝鲜牺牲，并且安葬在异国土地上。毛泽东过了很长时间才把这个不幸的消息告诉刘思齐。

之后，毛泽东亲自为刘思齐找伴侣。后来空军军官杨茂之被介绍过来。杨茂之第一次见到毛泽东时，看见毛主席穿的中山装衣袖裤腿已磨得发亮。

首次会面，毛泽东为杨茂之递上一杯白开水。毛泽东歉意地说："现在，全国人民正经历着困难的时候，我已经不喝茶了，也不能以

---

① 参见：张国兴、陈贵斌、刘丽：《毛泽东饮食录》1993年版。

茶敬客了。"

捧着这杯白开水，还有那身旧衣服，杨茂之理解了全国人民为什么那么热爱自己的领袖。

毛泽东戒茶、退茶

1959年全国灾情严重。这年10月毛泽东来到了杭州，一到刘庄，全国各地的文件、电报接踵而来，有的地区粮食颗粒无收，老百姓粮食掺着杂草吃，有的地区树皮、树叶都吃光了，许多人全身浮肿，出现了饿死人的现象……毛泽东看着看着眼泪顺着脸庞流下来。工作人员也偷偷地擦眼泪。毛泽东看看大家，声音哽咽地说："全国不少地方遭了灾，许多老百姓在挨饿，我们是不是不吃肉，不喝茶了？我们带个头好吗？"毛泽东这次在杭州，一直没有喝茶。

60年代初，黄炎培先生到杭州参观龙井茶的制茶工艺。听说黄炎培要买些龙井茶送给毛泽东，茶场精选了上等的好茶，并且坚决不肯收钱。黄炎培只好将茶带回北京，送给毛泽东，并写了封信说明情由。收到茶后，毛泽东嘱咐工作人员将茶叶送还茶场，并且表示感谢。

毛泽东一生手不释卷，对茶叶历史、茶文化和茶的功效也十分熟稔。他知道唐朝陆羽作的《茶经》是世界上第一部茶的专著，说："这也是中国人对世界做的贡献。"

他说："最早种茶、饮茶都在中国，可能在9世纪首先传入日本，后来才传到欧洲、印度。"

他把茶作为"药"来看待，曾对保健医生徐涛这样说："我的生活里有四味药：吃饭、睡觉、喝茶、大小便。能睡、能吃、能喝、大小便顺利，比什么别的药都好。"

毛泽东喝水用的暖壶

在讲到喝茶的好处时，毛泽东还引经据典："茶可益思、明目、少卧、轻身，这些可是你们的药学祖师爷李时珍说的。"毛泽东一生喜爱喝茶，也留下了很多令人品味的故事。

逸闻趣事

"茶叶是个宝，多吃有好处。"

毛泽东最爱喝西湖龙井茶，据统计，从1953年至1975年的22年间，毛泽东曾40余次来到杭州工作、休养。

1963年4月的一天，毛泽东到刘庄采茶，他沿着小路慢慢走过来，与陪同人员一路有说有笑。走进茶园后，毛泽东和蔼地向大家打招呼说："呵，今天大家都来采茶叶了。"

开始采茶叶时，毛泽东问："茶叶怎么采？"工作人员回答说："采茶尖。"毛泽东说："我还是第一次采茶。"说着，就在茶蓬上掐起茶尖来。开始，他把采下的茶叶放在手里，工作人员提篮跟过去，他就轻轻地把茶叶放到篮子里。他边采边爽朗地笑着说："种瓜得瓜，种豆得豆，我们是种茶叶得茶叶喽！"

采茶中，毛泽东说："茶叶是个宝，多吃有好处。茶叶可治病，帮助消化，清凉，提精神。"

毛泽东边采边说："杭州龙井茶是有名的茶叶，你们要管好，不要让它荒掉。茶叶是经济作物，管好了来年有收入。"他采了大约半个小时。临走时，毛泽东和茶场人员握手道别。

第二天，毛泽东就喝到了自己采的茶，他笑着说："我能吃到自己采的茶叶了。"他抓了一些茶叶仔细地观赏，又闻闻香气，然后送进嘴里咀嚼起来，满怀深情地说："龙井茶泡虎跑水，天下一绝！"

有时茶还能作为毛泽东与外宾谈话的缓和剂。

逸闻趣事

"你喝到家乡的茶叶味了，这说明你是真的到家了。"

1960年毛泽东会见古巴切·格瓦拉

1960年11月，古巴官员格瓦拉访问中国，并在中南海受到了毛泽东的接见。当毛泽东出现在他面前时，格瓦拉显然很紧张，连一句话也说不出来。倒是毛泽东先开口了："你好年轻哟！"

在整个交谈过程中，毛泽东都在努力营造一种轻松、幽默的气氛。喝茶时，格瓦拉赞赏中国的清茶："啊！多香的马黛茶呀！这真像是马黛茶，阿根廷的马黛茶！"

毛泽东说："你喝到家乡的茶叶味了，这说明你是真的到家了。"

茶现在已是世界上三大饮料之一。世界卫生组织调查了许多国家的饮料优劣情况，最终认为：茶为中老年人的最佳饮料。据科学测定，茶叶含有蛋白质、脂肪、10多种维生素，还有茶多酚、咖啡碱、和脂多糖等近300种成分，具有调节生理功能，发挥多方面的保健和药理作用。茶可提神、健脑，使人思维敏捷，联想丰富，还可利尿、止泻、消除疲劳。有人做过这样的实验，饮热茶9分钟后可使皮肤温度下降1℃～2℃，可以降温消暑；茶还具有防射线辐射的作用；绿茶除含有大量维生素C以外，还可以降低血液中的胆固醇，有预防动脉粥样硬化的作用。

毛泽东嗜烟，而饮茶则是减轻吸烟危害的最好方法。因为茶叶中的茶多酚、维生素C等成分对香烟中所含有的各种有害物质有降解作用，边饮茶边吸烟，毒素可随饮茶不断解除，通过粪便排出体外。吸烟者常饮茶，主要有四大好处：

(1) 可以减轻吸烟诱发癌症的可能性；

(2) 可以有助于减轻由于吸烟所引起的辐射污染；

(3) 可以防治由于吸烟而促发的白内障；

(4) 可以补充由于吸烟所消耗掉的维生素C。

晚年，为了保证毛泽东每日能吸收到充分的营养，工作人员开始在茶水中掺兑葡萄糖、柠檬汁。毛泽东起初对此并不习惯，后来多喝几次便习以为常了，这一习惯他一直保持到临终之际。

毛泽东喝的茶都是自己掏钱买的，外出开会视察时自带茶叶，喝地方上提供的茶叶都会付钱。他在外面喝一杯茶都要结账，无论在大会堂还是钓鱼台都一样，均须按一毛钱一杯茶付款，月底结账。毛泽东很注意以身作则，从不破坏规定。他常常嘱咐工作人员：一定要在他的生活费中支出，不得揩公家分毫油水。毛泽东用自备的茶叶招待来客，不饮用公家茶叶。他终生使用普通的茶杯，未追求过任何茶仪。他在日常生活中主张简单随便，反对繁文缛节，铺张浪费。

作为领袖人物，毛泽东能做到这一点是很不容易的，他有关茶的教诲、轶事和高尚风范，是一份极其宝贵的精神财富。

毛泽东外出小憩时抽烟

八、毛泽东的饮食观

　　毛泽东博古通今，在饮食方面也是大家，阐述过许多饮食观点，有时一句简单的话，就能说明很深的道理，幽默中带着睿智，话语中蕴含哲理。他在饮食上有诸多矛盾的地方，但相互又形成和谐的统一，他口味既厚重又清淡，既喜欢吃素又不拒绝荤菜，爱吃家常菜又爱吃野菜野味，简单的二米饭就体现着南北的有机统一，这些犹如他的思想，深邃而又蕴含哲理。

>>独特的饮食养生观
>>饮食中的和谐统一

>>独特的饮食养生观

★基本吃素，以素带荤，最好杂食

韶山毛泽东纪念馆收藏的毛泽东部分饮食菜谱

"中国是东方国家，习惯上吃得素一些，不过我们并不是全素，吃得素一些对健康有好处。"

"多吃青菜有好处，有些人整年吃素，也能长寿。"

【解读】基本吃素是毛泽东饮食的首要原则，科学证明吃素能预防很多重大疾病，基本吃素并不是不吃荤，而是以素为主，荤素搭配。食物的多样性客观上要求我们顺应自然，接受自然给予的各种美食，人类进化到今天，已经适应了多种类饮食，从这个角度上讲，杂食最符合人类饮食的要求。

逸闻趣事

"吃得素一些对健康有好处。"

毛泽东说："中国是本分国家，吃得比较素。中国地大物博，地下藏着很多好东西，可惜都没有挖出来。地盘也挺大，但可耕地不多，只好大家少吃一点。将来发展了，大家生活会改善的。本来在中国古代佛教僧侣终年吃素食，据说南朝梁武帝终生都吃素，影响较大，后来素食由寺庙传到宫廷又传到民间。不过我们并不是全吃素，吃得素一些对健康有好处。西方人食物里脂肪多，越往西越多，他们得心脏病的也比中国人多。"

有一次谈起饮食问题，工作人员说："现在欧美人都喜欢吃中国饭菜，又好吃又能减少心脑血管病。"

毛泽东答道："越往西（指西方国家）心脑血管病发生越多，他们饮食不科学。"

中国古代很早就讲究营养了，提出"五谷为养，五畜为益，五果为助，五菜为充"。

值得借鉴的有：

第一，吃各种蔬菜，特别是有特殊味道和颜色较深的菜；

第二，适当吃些野菜，特别是带苦味的菜，不仅营养价值高还有败火消炎的医疗作用；

第三，多吃菌菇类、笋类和十字花科的菜，有增强免疫力、减肥和抗癌作用；

第四，蔬菜多保留粗纤维，不要切太细，这样有保护胃肠道、增强通便润肠的功效；

第五，科学炒菜，最好放点汤，吃时连汤带菜一块吃，更有利于营养吸收。

★粗茶淡饭胜似补品，山珍海味不屑一顾，反对'进补'

"要开国宴呀？你那些菜贵是贵了，贵了不见得就好，不见得就有营养。依我说，人还是五谷杂粮什么都吃的好，小米就是能养人。小地主、富裕农民都比大资本家活得长，你信不信？"

"老夫子吃饭很讲究，有几不吃：鱼和肉不新鲜不吃，食物变色变味不吃，烹调不合宜不吃，不到吃饭的时间不吃。这些都很符合卫生嘛！但我觉得还可以'杂一点、粗一点、土一点'。"

"人吃五谷杂粮和粗茶淡饭，能通便畅气。我们还是不要把自己养娇贵为好。"

"所谓山珍海味并没有什么特殊之处。这些东西本来是老百姓吃的，一旦皇帝老子吃了，它的名望就提高了，到后来就高不可攀、神乎其神了。所以，那些有了权、有了钱的人是肯定要想方设法弄来吃的。吃了皇帝老子吃的东西，自己便成了皇帝，这就叫沾光吧。"

"你们说的那些山珍海味，我不喜欢吃，……"

"本人生来不高贵，故高贵之物不敢问津。"

"保健不是保命，不要搞什么补养药品；身体健康，还得靠自己的力量。"

"补品能少吃就少吃……"

"卑贱者最聪明，高贵者最愚蠢。"

"就你懂得饮食科学？你到我这个年纪未必有我这个身体，我看小地主就比大资本家活得长。"

"不要使人养尊处优，只想吃好、穿好不想工作还行？更不能小病大养。主要是乐观，心情开朗，锻炼身体。"

1958年1月毛泽东在田间观看双轮双铧犁的操作过程

【解读】毛泽东的饮食观里面，很难得的一点就是重视粗茶淡饭。他能透过现象看本质，并上升到理论高度，很有哲理性。毛泽东的"杂一点、粗一点、土一点"，可以作为中国人的养生名言，因为这个观点既符合中医营养学，又符合现代饮食营养学。有钱有势的高贵者，吃的是山珍海味、珍肴美食，这样一来缺少五谷杂粮和素食，很容易患上富贵病：高血压、心脑血管疾病、糖尿病等，因此他说

"高贵者最愚蠢"。五谷杂粮是我们祖先在漫长历史中从大自然中精选出的最适合我们消化吸收的精品，而在达官贵族眼里竟成了低贱之物，其实是舍本求末。毛泽东吃五谷杂粮，不仅仅因为他懂得它们的营养妙处，更重要的是站在劳动人民一边，时刻要求自己不脱离人民大众。

值得借鉴的有：

第一，吃糙米，比精米更有营养，只不过口感稍差；

第二，"八宝饭"，集粮豆之大成，富有营养价值。粗粮、细粮、豆类，一锅同煮，能充分发挥食物的互补作用，比吃一种营养丰富得多；

第三，二米饭、豆米饭还有各种薯类同食，营养极为丰富。

★刻意减少胆固醇未必是好事

"你们把我控制了，让我的胆固醇少了，胆固醇在人身上就是应该有的东西，你们把它压得那么低，合适不合适？对人体是不是有好处？是不是低了就一定有好处？"

"人们的饮食生活越来越丰富，现在是社会主义社会，将来是共产主义社会，到共产主义社会，东西多了，这个也不能吃，那个也不能吃，那你这个人怎么生活呀？就没意思了，我们的理想是东西丰富了，什么都能吃，什么都能用，但是对人没有危害，不让人得病，那才是好的生活呢。"

"天下的事没有绝对的，我看你们医学也是这样。"

【解读】万事万物，有一利必有一弊，关键是趋利避害。现代科学对胆固醇的认识是逐渐深入完善的，以前只知道胆固醇高了不好，单纯地控制胆固醇，殊不知胆固醇是人体不可或缺的一部分，低了也不行。从现在医学观念来看，毛泽东对胆固醇的看法是很正确的。毛泽东当年敢于抵制当时的"现代科学"对胆固醇不全面认识的精神，是十分难能可贵的。

逸闻趣事

"胆固醇……是应该有的东西，……压低了合适不合适？"

在医学上，早就有胆固醇对动脉硬化有影响的说法。对于鸡汤、鸡肉吃哪个好，苏联专家说"吃肉好"，工作人员就给毛泽东以肉为主，汤是次要的。过了一段时间又有人说"喝鸡汤好"，然后工作人员又给他多喝汤；后来又有人说鸡蛋不能吃，一会儿又说鸡蛋少吃点。

毛泽东后来说："你们这个东西怎么老改呀？到底哪个好，讲出道理来。"

针对胆固醇毛泽东对工作人员说："你们把我控制了，让我的胆固醇少了，胆固醇在人身上就是应该有的东西，你们把它压得那么低，合适不合适？对人体是不是有好处？是不是低了就一定有好处？"当时他没学过医就这么说。这些年通过研究知道胆固醇高了容易得冠心病，胆固醇低了容易得脑血管病，还有肿瘤。这些问题毛泽东有自己的看法，他还说："天下的事没有绝对的，我看你们医学也是这样。"这句话讲的道理很深，光说胆固醇高了不好，那低了也不好啊，事实证明他的看法是科学的。①

值得借鉴的有：

第一，少吃高胆固醇的食物，如鸡蛋，每天一个足矣；

第二，少吃动物性油脂、奶油类食品，减少饱和性脂肪酸的摄入，增加植物油，最好是调和油的比重；

第三，减少高温、油炸、烧烤食物的摄入；

第四，不排斥肉类，多食用鸡鸭鱼之类的白肉。

---

① 参见：顾奎琴：《毛泽东保健饮食生活》，广东人民出版社 2003 年版。

★ 多吃含纤维多的食物有助于防治便秘

"我喜欢吃粗粮的道理很简单，这样能促进新陈代谢。"

"光吃细粮和好吃的不行，粗粮、细粮搭配着吃才好大便。"

【解读】毛泽东有习惯性便秘，伴随他大半生，不仅他自己还有周围的工作人员都为"屎先生"而发愁。灌肠是不得已才采取的措施，平时工作人员也采取一些办法帮他减少便秘。毛泽东自己有一套对付办法：吃蔬菜、吃杂粮，用膳食纤维改善便秘症状。

值得借鉴的有：

第一，多吃富含纤维的蔬菜，特别是茎比较长的菜，如芹菜、蒿子秆、空心菜等；

第二，多吃粗粮，最好整个蒸或炖，如各种豆类、薯类、谷类；

第三，食物不要切或磨的太细，最大限度保留膳食纤维。

★ 饮食文化，值得推广

"中国饭菜比西方合理，各地种类丰富值得推广"

"豆腐、豆芽、皮蛋、北京烤鸭都是中国特有的东西，有些地方的小吃也很有特色。"

"我看中国有两样东西对世界是有贡献的，一个是中医中药，一个是中国菜饭。饮食也是文化。"

"中国饭菜合理，在对人的健康方面比西餐要好很多。"

【解读】毛泽东很早就注意饮食文化，他关于饮食文化的谈话虽然不多，但句句是精华，有宏观上的中西方比对，有具体的说明。饮食成为文化必有其深刻内涵，有丰富的内容，有科学合理的东西。中国饮食有五千年文化的积淀，不仅有中华民族的特点，有专门的一套学问，还形成了南北东西不同菜系，从选材配料到加工各有各的绝活，开发的菜品更是数不胜数，酸甜苦辣咸味尽其美。毛泽东是文化大家，不但看透中国饮食文化的精华所在，还指出中国饮食文化推广的不足，必须加大宣传，把中国好的菜品推向世界。

逸闻趣事

"饮食也是文化"

有一次，毛泽东跟他的保健大夫徐涛也谈起了饮食问题。

徐涛说："现在欧美人都喜欢吃中国菜饭，又好吃又能减少心脑血管病。"毛泽东自豪地说："我看中国有两样东西对世界是有贡献的，一个是中医中药，一个是中国菜饭，饮食也是文化。全国有多少省和地方，菜饭就有多少种。"

他说："中国这么多省，有很多种饭菜，几大菜系都是多少年形成的。中国饭菜很有特点，有很多发明创造，比如豆腐、豆芽菜、松花蛋、烤鸭等。这些都是好东西，还有各省各地的小吃，很多东西应该组织出口。"[1]

1975年秋毛泽东在中南海和眼科专家唐由之（左三）等医务人员合影

值得借鉴的有：

第一，对要重视饮食文化的交流推广，对饮食行业来说要互相学习，取长补短，多总结，共同进步，对个人来说，多了解点中国饮食文化，不仅对个人健康有益还能拓宽知识面，增加业余爱好；

第二，传统的中国饭菜、名吃小吃，在继承发扬的基础上，多出新品，以适应现代健康饮食发展的需要。

---

① 徐涛：《毛泽东的保健养生之道》，《缅怀毛泽东》，中央文献出版社1993年版。

★坚持自己的偏好和饮食习惯，保持自己的饮食平衡，
反对有计划的食谱

"你不要说了。我是农民的儿子，自小过的就是农民的生活。我习惯了，你不要勉强我改变，不要勉强么！"

"我已经习惯了。凡事都讲一个平衡，我有我的平衡，你有你的平衡，你非要打乱我的平衡不可，不是搞破坏吗？"

"你讲我吃的没道理，实践检验真理，我身体不好吗？你搞的那一套也许有你的道理，但你到了我这个年纪未必就有我这个身体！"

"医生的话，不可不听，也不可全听；全听你的我就完了，全不听你的我也不行。"

【解读】己所不欲，勿施于人，对于强加的东西，毛泽东一贯反对。在饮食上毛泽东已经习惯了粗茶淡饭，他一直保持农民的生活与饮食习惯，有啥吃啥，不挑不捡。反过来，如果毛泽东不反对工作人员列食谱，严格按保健医生的话做，那么毛泽东的饮食就不是毛泽东的了，那是保健医生的。所以在吃饭上他是有主见的，有选择的，菜单是列上了，但要符合他的要求，否则他不会吃的。从生理上讲，健康饮食有共性又有差异，"一母生十子，十子各不同"，毛泽东有自己的饮食习惯和饮食个性。

逸闻趣事

"凡事都讲一个平衡，我有我的平衡，你有你的平衡"

有一次徐涛跟毛泽东"说理"，毛泽东听罢说："你的话不听不行，全听全信我也要完蛋！照你那么多讲究，中国几亿农民就别活了。人生识字糊涂始，你懂吗？"还有一次，徐涛又跟毛泽东讲营养平衡，毛泽东听得厌烦起来，说："我已经习惯了。凡事都讲一个平衡，我有我的平衡，你有你的平衡，你非要打乱我的平衡不可，不是

1958年8月毛泽东在河南农村视察

搞破坏吗？"

毛泽东还常常对保健人员说："你讲我吃的没道理，实践检验真理，我身体不好吗？你搞的那一套也许有你的道理，但你到了我这个年纪未必就有我这个身体！"总之一句话，毛泽东是不完全同意采纳保健人员提供的食谱的，他喜欢随心所欲，顺其自然。因此，作为遗物保存至今的毛泽东菜谱大多已非保健人员的杰作。于是，菜谱便更能反映出毛泽东的饮食特点。①

上面毛泽东讲到一个很关键的词：平衡。平衡二字很有哲理性，涵义深刻，健康饮食的最高境界就是做到平衡。饮食中的平衡，内容宽泛，强调两点：

第一，营养的平衡，根据人体生理需要，该多吃的多吃，该少吃的少吃，不该吃的不吃，其核心与营养膳食宝塔一致。

第二，不同人体质不同、饮食爱好不同、吃饭方式不同、口味不同，还有很多不同。这些都是个人的特点，有的是后天养成的，有的是与生俱来的，这些爱好、习惯有的好，有的不好，不管好坏，本人已经适应了。从这个角度讲，每人的爱好、习惯与他自己达成了某种和谐，这也是一种平衡。既然每个人都有自己的平衡，那么该怎样看待这种平衡呢？先说好的平衡，拿毛泽东的饮食来说，他爱吃粗粮、爱吃野菜、爱吃不上台面的东西、不爱吃高贵的补品等，就是好的平衡，应该坚持。有些平衡就该打破了，举个例子：有些人爱喝酒，已经产生了酒瘾，不喝不行了，那也是一种平衡，但这种平衡是不好的

———

① 韶山毛泽东同志纪念馆：《毛泽东遗物事典》，红旗出版社 1996 年版。

平衡，不好的平衡打破了可以建立好的平衡，就是好的饮食习惯。

实践是检验真理的唯一标准，毛泽东讲不要打破他的平衡，不是没有根据的，他用自己健康身体的实际状况，证明他的平衡是正确的，不应该被打破的。

值得借鉴的有：

第一，仔细评估自己的身体状况，找出正确和不正确的饮食习惯和爱好，该坚持的坚持，该改的一定改过来；

第二，善于打破不好的平衡，建立好的平衡，变恶性循环为良性互动。

★喜欢吃的东西更能达到"营养"的效果

"我想吃什么，就是我身体里缺什么，吃下去就能吸收好。"

"我不想吃的东西你们就不要勉强我，我吃了不舒服，就说明我吸收不了……"

【解读】心理与健康饮食有着重要关系，如果一个人很高兴地吃了某种食物，吃后身体舒畅，则不易生病。身体健康的人只要坚持了食物多样化的原则，不偏食，就无需过分限制自己的食欲，想吃什么就吃什么。毛泽东终生爱吃红烧肉、爱吃辣椒、爱吃腐乳，但是身体却很健康，相反，他对高贵饭菜和补品有腻烦心理，就是吃了，他心里也不会舒服。人一旦对某种食物产生了厌恶心理，最好的办法是做心理疏导，如果疏导无效，则不要强求进食，否则不利于健康。

值得借鉴的有：

第一，鉴于饮食与心理的密切关系，保持食欲很重要，没有食欲就谈不上营养与吸收，更谈不上平衡膳食和健康饮食的目的；

第二，克服心理定势，改变对健康有利食物的偏见和腻烦心理，不想吃的、不敢吃的好食品，在心理疏导下是可以逐步接受的，但不要勉强，以免事与愿违。

★食物最好保持原样，倡导绿色饮食，保持食物的鲜活

"还是原汤原味好，这叫'保持本色'"

"菜肯定是不要有化肥农药的。"

"猪（鸡）吃叫，鱼吃跳"

【解读】毛泽东用'保持本色'四字贴切而又恰当地说明了饮食应保证卫生、新鲜、自然。他不让买反季蔬菜水果，要求吃没施化肥没打农药的蔬菜，吃的多是没经过二次加工的原料，少吃罐头蜜饯之类的食品，肉食则是刚宰杀的。这些都是现代推崇的绿色饮食。从原料开始一直到加工完成，整个过程都保持原汁原味，这样做的最终目的是最大限度地保持营养、减少污染、减少加工过程中产生的有害物质。

逸闻趣事

"寒菌有蛆，吃起来才鲜味呀。"

有一次回湖南，接待处负责人知道毛泽东爱吃家乡的寒菌，嘱咐厨师为他做一碗寒菌汤。吃饭时，厨师把寒菌汤做好了，把满满的一碗汤端到客厅，请主席用餐。

忽然，工作人员发现，寒菌汤里有几个白点点，是什么东西？仔细一看，原来是几条小蛆。工作人员急了，连忙端起这碗汤往厨房走。

"小鬼，好菜你们就往里面端哇！"毛泽东发现了，风趣地说道。

工作人员回答："不是，给您换一碗。"

"为什么要换？不想让我吃好点吗？"

工作人员迟疑地把菜碗放下。在毛泽东的追问下，只好直言回答："主席，寒菌里面有蛆。"

毛泽东直起身子哈哈大笑："小鬼，快端来，快端来，寒菌有蛆，吃起来才味鲜呀。"

"真的？"所有人一齐拥到毛泽东的餐桌旁，望着那碗寒菌汤。工作人员脸上也绽开了笑容，刚才压在心上的那块石头顿时落地了。

"吃寒菌就是要有几条蛆，不吃蛆就没有新鲜味。"毛泽东还是一个劲地和工作人员逗笑，重复着。他指着寒菌汤里像蛆的东西说："这不是蛆，是一种有营养价值的菌。大家只见蛆，没有见过这种菌，所以误以为是蛆，好东西差一点浪费了。"

主席这么说，逗得大家都笑了。

毛泽东一边品尝寒菌汤，一边继续介绍吃寒菌的知识。大家一边和主席交谈，一边为他渊博的知识所折服。[1]

值得借鉴的有：

第一，吃应季的新鲜蔬菜、新鲜肉；

第二，鉴于现代蔬菜水果多打农药，吃前采取碱水浸泡的办法，去除残留农药；

第三，食品炒制过程中尽量少高温煎、炸、烤，多炖、蒸、煮；

第四，少吃二次加工过的食品，如方便面、罐头、火腿肠等；

第五，少喝各种甜饮料、碳酸饮料，多喝奶、豆浆、白开水和绿茶。

★重视食疗，少吃药物，食疗胜药物

"我们祖先在寻找食物过程中也发现了药物，药食同源，许多食物中医都可入药，像百合、山药、山楂、大枣，连葱姜蒜都可治病。你们可不要过分迷信药物，不要轻视饮食治疗。"

"战胜疾病，保持健康，主要还得靠自己身体的力量。"

"医生的话，不可不听，也不可全听；不听要吃亏，全听呢？我也要完蛋！你们当医生的人大概有另一种人生观吧？你们有点病就想得很多，自己吓唬自己，也吓唬别人。"

---

[1] 参见：赵志超：《毛泽东十二次南巡》，中央文献出版社2000年版。

"生姜汤是治感冒的特效药，灵得很哩。大革命时期，农讲所的学员到汉口参加群众大会，返校途中突遇大雨，身上的衣服都淋透了，食堂里为他们熬了热腾腾的生姜汤，大家喝了，都没事了，真有特效呢。"

"生姜是个好东西，中国自古就有'男儿百日不离姜'之说哩。"

"我自己有四样药：吃饭、睡觉、喝茶、大小便，这四件事通了，我就非常舒服了，不必吃药。"

"马齿苋，既可食，又是药……不要小看这道菜，它还是一味很好的中药，可以清热除湿呢。"

"这道娃娃菜，营养价值很高。萝卜在中药书上很有地位，叫'地阳参'，很补人哩！"

"这段时间给我吃精米太多，给我吃些糙米吧。"

"粗大米磨的遍数少，胚芽没有磨掉，营养价值高；精大米磨的遍数多，营养价值降低，米也不好吃了。长期吃精米白面，人就会食欲减退，四肢无力，严重时还会生脚气病。"

"我看你们容易迷信药物，不要有点小病就用药。人还有抵抗力嘛，先让自身的抵抗力与细菌作战，能战胜就不要用药。如果抵抗力差，你再用药帮他一把。这也是自力更生为主嘛！"

【解读】毛泽东一生很少吃药，他多次讲战胜疾病还得靠自身的力量，药物是自己的力量不行的情况下，迫不得已才吃的，平常时候，只要正确饮食，运用食疗完全可以战胜疾病。他看过很多书，知道许多食物具有药用价值，并在饮食中合理应用，如常吃苦瓜、马齿苋、葱姜蒜、辣椒、百合、山药等具有药效的食物。毛泽东这种不随便用药的思想，对现代人很有指导作用。有

1962年毛泽东在上海散步

些人有点小病就吃药，经常靠药养着，久而久之机体免疫力降低，产生药物依赖，药效减退，甚至病菌也产生了耐药性，大大削弱了机体自身的抵抗力。

逸闻趣事

"饭是最好的中药"

1965年毛泽东去井冈山前，在长沙患了严重的感冒。感冒不要紧，令人着急的是毛泽东坚决不吃药，大有发展到支气管炎的趋势。医生着急地请他吃药，老人家摇头。护士长吴旭君千劝万劝，毛泽东不听。他希望加强锻炼，增加自身免疫力来抵抗感冒，对一有病就吃药一直不感兴趣。

1964年6月24日，毛主席接见外宾谈了一番话，对我国的保健制度提出了自己的看法。毛泽东说：

"中国的保健工作是学苏联的。我不能完全听保健医生的话。我同我的医生有一个君子协定，我发烧时请你，我不发烧时不找你，你也别找我。我说，我一年不找他，算他的功劳大，如果每个月都找他，这就证明他的工作没有做好。我对医生的话只听一半，要他一半听我的。完全听医生的话病就多了，活不了。以前没有听说有那么多的高血压、肝炎，现在很多。可能是医生给找出来的，一个人如果不动动，只是吃得好、穿得好、住得好、出门坐车不走路，就会多生病。衣食住行受太好的照顾，是高级干部生病的四个原因。我们保健工作学了苏联的，把专门医生变成不专门的，不多看各种各样的病，不好，要改进。"

这次重感冒，毛泽东又不吃药，工作人员都很着急。一次在陈家山散步，工作人员劝他吃药，毛泽东说："已吃药了。"

护士长吴旭君说："老人家没有吃药啊。"这时毛泽东幽默地笑了起来，说："我是吃了药啊，我是吃了饭，饭是最好的中药。我还要天天加强锻炼，天天爬山。要用自己的抵抗力来战胜疾病。"

毛泽东就是这样的人，有坚强无比的意志，即使70多岁了，也要靠增加自己免疫力来战胜感冒。这次他又胜利了。①

"我不爱吃药"

1965年5月14日，毛泽东与胡志明在长沙相聚，见面后胡志明发现毛泽东嗓音嘶哑，关心地问：

"毛泽东同志，您病了吗？"

"没有大病，我患重感冒，还没有完全好。"毛泽东携着胡志明的手走进小会客厅，请他在自己的右侧就座。会谈后毛泽东邀请胡志明到小饭厅共用午餐。入席后，胡志明问毛泽东是否还在继续用药。

"我不爱吃药。"毛泽东用筷子指着饭菜说，"胡志明同志，这就是最好的药。我对医生说过，我不找你，就是你的工作做好了。不发高烧，我是不找医生的。这次是找了。"

"我也不爱吃药。我同意你的看法，医生的话，不可不听，也不可全听。"

这时服务员端上一盘红烧肘子，毛泽东夹了一大块放到胡志明的盘子里，又给自己夹了同样的一块，津津有味地吃了起来。②

值得借鉴的有：

第一，日常伤风感冒等小病，能不吃药最好不吃，能用食疗的办法最好先食疗，先调动自身的免疫力；

第二，不要盲目相信医生，盲目相信药物，吃药不是吃饭，是药三分毒，万不得已时可以吃，但不过量；

第三，根据自己的身体和体质，合理选用一些具有药用价值的食

---

① ② 参见：马社香：《前奏：毛泽东1965年重上井冈山》，当代中国出版社2008年版。

物，既补充了营养又防病于未然。

★要保持健康的身体，一要会吃饭，二要会锻炼

"一靠吃饭，二靠锻炼"

"我十分能吃，七分能睡。"

"不吃了，吃得太多会闹消化不良的！"

【解读】吃饭是人生存的第一要素，是人天生的本领。能吃是食欲好的表现，也能反映出身体状况，可是光能吃还不行，还必须会吃，会科学吃饭。这里面的学问就大了，它包括：吃什么比较科学，怎么搭配比较合理，吃多少比较合适，怎么吃更有营养，什么时候吃更科学，怎样才能吃到卫生新鲜的食物等内容。科学吃饭的一个很重要的内容就是吃饭量的问题，少了热量达不到，多了热量过剩，七八分饱正好，营养达到又不过剩，还能保持良好的食欲，对肝、脾、胃、肠等消化器官都有好处。过饱危害很大：会损伤脾胃宜造成消化不良；营养过剩容易形成肥胖，进而诱发高血压糖尿病等慢性病；会累及心脏、肾脏、肝脏等其他器官；由于血流集中在消化道，会造成大脑缺血，影响工作学习，如果晚上吃的过多还会影响睡眠。

毛泽东食欲很好，很懂得吃饭的科学性，他根据自己的生理规律，不到饿的时候不吃，给胃肠留下足够的休养时间。毛泽东吃饭定量，所以很少闹消化系统疾病。生活中，毛泽东工作废寝忘食，吃饭没个点，常忘了吃饭，经工作人员多次催促才吃一顿饭，因此他的饮食总是欠着点。

除此之外，毛泽东还重视锻炼对健康的作用，在艰苦的条件下，发现了梳头对"补脑"的作用，并一直保持到新中国成立后。

1954年2月10日毛泽东在杭州登北高峰

逸闻趣事

"梳一次头，就等于让我吃了一次红烧肉呢！"

毛泽东很喜欢梳头，他还有一套颇有理的"毛氏梳头理论"。

在延安的时候，他就养成了梳头的习惯。毛泽东一生勤于用脑，每天都是超负荷工作。长此以往，他患上了神经衰弱症，经常睡不好觉，后来发展到全身发抖，手脚痉挛，冷汗不止。毛泽东依然坚持工作。不过，他每天的梳头次数大大地增加了。卫士们十分体谅他的痛楚，每当他停下工作小憩时，便马上拿起梳子为他梳梳头。

1947年3月，胡宗南进攻延安。毛泽东抱病开始了艰苦卓绝的陕北大转移。令人不解的是，待到沙家店、蟠龙战役胜利结束时，毛泽东的神经衰弱竟突然有了明显好转。其间，毛泽东夜以继日地工作，卫士们常常站在他身旁，为他梳头，让他放松放松。他们私下里还开玩笑说："这几次战斗的胜利，也有梳子的一份功劳哩！"

后来，毛泽东跟李银桥说了一番"理论"。他说："银桥，补脑有很多种法子呢。睡上一觉可以补脑，吃红烧肉可以补脑，你每天给我多梳几次头也可以补脑！"

说完，他招招手，又对李银桥说："来，你就给我梳梳头。"毛泽东身子朝后一仰，躺进宽大的藤椅里，闭上双眼静静地等着梳头。

有一次工作之余，李银桥为毛泽东梳头时，毛泽东对他说："银桥啊，梳头确实很舒服呢。经常梳头可以促进大脑血液循环，能把有限的营养首先满足大脑的需要。你给我梳一次头，就等于让我吃了一次红烧肉呢！"

新中国成立以后，毛泽东还是很喜欢梳头，每逢工作劳累后小憩时，总是叫上工作人员为他梳头。①

值得借鉴的有：

第一，按照《中国居民膳食指南》的要求科学吃饭；

第二，养成良好饮食习惯，每餐七八分饱，"好东西不可多用"，即使在很有诱惑力的食物面前也要食不过量。

1961年毛泽东在散步休息

★饮食要简朴，注意节俭

"民以食为天，浪费一粒粮食都是可耻的，天理难容。"

"群众的每一粒米来得都不容易，剩的不准倒掉，留着下一顿吃。"

"只要你们饭菜做得干净卫生就可以了，不必买一些贵重的东西给我吃。比方说，现在是冬天，你就别买那些西红柿、黄瓜之类的新鲜蔬菜，现在买一条黄瓜的钱，到了夏天就能买一筐黄瓜，冬天买一条黄瓜只能吃一顿，夏天买一筐黄瓜能吃几十顿。"

---

① 龙剑宇、夏佑新：《毛泽东遗物故事》，大象出版社2002年版。

"每一个国家工作人员，无论办什么事情都要勤俭节约，不要铺张浪费，减少行政开支，不应该花的钱，一分也不能花。"

【解读】毛泽东一生保持勤俭节约的优良作风，影响了一代又一代人。解放前如此，难得的是在解放后生活条件宽裕的情况下依然保持简朴、节俭的作风。他的衣物被单及生活工作用品，件件都有感人的故事。在吃饭上，他舍不得浪费一粒米，在不过饱的前提下，每顿的饭菜尽量吃完，如果真的吃不完，他就要求工作人员留着，下顿热热再吃，或让工作人员吃掉，决不能浪费。"谁知盘中餐，粒粒皆辛苦"，毛泽东深知农民辛勤劳作的艰辛，他的心时刻系在老百姓身上，一粒米映照出一个伟大的形象。

逸闻趣事

"浪费一粒粮食都是可耻的"

毛泽东受母亲的教诲和影响，从小就养成了勤俭节省的良好习惯，就是当了国家主席也是如此。有一次，毛泽东吃饭不慎将饭粒掉在桌上，他用筷子夹，没有夹起来，就用手把饭粒粘起来放进嘴里。厨师于存看得真切，顺口说了句："这不太卫生。"毛泽东认真起来了："民以食为天，浪费一粒粮食都是可耻的，天理难容。"①

值得借鉴的有：

第一，尽量每顿饭做的量恰到好处，这样吃完吃好又不剩下；

第二，继承和发扬简朴节约的优良传统，不浪费一粒米，不做浪费粮食的"罪人"；

第三，对于不宜再吃的食物，能喂动物的尽量留下，这样能充分利用资源。

---

① 黄允升：《开国领袖毛泽东逸事》，中央文献出版社1999年版。

★人生在世不能只为了吃饭

"人活着不光为吃饭……人吃饭是为了活着，而活着就是要工作，要为人民服务。"

"我们活在这个世界上，不是为了吃世界，而是为了改造世界。这才叫人，人跟动物就有这个区别。"

【解读】毛泽东是纯粹的无产阶级革命家，他的一生为国家为人民鞠躬尽瘁，他把毕生的精力用在改造旧社会建立新中国上，是为人民服务的一生，从不为己谋一丝一毫之利。他之所以被人民爱戴，是因为他时刻想着人民，他

1963年毛泽东在浙江考察时，仔细查看农作物生长情况

说吃饭是为了活着，而活着是为了为人民服务，是为了更好地服务国家、改造世界。毛泽东的话回答了人与动物的本质区别，回答了高尚与庸俗的差别，回答了人活着的意义，这些都对现今社会怀有不同目的生活、抱着不同人生态度处事的人们，给予极好的教育。

逸闻趣事

"一个人要是不吃饭就好了，那该节省多少时间啊！"

保健医生多次劝毛泽东要注意营养，改变饮食习惯，多吃点有营养的东西，听后，毛泽东每次都摇头。有时他用毛竹筷子敲敲碗里的二米饭望着保健医生说："全国农民要是都能吃上我这样的饭，那就很不错了，你就可以跟我提你的那些建议了。"

有一次毛泽东和于存聊天时，谈到食谱的问题，毛泽东开玩笑似地说："一个人要是不吃饭就好了，那该节省多少时间啊！"

1947年在转战陕北期间在农民家中吃饭

于存觉得毛泽东的话不可思议，笑着说："人不吃饭，还有什么欲望，成天睡觉不就行了，活在世界上还有什么意思！"

毛泽东用手拍了拍于存的肩膀，"嗯，你说得也有道理，这就是辩证法嘛！可是人活着不光为吃饭……"停顿了一下，又问于存："你看是不是可以这样说，人吃饭是为了活着，而活着就是要工作，要为人民服务。"

毛泽东话题一转，谈起自己的吃饭问题。他说："咱们每天吃的饭菜已经很好了，你看我的身体不是很健康嘛！如果全中国的老百姓都是这样的生活，我这个当主席的心里就好过多了。"

毛泽东还对工作人员说过："我们活在这个世界上，不是为了吃世界，而是为了改造世界。这才叫人，人跟动物就有这个区别。"

毛泽东要求饮食尽量简单，正常情况下，一餐中有四菜一汤，量也不多，主食喜吃粗米杂粮，常吃大米小米合做的二米饭，有时还加点百合、红薯、芋头之类。工作紧了就煮一缸麦片或烤几块红薯以节约时间。①

"菜……好吃就行"

一次厨师给毛泽东做了一道地方名菜，很好看，花花绿绿的摆了一大盘，满以为他一定很喜欢。结果恰恰相反，毛泽东一见就皱起眉头说："不要学大饭店的样子，把菜搞的花里胡哨的，好吃就行嘛！"

---

① 参见：黄允升：《开国领袖毛泽东逸事》，中央文献出版社1999年版。

用小碟子压火

一次，毛泽东以前的警卫瞿作军来看望他。晚饭的时间到了，毛泽东叫瞿作军和他一块儿吃饭。瞿作军来到了一间约十平方米大小的小饭厅，中间摆着一张普普通通的小方桌，桌子周围放了几个圆凳子，别的啥也没有。北京的二三月，天气还挺冷，饭厅里没有暖气设备，只在桌子下面放了个小炭火盆。

饭菜端上来了，看样子是为了款待瞿作军特地加了菜，所以一共有五个菜，一火锅大白菜粉丝汤。吃的是红米饭，也有馒头。

快吃完饭的时候，瞿作军看到火锅里还剩下一点点汤在"咝咝"滚开着，怕把锅烧坏了，他随手拿起一个馒头搁在大锅口上去压火，心想反正一会儿就来收拾碗筷，不碍事。没想到毛泽东马上把馒头拿下来，换了个小碟子盖上，说馒头烤糊了浪费粮食。这一举一动，都非常自然，瞿作军立刻为自己的举动感到万分羞愧，同时为毛泽东始终如一的简朴生活作风所感动。①

值得借鉴的有：

第一，人如果只为了吃而活着，就会变得目光短浅，被别人看不起。生活中虽然吃很重要，但不能作为追求的目的，更不能作为享受的理由；

第二，吃饭的形为，也是个人修养、情趣、知识、道德的诸多表现之一，所以应做到不贪吃、不吝吃、不唯吃，从吃饭上做一个让人看得起、受尊重的人。

★多吃苦味对人有好处

"苦瓜这种菜，我的家乡很多，房前屋后都可以种，好种，也好活。有些人吃不惯，是怕它的苦味。我不但吃得惯，还一生都吃，从小就爱吃，就图它这个苦味。"

---

① 参见：李家骥、杨庆旺：《毛泽东与他的卫士们》，中央文献出版社1998年版。

"我这个人一生没少吃苦，看来是苦惯了，以苦为乐了。"

"苦瓜对人体最大的好处，就是去火明目。"

"人吃五谷杂粮，难免不上火。有时气也上火，这叫虚火。这种人吃点苦瓜很有必要。我这个人也爱上火，不如主动去吃，免得火气太大。火气大，不是伤人，就是伤己噢！"

"至于明目，更是它的大好处。我现在有点老眼昏花了，时时吃一点，免得看不清事理噢！"

1943年
毛泽东
在延安
大生产
中开荒
种树

【解读】毛泽东爱吃苦味菜，不仅能道出苦味的好处，还能一语双关，富有哲理。他时常语出惊人，如上面的话，既有饮食养生的知识，又有生活上的真知灼见，还有不失幽默的自我反省。

逸闻趣事

"苦瓜好吃。"

三年困难时期，毛泽东吃饭实行"三不"。有一段时间毛泽东又对身边工作人员指示：每顿饭只炒一碗青菜，两盘小菜，并要经常吃糙米和小米做的二米饭。

就连这样一点清淡饭菜，毛泽东也舍不得一个人吃，总要值班的同志跟他一起吃。一天晚上，毛泽东要卫士张仙朋给他搞饭吃，这顿饭炒了一碗盖菜、两碟小菜，其中一个是苦瓜。主席先吃了一口米饭，然后夹了一筷子青菜，就吃起来。毛泽东看张仙朋很少夹菜吃，就说："多吃青菜有好处，有些人整年吃素，也能长寿。"说完就把青菜放在小张面前，把那一小碟苦瓜拿过去，边吃边说："苦瓜好吃。"

张仙朋说："苦瓜太苦了，盖菜也有点苦味。"毛泽东说："你这个人呀，我看就是吃不得'苦'啊！"说着笑了。张仙朋也笑着说："我先吃点小'苦'吧。"说着就把盖菜倒进碗里。

毛泽东看着，高兴地笑起来。张仙朋说："主席，您的饮食太清淡了，长期下去是不行的。"

这时，毛泽东已经吃完了饭，十分风趣地说："人家逼我们，我们要勒紧腰带还外债呀！"①

值得借鉴的有：

第一，日常生活中多吃点苦味食品，不仅对身体有好处，还能锻炼意志；

第二，苦味多寒性，故虚寒之人少食，要根据体质食用；

第三，生活中真的要吃点苦，劳累点筋骨，能提高机体耐受力、增强体质。

---

① 参见：李敏、高凤、叶利亚：《真实的毛泽东》，中央文献出版社 2003 年版。

≫饮食中的和谐统一

★南北统一

【解读】喜食南方口味（如南方绿色蔬菜、辣椒、腊味、红米饭等食品）与钟情北方饭菜（如萝卜、白菜等蔬菜以及馒头、面条、大饼、粗粮杂粮等面食）的和谐统一。

★中西统一

【解读】中餐为主，西餐搭配，形成中西和谐统一。

★荤素统一

【解读】以素为主，不拒绝荤，形成荤素合理搭配，和谐统一。

★浓淡统一

【解读】喜欢清淡，原滋原味，不放酱油，少放作料的口味与喜欢油性大，吃起来香滑口味的和谐统一；喜食味道浓烈易上火的辣椒、腐乳、腊肉等与苦寒味能败火的苦瓜、苦菜等的和谐统一。

★肥瘦统一

【解读】含脂肪较多的猪肥肉与含脂肪较少的猪瘦、牛羊肉、禽肉、鱼肉和谐统一。

★家野统一

【解读】以家常菜、家常饭为主与野菜野味为补充的和谐统一。

★汤菜统一

【解读】每顿饭有菜有汤，以菜为主汤为辅，菜中有汤，汤中有菜，汤与菜和谐统一。

★粗细统一

【解读】以糙米、麦类、豆类、薯类、玉米、芋头等为代表的粗粮与馒头、包子、饺子、米饭等为代表的细粮，二者形成和谐统一。

★大小统一

【解读】四菜一汤的主菜与小菜的和谐统一。

★烟茶统一

【解读】吸烟对人体有诸多危害，饮茶能一定程度上吸收或减少这种危害，烟与茶形成和谐统一。

★内外统一

【解读】依靠自身抵抗力战胜疾病与不得已用药物辅助战胜疾病形成和谐统一。

逸闻趣事

"最有营养的是小米，第二是白面，第三才是大米。"

一次，毛泽东与几位地方的工作人员谈话。

开始他们很拘束，毛泽东了解到他们是北方人，现在南方工作，就关切地问："你们都是北方人，到南方来习惯不习惯？"

他们说："刚来那阵子不太习惯，现在已经习惯了。"

这时毛泽东点燃一支烟，还递烟给他们抽，并连声说："抽吧，抽吧，不用客气嘛！"这种平易近人、待人随和的态度，一下子使他们紧张的心情松弛下来，一点拘束也没有了。

接着，毛泽东风趣地对他们说："以前有人告诉我，南方人到北方去受不了，冬天小便的时候，一尿出来就冻成冰棍了，北方人到南方也不行，饼不用锅烙，只要往墙上一贴就烤熟了，你们说是不是这回事？"

他们回答："不是。"老人家笑了。

笑声刚停，毛泽东又说："我是南方人，到了北方不是一样习惯了，而且在北方安家落户；你们是北方人，到了南方，也要到南方安家落户。"说到这里，毛泽东进一步问大家："你们喜欢不喜欢吃大米？"

他们说："还可以。"

毛泽东说："我是不愿意吃南方大米，我愿吃北方的面食和小米。最有营养的是小米，第二是白面，第三才是大米。"说完这话后，他们开始正式向毛泽东汇报工作。汇报中，毛泽东一边听，一边插话，气氛极为轻松、和谐。①

1946年毛泽东和杨尚昆在延安和老百姓在一起

"自力更生了，不能光靠外援"

毛泽东生点病，常常靠调动自身的抵抗力解除病痛。有一次，毛泽东的牙床化脓，痛得捂腮皱眉吸凉气，吃不下饭。保健医生徐涛有意重复他说过的话："牙痛不是病，疼起来要了命。"毛泽东笑起来。

徐医生一本正经地说："这次可真是病了，牙床化脓，淋巴肿大，你得吃药，吃抗生素。"毛泽东摇着头说："我不用药。"徐涛灵机一动，便用他的话劝他："别讳疾忌医呀，这是你常说的话。"

毛泽东风趣地说："我不忌医我忌药。你有不用药的办法嘛？"

徐涛说："病重了不行，重了必须吃药。"毛泽东仍坚持自己的意

① 参见：于来山、陈克鑫，夏远生：《毛泽东五十次回湖南》，湖南人民出版社 2009 年版。

见："我不吃药。靠吃药，自身的抵抗力量就没法发挥作用，就得不到锻炼，应该调动自身抵抗力量对付外来侵略。总用药抵抗力就会衰退……"

"照这样说，还生产药干什么？"徐涛问。

毛泽东答："只有抵抗力不行时，才用药助他一臂之力，反败为胜。这次我要看看我的抵抗力能不能战胜。"

1961年毛泽东在武汉长江游泳

几天后，没用药牙床病好了，毛泽东得意地笑着说："怎么样，我的抵抗力战胜了。自力更生了，不能光靠外援。天下万物万事，都脱不出这个道理。"①

"你去和他们说换成中餐。"

重庆谈判时的一天，毛泽东和周恩来、王若飞一同前往蒋介石的官邸赴宴。这是毛泽东与蒋介石相隔十九年后的第一次晤面。见面时，二人在门口合影留念。合影后，蒋介石先出一言："润之，一起干吧，不要另立锅灶了。"毛泽东当即幽默地回答："如果蒋先生给人民饭吃，还立灶干什么！"蒋介石无言以对。

众宾入宴就坐。招待晚宴上，吃的全是西餐：黄油、牛奶、面包、果酱、牛排等。毛泽东吃完对别人没说什么，但私下却对警卫人员说："这种饭吃不饱，远不如小米干饭、棒渣粥实惠。"

第二天早餐，仍然是西餐。毛泽东吃完后就把卫士齐吉树叫去说："国民党吃饭也学美国人。中国人不吃中国饭，一天到晚都是面

---

① 王守柱、李保华：《毛泽东的魅力》，中央文献出版社2003年版。

包，我不习惯。你去和他们说换成中餐。"

齐吉树和陈龙、龙飞虎商量，让龙飞虎去交涉。龙飞虎对餐厅管理人员说："毛先生不习惯吃西餐，请改成中餐。"

人家推说不能随便改，改了要受批评。

"中国人吃中国饭谁批评？"齐吉树生气地说，"一定是没有会做中国饭的大师傅了，纯系推辞。"他们一连提出三次，才改成中餐。

毛泽东吃完饭又问齐吉树："你看中餐怎么样？"

齐吉树说："好吃！"毛泽东笑了。[①]

制订而未吃的西餐菜谱

毛泽东吃的四菜一汤中有西餐菜，不过次数很少，偶尔吃上一次。在统计的四菜一汤菜谱中，西餐寥寥无几，毛泽东没吃过一顿纯粹的西餐。毛泽东的厨师也说他吃过西餐，但不主动吃，有时以小菜的方式做给他吃，如果喜欢的话，下次当大菜上。毛泽东对中西方的菜很有研究，在他看来，无论是口味，还是营养，中国菜都远远超过西菜。当然，西菜中也有不少极品，也有不少值得中菜借鉴学习的地方。因此，毛泽东不排斥吃西菜，有时还很感兴趣，但西餐都是与中菜合在一起吃。

1961年4月26日，几位工作人员会同厨师为毛泽东精心订制了一份西菜、西菜汤菜谱。从保存下来的西餐菜谱来看，包括五大西菜系列，即鱼虾类、鸡鸭类、猪肉类、羊牛肉类、西菜汤类。具体如下：

1961年4月26日制订的西菜、西菜汤封面

---

① 参见：李家骥、杨庆旺：《毛泽东与他的卫士们》，中央文献出版社1998年版。

　　鱼虾：蒸鱼卜丁、铁扒桂鱼、煎（炸）桂鱼、软炸桂鱼、烤鱼青、莫斯科红烤鱼、吉士白烤鱼、烤青菜鱼、波兰煮鱼、铁扒大虾、烤虾卷、虾面盒、炸大虾、咖喱大虾、罐焖大虾、软炸大虾、生菜大虾。

　　鸡鸭：黄油鸡卷（鸡排）、软煎鸡排、鸡肉饼、鸡肉丸子、大王鸡肉饼、鸡肉丝、罐焖鸡、红焖鸡、葱头焖鸡、青菜焖鸡、纸包鸡、鸡丁敏士、椰子鸡、奶油鸡。

　　猪肉：烤猪排、烤猪腿、炸猪里脊、炸猪排、醋馏猪排、法国猪排、意式奶猪。

　　牛羊：羊肉串、烤羊腿、烤羊肉、白烩羊肉、煎羊排、煎羊肝、牛扒、煎牛肉、咖喱牛肉、伏大牛肉、酸牛肉、烩牛尾。

　　西菜汤：奶油汤、牛尾汤、红菜汤、鸡杂汤、腰子汤、葱头汤、红花鸡汤、饺子汤、红鱼汤、菠菜泥汤、巴粒米汤、什锦汤、鸡蓉鲍鱼汤、鸡茸汤、意国面条汤、龙须菜汤。

　　需要指出的是，这份西菜谱，是在1961年4月26日由工作人员会同厨师共同制订的，为以后做饭用，并不是当天吃那么多菜。有人在网上说这是毛泽东一天吃的菜，其实都是不明真相。这张菜谱实际上是工作人员的良好心愿，希望他老人家能吃点好的，增加一些营养，但以毛泽东的生活习惯和作风，是不会接受的。对他来说偶尔尝尝鲜可以，不能天天吃更不能顿顿吃。

1961年4月26日
制订的西餐菜谱

≫附录

部分菜的做法

主席吃的菜的做法，和现在的习惯做法差不多，只不过菜的用量、调味品的使用和烹调方法上略有细微的差别，这主要是遵循主席的口味、饮食习惯和营养搭配。有以下几个方面须着重说明一下：

首先，炒菜用的油，如没有特殊情况，按主席指定的食用油配比，即植物油与猪油7:3熬制的混合油；做饭用的高汤，是鸡加带肉的大骨头熬制的汤；少用酱油，必不得已几滴而已；很少用味精。

其次，做菜很少勾芡，如必须勾芡，很少一点，不能使汤汁粘稠。

再次，做饭用盐的量，一天不超过三钱；蔬菜以清淡为主，肉类遵从咸鱼淡肉的原则。

最后，主席喜欢吃葱姜蒜，根据不同的菜放不同的调味品。

当时，为了让主席吃好，我们每天尽心尽力，想方设法调剂伙食，根据什么季节吃什么，还要根据主席的身体健康状况、精神如何、工作情况、睡觉多少、吸烟多少等综合安排每一餐。每餐虽然只有四菜一汤，但关系到主席的健康和工作，责任重大。无论是买菜还是做饭，我们都格外精心、认真，做饭的各个环节都不允许出错，要做到食品来源清楚，绝对保证安全可靠、无误。这些和以上几点做饭需要注意的事项，就是人民领袖毛主席吃饭的"特殊"之处，也是亿万人民无比崇敬的毛主席在饮食上所享受的"特殊"待遇。

附表所列部分菜的做法，由我和程汝明等厨师共同回忆整理，并参照该菜的习惯做法，尽量保持原先的特色。但是，只给出配料、基本步骤，无具体量的标准，读者可以在实际操作中，根据自己口味灵活调整。

附表：部分菜的做法

一、蔬菜类

序号	菜名	主料、配料、调料及做法
1	白菜清汤	【主料、配料及调料】白菜 鸡脯肉 姜 胡椒粉 盐 各适量 【做法】 1.选老母鸡的鸡脯肉，用刀剁碎，再用刀背砸成肉泥，放入开水中炖，撇除浮油及杂物，再加入凉水烧开撇出杂物，反复二至三次烧开再加凉水，直至鸡肉聚成饼，汤汁浓，颜色微黄，把鸡肉捞出，鸡汤备用。 2.将白菜洗净切成长条，焯去生味，捞出备用；姜用刀略拍切块。 3.在容器中加入鸡汤、姜和焯过水的白菜，一块放入锅中蒸20分钟左右，白菜软烂时取出，调入盐、胡椒粉即可。
2	油焖白菜	【主料、配料及调料】白菜 鲜蘑 混合油 葱 生姜 高汤 盐 各适量 【做法】 1.将白菜、鲜蘑洗净，切块待用；葱切花，姜切丝。 2.炒锅注入油，先将姜爆香，再倒入白菜、鲜蘑，煸炒至八成熟。 3.加入高汤，撒上葱花，将白菜焖熟，出锅前调入适量的盐即可。
3	百合炒芥兰	【主料、配料及调料】百合（兰州产） 芥兰 大蒜 盐 香油 各适量 【做法】 1.芥兰摘洗干净，斜刀切成厚片儿；百合洗净，剥片；蒜切片。 2.锅中放入清水烧开，将芥兰用水焯一下。 3.锅里放油适量，油热后，投入蒜片儿，爆出香味，将芥兰放入锅中，翻炒至八成熟。 4.将百合放入锅中翻炒，不要炒太长时间。 5.出锅之前，调入盐、香油，拌匀即可。

序号	菜名	主料、配料、调料及做法
4	拌茄子	【主料、配料及调料】茄子 香油 小葱 姜汁 大蒜 盐 各适量 【做法】 1.茄子洗净，撕成条状，在盘中摆好。 2.放入蒸锅，旺火蒸熟，拿出晾凉待用。 3.大蒜泥、小葱、姜汁，放入茄条中拌匀，调入适量的盐。 4.滴上香油即成。
5	烧百合	【主料、配料及调料】百合 高汤 混合油 盐 各适量 【做法】 1.百合洗净，剥片。 2.锅里放一点油，放入百合煸炒一下。 3.调入高汤，焖熟，出锅前加少许盐即可。
6	炝黄瓜	【主料、配料及调料】黄瓜 干辣椒 花椒 葱 花生油 芝麻油 盐 各适量 【做法】 1.黄瓜洗净切粗条，抹盐少许，腌渍出水。 2.炒锅放油烧热，放入干辣椒炒至棕褐色时，下花椒炒出香味后挑出。 3.加入白糖、葱、黄瓜炒至断生，淋芝麻油起锅装盘即可。
7	炒菠菜	【主料、配料及调料】菠菜 大蒜 混合油 高汤 盐 各适量 【做法】 1.将菠菜洗净，切根留长叶；蒜切末。 2.锅里注油烧热，先放蒜末爆出香味，再放入菠菜煸炒几下。 3.菠菜变软时，加入高汤，调入盐即可。
8	草菇菜心	【主料、配料及调料】油菜心 草菇 鸡油 高汤 盐 各适量 【做法】 1.油菜心洗净，草菇去蒂洗净，焯水后用冷水浸凉，捞出后沥净水分。 2.锅置火上，添适量高汤，下入油菜心、草菇，用盐调好口味。 3.小火烧三至五分钟，使菜心、草菇烧至入味。 4.出锅时淋些鸡油即可。

序号	菜名	主料、配料、调料及做法
9	鸡油菜心	【主料、配料及调料】油菜心 鸡油 火腿 混合油 盐 各适量 【做法】 1.油菜心洗净，将头部切十字，熟火腿切成末。 2.炒锅烧热，倒入油，放入菜心稍炒，取出沥去油。 3.炒锅加高汤、菜心烧沸，用小火稍烩收汁。 4.淋上鸡油，放上火腿末，调盐入味即可。
10	炒菜苔	【主料、配料及调料】紫菜苔 红辣椒 葱 姜 高汤 混合油 盐 各适量 【做法】 1.将紫菜苔洗净切段；红辣椒切丝；葱、姜切末。 2.炒锅烧热，倒入油，放红辣椒丝爆炒，再加姜末、葱末炒香。 3.加入紫菜苔段、盐翻炒，出锅前加入高汤即可。
11	炒冬寒菜	【主料、配料及调料】冬寒菜 葱 姜 蒜 混合油 高汤 盐 各适量 【做法】 1.把冬寒菜摘取嫩叶、嫩尖，并撕去茎上的粗皮；姜、蒜切片，葱切段。 2.锅烧热加油，爆香葱姜蒜，放入冬寒菜略炒。 3.加入盐、高汤稍煨即可。
12	干煸豆角	【主料、配料及调料】扁豆 肉末 蒜末 红干辣椒 香油 混合油 料酒 盐 各适量 【做法】 1.将扁豆角掐去两头切长段洗净控干。 2.锅内放油烧至八成热时放入扁豆，炸至表面起皱收缩，捞出沥油。 3.锅中留底油，将蒜末、肉末炒香，调入料酒后盛出。 4.锅内放油，烧热后倒入炸过的扁豆，用小火煸炒，再将刚炒好的肉末和蒜末倒入锅内，撒上用油煸好的红干辣椒，加盐，出锅前再淋点香油即可。

序号	菜名	主料、配料、调料及做法
13	炒芥菜	【主料、配料及调料】芥菜 葱 姜 混合油 高汤 盐 各适量 【做法】 1.将芥菜洗净，切成细丝，放盘中待用。 2.炒锅注油，烧热下葱花、姜末爆香，放芥菜丝翻炒至八成熟。 3.调入盐，倒入高汤，稍焖即可。
14	炒空心菜	【主料、配料及调料】空心菜 蒜 葱 姜 混合油 高汤 盐 各适量 【做法】 1.将空心菜洗净掐成五六寸长的段，待炒。 2.炒锅内放油烧热，放入葱、姜、蒜爆香，加入空心菜翻炒。 3.出锅前调入盐、高汤，稍焖即可。
15	炒圆白菜	【主料、配料及调料】圆白菜 葱 姜 盐 混合油 花椒 高汤 各适量 【做法】 1.圆白菜叶，洗净切菱形，姜葱切末。 2.锅中加油烧热，加入花椒炒出香味后捞出，然后放入葱姜末爆香，放入圆白菜，炒至稍软后，加盐。 3.出锅前调入高汤即可。
16	炒绿豆芽	【主料、配料及调料】绿豆芽 红辣椒 花椒 葱 姜 混合油 高汤 盐 各适量 【做法】 1.将绿豆芽洗净，葱切段，姜切丝。 2.炒锅放油烧热，放花椒，颜色变黑时捞出，再放入姜丝、红辣椒爆香。 3.放葱花、绿豆芽，快速翻炒。 4.出锅前调入高汤、盐和醋即可。
17	生煸黄豆芽	【主料、配料及调料】黄豆芽 干辣椒 花椒 葱 高汤 盐 各适量 【做法】 1.黄豆芽去根，洗净，葱切段待用。 2.炒锅烧热放油，下干辣椒、花椒，花椒变色后捞出，下豆芽煸炒。 3.放入盐、葱段翻炒，再加入高汤焖至入味，无豆腥味即可。

序号	菜名	主料、配料、调料及做法
18	炒马齿苋	【主料、配料及调料】鲜马齿苋 蒜末 葱花 姜末 混合油 盐 各适量 【做法】 1.马齿苋摘洗干净，掐段备用。 2.炒锅放油烧热，下葱花、蒜末、姜末煸香，下马齿苋翻炒至刚断生，加入盐炒匀即成。
19	炒木耳菜	【主料、配料及调料】木耳菜 大蒜 混合油 高汤 盐 各适量 【做法】 1.木耳菜洗净，捞出沥水，蒜切成末备用。 2.炒锅放火上，倒入油烧热，放入蒜末炒香。 3.放入木耳菜、盐稍炒，浇入高汤，出锅即可。
20	炒生菜	【主料、配料及调料】生菜 蒜末 混合油 蚝油 胡椒面 高汤 盐 各适量 【做法】 1.把生菜留嫩叶，清洗干净。 2.炒锅加热放油，放蒜末炒香，加生菜、蚝油、胡椒面翻炒，变软后加入高汤，调入盐即可。
21	素炒茼蒿	【主料、配料及调料】茼蒿 蒜末 高汤 盐 各适量 【做法】 1.茼蒿去根摘洗干净，整棵待用。 2.热锅放油，先入蒜末炒香，再加入茼蒿、盐翻炒。 3.茼蒿八成熟时加入高汤，调入盐即可。
22	炒雪里蕻	【主料、配料及调料】雪里蕻 五花肉 姜末 蒜末 红辣椒末 料酒 豆豉 盐 各适量 【做法】 1.雪里蕻洗净，挤干水分切小段备用；五花肉剁碎备用。 2.炒锅倒油烧热，爆红辣椒末、姜末、蒜末和豆豉，放入五花肉末、料酒炒至变色，加入雪里蕻段翻炒。 3.出锅前调盐入味即可。

序号	菜名	主料、配料、调料及做法
23	炒苋菜	【主料、配料及调料】紫苋菜 蒜末 混合油 高汤 鸡油 盐 各适量 【做法】 1.将苋菜洗净，整棵待用。 2.炒锅倒油加热，放入蒜末炒香。 3.放入苋菜，炒至软嫩，略有汤汁时，放入高汤、盐，出锅前淋上鸡油即可。
24	炒小白菜	【主料、配料及调料】小白菜 葱姜 混合油 高汤 盐 各适量 【做法】 1.小白菜洗净，留整叶，葱姜切碎。 2.炒锅放油加热，爆香葱姜，加入小白菜翻炒。 3.小白菜八成熟时加高汤，调入盐稍焖即可。
25	豆豉炒辣椒	【主料、配料及调料】湖南豆豉 小红辣椒 混合油 各适量 【做法】 1.将小辣椒洗净切段，豆豉加三分之一水泡开待用。 2.将辣椒段倒入干炒锅中煸炒，待辣椒变软后铲出。 3.炒锅中倒油，烧热后炒香豆豉，将煸好的辣椒段倒入锅中，炒匀后出锅即可。
26	干煸小青椒	【主料、配料及调料】小青椒 红油 料酒 盐 各适量 【做法】 1.把小青椒投入干锅中煸软。 2.放入红油、料酒、盐翻炒，小青椒干香滋润就可出锅。
27	火焙青椒	【主料、配料及调料】小青椒 豆豉 香油 各适量 【做法】 1.小青椒清洗干净、捞出沥水。 2.干锅烧热，将小青椒倒下去慢火烘焙，香软时加豆豉香油稍炒即可。
28	油煎小青椒	【主料、配料及调料】小青椒 混合油 盐 蒜 糖 各适量 【做法】 1.把小青椒洗净，蒜瓣捣成泥。 2.炒锅倒油烧热，放入整只辣椒煎至表面起泡时，放入盐、蒜泥和糖翻炒入味即可。

序号	菜名	主料、配料、调料及做法
29	烧油菜	【主料、配料及调料】油菜 混合油 葱末 姜末 高汤 盐 各适量 【做法】 1.油菜洗净沥干，整棵切四瓣。 2.炒锅放油，旺火烧热，加入葱、姜末爆香，放入油菜，炒拌均匀。 3.油菜炒至八成熟时加盐、高汤，稍炒即可出锅。
30	葱头汤	【主料、配料及调料】洋葱 西红柿 胡椒粉 牛肉汤 黄油 面粉 盐 各适量 【做法】 1.洋葱、西红柿洗净切块。 2.炒锅加黄油烧热，加少量面粉稍炒，再下入洋葱、西红柿。 3.西红柿出汁时，加入牛肉汤、胡椒粉，调入盐即可。
31	冬瓜清汤	【主料、配料及调料】冬瓜 葱 姜 混合油 高汤 胡椒面 盐 各适量 【做法】 1.冬瓜去外皮，去瓤、籽，洗净后先切成大薄片。 2.炒锅加油烧热，爆香葱姜，加入冬瓜片稍炒。 3.倒入高汤，大火烧开转小火炖至冬瓜软烂，调盐入味，撒上胡椒面即可。
32	干烧冬笋	【主料、配料及调料】冬笋 郫县豆瓣 冬菇 胡萝卜 葱 姜 辣椒 大蒜 料酒 高汤 盐 各适量 【做法】 1.冬笋、冬菇、胡萝卜洗净切滚刀块，葱姜蒜切末，冬菇、胡萝下开水中煮透捞出。 2.炒锅倒油烧热，放冬笋略炸捞出。 3.炒锅留油烧热，下葱姜蒜炝锅，放豆瓣炒出红油，加料酒、高汤、盐，再投冬笋、冬菇、胡萝卜。 4.烧开后用小火煨，中火收汁，至汁尽油清时即可。

序号	菜名	主料、配料、调料及做法
33	雪菜笋丝	【主料、配料及调料】雪菜 竹笋 猪肉 混合油 糖 料酒 高汤 葱 姜 酱油 淀粉鸡蛋清 盐 各适量 【做法】 1.雪菜洗净用盐腌好切碎；竹笋切丝过水去除涩味；猪肉切丝加料酒、几滴酱油、极少淀粉、少许鸡蛋清抓匀。 2.起油锅爆香葱姜，滑熟肉丝，盛起备用。 3.油锅内下雪菜翻炒片刻，倒入笋丝翻炒后加高汤稍焖。 4.最后加入肉丝、糖，调整咸味，炒匀后盛盘即可。
34	煎苦瓜	【主料、配料及调料】苦瓜 大蒜 小葱 混合油 豆豉 辣椒油 盐 各适量 【做法】 1.苦瓜洗净去里面硬皮，切圆形或压扁切四方块。 2.炒锅加油烧热，下入苦瓜煎至两面呈金黄色。 3.放入大蒜片，盐、辣椒油、豆豉和水焖入味，收干汁，撒上葱花即可。
35	鸡油葫芦	【主料、配料及调料】葫芦 鸡油 葱 姜 混合油 盐 各适量 【做法】 1.葫芦去皮斜刀切大片，放入沸水中焯至半熟。 2.锅中注油，烧热后爆香葱姜，加入焯好的葫芦，出锅前加上盐调味，淋上鸡油即可。
36	鸡油瓢菜	【主料、配料及调料】瓢菜 鸡油 鲜蘑菇 混合油 姜 葱 高汤 盐 各适量 【做法】 1.瓢菜、蘑菇洗净，瓢菜十字刀切4块。 2.炒锅内注油，烧至八成热，爆香葱花、姜片，再放瓢菜、蘑菇，用旺火稍炒。 3.出锅前加入高汤，调入盐即可。
37	烧萝卜	【主料、配料及调料】萝卜 葱 姜 盐 混合油 高汤 各适量 【做法】 1.萝卜洗净后切块，冷水下锅煮开取出。 2.炒锅烧热放油，爆香葱姜，倒入萝卜稍炒，加高汤、调入盐，烧至烂熟即可。

序号	菜名	主料、配料、调料及做法
38	烧菜花	【主料、配料及调料】菜花 混合油 葱 香油 干淀粉 料酒 高汤 盐 各适量 【做法】 1.将料酒、盐、干淀粉放入碗内，调成芡汁备用。 2.把水烧开倒入菜花，煮七层熟捞出，控水备用。 3.锅内加少许油，将葱花略煸后，放入菜花，倒入一点芡汁，翻炒均匀，加点高汤即可。
39	炝芹菜	【主料、配料及调料】芹菜 辣椒 葱 姜 混合油 盐 各适量 【做法】 1.芹菜去叶、根，撕去老筋，洗净，用斜刀切成段。 2.锅内烧开水，将芹菜迅速氽水，取出放入冷水中浸泡，冷却后沥净水，加入盐拌匀即可。 3.炒锅烧热注油，投入干辣椒稍炸，加入葱姜爆香，再加芹菜炒匀即可。
40	烧荷兰豆	【主料、配料及调料】荷兰豆 葱 姜 大蒜 混合油 高汤 盐 各适量 【做法】 1.荷兰豆洗净去蒂和筋，姜蒜切片，葱切碎。 2.炒锅烧热注油，爆香姜、葱、蒜。 3.下荷兰豆，炒匀至熟，起锅前加入高汤，调入盐即可。
41	生煸豆苗	【主料、配料及调料】豌豆苗 葱 姜 蒜 料酒 混合油 高汤 盐 各适量 【做法】 1.嫩豌豆苗，洗净沥干，蒜切片，葱姜切丝。 2.炒锅烧热注油，爆香葱姜蒜，倒入豌豆苗、调入料酒、盐稍炒，出锅前加入高汤即可。
42	素炒蕨菜	【主料、配料及调料】蕨菜 辣椒 葱花 混合油 高汤 盐 各适量 【做法】 1.蕨菜去老叶柄，洗净，放入沸水中焯一下，捞出沥水，斜刀切长段。 2.炒锅烧热注油，放辣椒稍炸，下葱花爆香，加入蕨菜旺火快炒。 3.出锅前调入高汤、盐，炒至入味即可。

序号	菜名	主料、配料、调料及做法
43	蒜泥	【主料、配料及调料】大蒜 味精 香油 盐 各适量 【做法】 1.将大蒜去皮捣碎成泥状。 2.加入一点凉白开，调入一点味精、盐、香油即可。
44	蒜泥辣椒	【主料、配料及调料】蒜泥 红辣椒 味精 香油 盐 各适量 【做法】 1.将大蒜去皮，红辣椒切碎，一起捣碎成泥状。 2.加入一点凉白开，调入味精、盐、香油即可。
45	素炒盖菜	【主料、配料及调料】盖菜 干辣椒 姜丝 混合油 高汤 盐 各适量 【做法】 1.盖菜清洗干净，去青叶留绿帮切段，干辣椒与姜切丝。 2.炒锅加热注油，炒香干辣椒和姜丝，下盖菜翻炒。 3.待盖菜变色后，倒入高汤，调入盐即可。
46	烧西葫芦	【主料、配料及调料】西葫芦 青红椒 葱 姜 蒜 混合油 高汤 盐 各适量 【做法】 1.西葫芦洗净切块，加少许盐腌制片刻，青红椒掰块。 2.炒锅烧热倒油，加入姜末、葱段、蒜片爆香，倒入西葫芦、青红椒翻炒。 3.倒入高汤大火翻炒均匀，调入盐即可。
47	烧瓠子	【主料、配料及调料】瓠子 葱 姜 蒜 混合油 高汤 盐 各适量 【做法】 1.瓠子洗净刮去外皮，切薄片，大蒜切片。 2.炒锅烧热倒油，加入姜末、葱段、蒜片爆香，倒入瓠子翻炒。 3.瓠子快熟时，调入盐，倒点高汤，稍炒即可。

序号	菜名	主料、配料、调料及做法
48	炒太古菜	【主料、配料及调料】太古菜 葱 姜 混合油 高汤 盐 各适量 【做法】 1.将太古菜洗净切开，去筋。 2.炒锅烧热倒油，爆香姜末、葱段，加入太古菜翻炒。 3.快熟时加入高汤，调入盐即可。
49	芦笋汤	【主料、配料及调料】芦笋 鸡蛋 混合油 高汤 盐 各适量 【做法】 1.芦笋洗净切斜刀，鸡蛋加水搅拌均匀。 2.炒锅烧热加点油，放入芦笋煸炒一下。 3.加入高汤，打入蛋花，烧开调入盐即可。
50	炒双脆	【主料、配料及调料】山药 芦笋 小葱 混合油 香油 高汤 盐 各适量 【做法】 1.将山药洗净去皮，切条块；芦笋洗净，去掉根部老皮切段；香葱切段。 2.将山药、芦笋分别焯水过凉待用。 3.炒锅烧热放油，爆香葱段，下入山药、芦笋炒匀，再放入盐，高汤收汁，出锅时淋上香油即可。
51	烧南瓜	【主料、配料及调料】南瓜 大蒜 豆豉 姜末 高汤 盐 各适量 【做法】 1.南瓜洗净去皮、瓤，切块。 2.大蒜瓣用油煸成浅黄色，豆豉剁碎备用。 3.炒锅烧热倒油，下姜末、豆豉炒香，加高汤，放南瓜块。 4.小火烧一会儿，放蒜瓣、盐，将南瓜烧透即可。
52	辣椒油	【主料、配料及调料】纯红辣椒粉 芝麻油 花生油 【做法】 1.纯红辣椒粉放入容器中，倒入凉香油，使辣椒粉吃透。 2.锅内倒入花生油烧开，倒入拌好的花椒粉，边倒边搅，即成极红辣椒油。

二、猪肉类

序号	菜名	主料、配料、调料及做法
1	红烧肉	【主料、配料及调料】五花肉 葱 姜 料酒 桂皮 大料 混合油 糖 盐 各适量 【做法】 1.五花肉洗净，擦干水，锅烧烫，将五花肉带皮的一面紧贴锅烫成焦黄色，取出放入凉水中浸泡，再用小刀刮净，猪皮呈洁白状，再切成大小适宜的方块。 2.锅里加水，放姜片、葱段、料酒烧开，把肉倒入开水里焯一下，去除杂物、异味，再捞出放入凉水中洗净、浸透，沥干水待用。 3.锅烧热放适量油、白糖，炒好糖色后放入五花肉，不停地煸炒。 4.当肉逐渐变红，浮油渗出，肉开始变软，四角塌下，色泽均匀时，再放入生姜、大料、桂皮、大葱、料酒，加开水大火烧开即改小火，焖半小时后收汁调盐入味。 5.出锅时色泽红亮，夹起时富有弹性，吃到嘴里既烂又有咬头，肥而不腻。
2	清炖狮子头	【主料、配料及调料】五花肉 马蹄 鸡蛋 花椒 大白菜 料酒 葱 姜 盐 各适量 【做法】 1.五花肉去皮切成米粒大小，生马蹄去皮切成同样粒状。 2.将肉丁装入容器中，打上鸡蛋清（一斤肉加两个鸡蛋清），加入花椒、葱姜泡的水、料酒和盐不停地朝一个方向搅拌，再加入马蹄拌匀，用力团成团。 3.将团好的生狮子头放入开水中，上面盖上大白菜叶子，小火炖50分钟即可。
3	炒腰花	【主料、配料及调料】猪腰子 蛋清 蒜苔 葱 料酒 混合油 水淀粉 糖 醋 花椒水 盐 各适量 【做法】 1.猪腰去臊筋，改花刀切薄片，用料酒、蛋清、水淀粉抓匀。 2.在碗里用葱、盐、料酒、花椒水、醋、水淀粉、糖、蒜末兑成味汁。 3.油烧开，放入腰片爆炒，倒入调味汁，翻炒即可。

序号	菜名	主料、配料、调料及做法
4	爆肚头	【主料、配料及调料】猪肚 鸡汤 蛋清 面粉 碱 混合油 大葱 姜 大蒜 料酒 水淀粉 胡椒面 花椒 醋 糖 盐 各适量 【做法】 1.肚头切开去油，先用面洗，再用碱洗，最后用醋洗净，改花刀，切小块。 2.肚块中放入适量鸡蛋清、水淀粉、料酒、胡椒面抓匀。 3.在碗里加入葱、盐、料酒、花椒水、醋、水淀粉、鸡汤、糖兑成味汁。 4.锅内注油大火烧开，放入肚块爆炒，倒入调味汁，翻炒即可出锅。
5	炒回锅肉	【主料、配料及调料】五花肉 干笋 鲜红椒 青蒜 豆瓣酱 湖南豆豉 混合油 盐 各适量 【做法】 1.五花肉洗净开水煮至六七成熟，捞出切薄片；鲜红椒、笋均切成片，青蒜斜切成小段。 2.锅内放油烧热，下入五花肉片煸炒出油。 3.下入笋片、豆豉、鲜红椒、豆瓣酱炒透，加盐、青蒜略炒即可。
6	红烧肘子	【主料、配料及调料】肘子肉 葱 姜 大料 桂皮 料酒 糖 盐 各适量 【做法】 1.肘子煮至八成熟捞出，表面抹上一层糖水，放到油锅里，炸至皮上有小泡呈深红色时，即可捞出。 2.锅内炒好糖色，放入肘子，加适量开水，放上葱段、姜片、大料、桂皮，调入盐、料酒，大火烧开小火炖至入味。 3.出锅前挑出葱姜蒜、大料、桂皮即可。
7	豆芽排骨	【主料、配料及调料】猪排骨 黄豆芽 葱 姜 大料 料酒 混合油 盐 各适量 【做法】 1.猪排骨洗净切块，用开水焯一下。 2.黄豆芽洗净去除根须焯水；葱姜洗净，葱切段，姜切片。 3.凉水中加入排骨、黄豆芽、葱、姜、料酒、大料，调好盐味，炖至肉烂汤浓即可。

序号	菜名	主料、配料、调料及做法
8	海带炖排骨	【主料、配料及调料】排骨 海带 葱 姜 大料 料酒 高汤 盐 各适量 【做法】 1.猪排骨洗净切块，用开水焯一下；葱切段、姜切片。 2.海带用温水泡软切片或选用厚实海带切菱形块。 3.锅内放水，下入排骨、海带、葱段、姜片、料酒、大料，调好盐味，炖至软烂能脱骨即可。
9	萝卜排骨汤	【主料、配料及调料】猪排骨 白萝卜 葱 姜 大料 料酒 高汤 混合油 盐 各适量 【做法】 1.猪排骨洗净切块，用开水焯一下；葱切段、姜切片。 2.锅内放高汤，下入焯过水的排骨、葱段、姜片、料酒、大料，调好盐味。 3.萝卜切块，放入已经炖成白色的汤中，大火煮沸，改成中火炖烂即可。
10	粉蒸肉	【主料、配料及调料】五花肉 江米 大米 大料 辣椒 葱花 姜末 料酒 糖 盐 各适量 【做法】 1.江米、大米各半下锅炒香后和大料一起磨成粗粒。 2.把五花肉洗净，切厚片，用料酒、葱姜、大料、糖、盐先腌一下。 3.将磨好的米粉加少量水、料酒、辣椒面、糖、姜末混合，以捏不出水为准。 4.去掉肉片上的腌制料，在碗里或盘子里一层肉片一层米粉摆好，放蒸锅内蒸40分钟左右，至肉烂香溢，撒上些葱花即可。
11	肉片炒苦瓜	【主料、配料及调料】猪里脊肉 苦瓜 葱花 姜末 料酒 混合油 盐 各适量 【做法】 1.猪肉切片加料酒、盐、姜末稍腌。 2.苦瓜去瓤后切片，用开水汆一下，捞出过冷水。 3.炒锅烧热加油，爆香葱姜，下肉片、料酒炒至八成熟时，下苦瓜片，加盐翻炒均匀后即可。

序号	菜名	主料、配料、调料及做法
12	炒腊肉	【主料、配料及调料】腊肉 湖南豆豉 青蒜 辣椒 葱花 姜末 混合油 明油 料酒 各适量 【做法】 1.腊肉洗净用锅蒸一下，取出切片。 2.辣椒、葱姜切碎。 3.热锅下油，爆香葱姜、豆豉，放入腊肉、料酒翻炒，变色后加辣椒、青蒜。 4.继续翻炒，出锅后淋上明油即可。
13	肉丝炒辣椒	【主料、配料及调料】猪里脊肉 红辣椒 木耳 葱花 料酒 混合油 盐 各适量 【做法】 1.将所有的材料都切成丝。 2.肉丝加入盐、料酒抓匀，10分钟后下油锅爆炒至3成熟。 3.加入辣椒、木耳，调入盐、糖，继续翻炒。 4.炒熟后撒上葱花即可。
14	冬笋肉丝	【主料、配料及调料】冬笋 猪里脊肉 红辣椒 葱花 水淀粉 料酒 混合油 盐 各适量 【做法】 1.冬笋去老壳切丝，肉丝放入少许盐、水淀粉、料酒稍腌。 2.炒锅加油，油温热后倒入肉丝滑炒，变色后倒出。 3.锅留底油放入冬笋丝煸炒，加入肉丝、辣椒翻炒，出锅前调盐入味即可。
15	酸菜肉丝	【主料、配料及调料】酸菜 猪里脊肉 葱花 料酒 水淀粉 花椒粉 混合油 盐 各适量 【做法】 1.酸菜洗净切丝，猪里脊切丝用料酒、水淀粉、盐稍腌。 2.炒锅烧热加油，放入肉丝煸炒，加葱花后撒入少量花椒粉。 3.待肉丝变色后加入酸菜丝，大火翻炒几分钟，加盐调味即可。

序号	菜名	主料、配料、调料及做法
16	杂烩	【主料、配料及调料】白肉 粉条 白菜 鲜磨 豆腐 肉丸子 鹌鹑蛋 胡萝卜 葱 蒜 胡椒粉 混合油 高汤 香油 盐 各适量 【做法】 1.白肉切片用开水焯一下，粉条切段，白菜、鲜磨、豆腐、胡萝卜切块。 2.沙锅内倒入高汤，放入白肉、粉条、白菜、鲜磨、豆腐、肉丸子、胡萝卜、鹌鹑蛋，调入盐、胡椒粉。 3.炒锅烧热加油，爆香葱蒜，倒入沙锅内，一起炖熟即可。
17	红烧猪脚	【主料、配料及调料】猪脚 姜 辣椒 花椒 大料 料酒 糖 盐 各适量 【做法】 1.猪脚洗净剁成块，开水中焯一下放入凉水中备用。 2.炒锅烧热加油，炒好糖色加猪脚炒成深红色。 3.锅内倒入开水，再放入姜、辣椒、盐、花椒、大料、料酒，炖至肉烂离骨即可。
18	盐煎肉	【主料、配料及调料】猪五花肉 郫县豆瓣 青蒜苗 湖南豆豉 混合油 盐 各适量 【做法】 1.青蒜苗洗净切段，郫县豆瓣剁碎，猪肉切薄片。 2.炒锅置旺火上，注油烧至六成热，放入肉片反复炒至出油。 3.放入豆瓣炒至油呈红色，再放入豆豉、青蒜苗炒断生，待香气四溢时起锅即可。
19	煎猪扒	【主料、配料及调料】猪扒 洋葱 料酒 胡椒粉 辣酱油 黄油 生菜油 淀粉 盐 各适量 【做法】 1.猪扒洗净，用刀背拍松，再用刀尖稍剁，撒入盐、胡椒粉、料酒、生菜油腌渍；洋葱洗净切丝。 2.在猪扒两面均匀的裹上一层淀粉。 3.平底锅烧热，倒入适量油，烧热后将猪扒放入，煎至两面金黄，至熟，就可以取出。 4.锅内再加入黄油烧热，放入洋葱稍炒，下入煎好的猪扒，烹入辣酱油烧至入味即可。

序号	菜名	主料、配料、调料及做法
20	清蒸腊肉	【主料、配料及调料】腊肉 豆豉 红辣椒 花生油 香菜 各适量 【做法】 1.腊肉热水洗净，切片，排入扣碗内；豆豉、红辣椒切碎。 2.炒锅烧热注油，炒香豆豉、红辣椒，浇在腊肉上，隔水蒸至肉松软即可。
21	肉末芥菜	【主料、配料及调料】芥菜 肉末 红辣椒 蒜末 姜丝 混合油 盐 各适量 【做法】 1.芥菜洗净，沥干水切碎，撒上盐，用力搓匀盐，使之出水。 2.半小时以后，放在清水中稍洗，挤干水分。 3.炒锅烧热注油，放入肉末、蒜末、姜丝、料酒炒散，然后倒入芥菜、红辣椒翻炒，出锅前调盐入味即可。
22	梅干菜烧肉	【主料、配料及调料】五花肉 宁波梅干菜 料酒 姜 高汤 盐 各适量 【做法】 1.五花肉切块后焯水；梅干菜洗净泡开，沥干水。 2.炒锅烧热加油，放入五花肉、姜丝、料酒翻炒。 3.倒入梅干菜继续翻炒，稍出油时加些高汤，小火盖上锅盖闷20分钟肉烂即可。
23	沙锅肥肠	【主料、配料及调料】肥肠 香菇 鲜笋 青蒜 混合油 姜 蒜 葱 泡红椒 干辣椒 胡椒粉 料酒 盐 各适量 【做法】 1.姜蒜切片，葱、干辣椒切段；香菇洗净切块，鲜笋洗净切棱形。 2.肥肠切段，先用面搓洗，再用醋洗，最后用开水焯一下。 3.炒锅烧热注油，放姜蒜片、葱、泡红椒、肥肠，炒香后倒入沙锅中。 4.沙锅内加入开水，放入料酒、干辣椒，烧沸，去尽浮沫，倒入香菇、鲜笋一起炖熟，出锅前调入盐、胡椒粉，放入青蒜即可。

序号	菜名	主料、配料、调料及做法
24	白菜炖肉块	【主料、配料及调料】大白菜 猪五花肉 葱 姜 料酒 高汤 盐 各适量 【做法】 1.大白菜洗净切大块；五花肉洗净放汤锅煮七成熟，取出切厚片。 2.锅内加高汤，放入大白菜煮熟后加入五花肉片、料酒、葱、姜，汤汁浓郁时调入盐即可。
25	蒜泥白肉	【主料、配料及调料】猪五花肉 大蒜 红油 冷汤 酱油 盐 各适量 【做法】 1.五花肉洗净，入汤锅煮熟切片，再用原汤浸泡至温热，捞出擦干水分。 2.大蒜捣碎，加盐、冷汤调成蒜泥。 3.将蒜泥、酱油、红油兑成味汁倒在肉片上即可。

三、牛羊肉类

序号	菜名	主料、配料、调料及做法
1	炒牛百叶	【主料、配料及调料】牛百叶 蒜苗 红辣椒 姜 花椒水 料酒 醋 混合油 盐 各适量 【做法】 1.牛百叶洗净，用适度开水烫，去除黑黄皮后，切成丝。 2.在碗里加入盐、料酒、花椒水、醋兑成味汁。 3.锅内注油大火烧开，下姜片加入牛百叶丝、辣椒丝、蒜苗段爆炒，倒入调味汁，翻炒即可出锅。
2	陈皮牛肉	【主料、配料及调料】牛肉 陈皮 香油 红油 干辣椒 葱 姜 蒜 花椒粉 料酒 盐 各适量 【做法】 1.牛肉放开水中出水后放凉水中二次出水；陈皮、干辣椒、生姜切丝，葱、蒜切碎。 2.炒锅烧热放油加入干辣椒炒出辣味，再下葱、姜、蒜、花椒粉炒匀。 3.放入牛肉、陈皮丝，加入高汤，调入盐、料酒，大火烧开，小火炖至肉烂，大火收汁，淋上香油、红油即可。

序号	菜名	主料、配料、调料及做法
3	炖牛肉	【主料、配料及调料】牛腩 山楂 葱 姜 蒜 花椒 大料 桂皮 料酒 高汤 盐 各适量 【做法】 1.牛腩放开水中出水后放凉水中二次出水，捞出切块。 2.炒锅烧热注油，爆香葱、姜、蒜。 3.加入高汤，放入牛腩、花椒、大料、桂皮、料酒大火烧开，改小火炖至肉烂，出锅前调盐入味即可。
4	牛肉扒	【主料、配料及调料】牛里脊肉 黄油 洋葱 生菜油 辣酱油 酱油 料酒 胡椒粉 盐 各适量 【做法】 1.牛里脊肉剔掉筋，用厚刀背将肉拍扁，再用刀尖稍剁，撒上料酒、酱油、胡椒粉、生菜油腌渍。 2.炒锅烧热加油，放牛里脊肉两面煎透倒出。 3.锅里放少量黄油加热，放入洋葱稍炒，下入煎好的牛里脊肉、料酒，烹入辣酱油烧至入味即可。
5	牛肉炖萝卜	【主料、配料及调料】牛腩 白萝卜 山楂片 葱 姜 料酒 混合油 盐 各适量 【做法】 1.牛腩切块，放开水中出水后放凉水中冲洗干净。 2.炒锅烧热放油，放入牛腩翻炒，加入山楂片、葱、姜、料酒。 3.加入开水大火烧开后倒入白萝卜，小火炖至肉烂，出锅前调入盐即可。
6	山药牛肉	【主料、配料及调料】牛腩 山药 葱 姜 料酒 胡椒粉 高汤 混合油 盐 各适量 【做法】 1.牛腩切块，放开水中出水后放冷水中冲洗干净，捞出。 2.山药削去外皮，洗净切块，放入沸水中，汆一下捞出，沥水。 3.炒锅烧热加油，放入牛肉稍炒出锅。 4.沙锅洗净，放入高汤、牛肉、葱段、姜块、料酒，中火烧沸，撇去浮沫，放入山药，再炖至牛肉软烂，拣去葱、姜，加入盐、胡椒粉即可。

序号	菜名	主料、配料、调料及做法
7	烧牛筋	【主料、配料及调料】牛筋 葱 混合油 料酒 胡椒粉 高汤 糖 盐 各适量 【做法】 1.牛筋用水发好过凉，切条状，加料酒、胡椒粉、糖、盐少许抓匀；葱白切段。 2.炒锅烧热注油，将牛筋爆一下捞出。 3.炒锅另注油烧热，爆香葱段，加入高汤，调入盐、料酒、胡椒粉，下入牛筋，改用小火烧至筋烂即可。
8	土豆烧牛肉	【主料、配料及调料】牛肉 土豆 葱 姜 蒜末 料酒 胡椒粉 混合油 高汤 白糖 盐 各适量 【做法】 1.牛肉切块，放开水中出水后放凉水中浸透，捞出；土豆去皮切块。 2.锅内少放点油，放葱、姜、蒜末炒出香味，加入高汤，放料酒、白糖、胡椒粉，倒入牛肉，烧至六七成烂时加入土豆一块炖烂，出锅前加入胡椒面，调入盐即可。
9	咖喱牛肉	【主料、配料及调料】牛腩 咖喱粉 洋葱 芹菜 蒜 胡椒粉 混合油 黄油 高汤 盐 各适量 【做法】 1.牛肉切块，放开水中出水后放凉水中浸透，捞出；洋葱、芹菜、蒜切碎。 2.炒锅加热放油，放咖喱粉炒一下，放入洋葱、芹菜、黄油、蒜末翻炒。 3.加入高汤，放入牛肉块文火炖至肉烂，调入盐、胡椒粉，收汁即可。
10	罐焖牛肉	【主料、配料及调料】牛腩 胡萝卜 洋葱 芹菜 红枣 马蹄 土豆 口蘑 黄油 番茄酱 葡萄酒 盐 各适量 【做法】 1.牛腩洗净切块焯水，下锅炖熟。 2.胡萝卜、土豆切菱形，芹菜切段，洋葱切片。 3.锅烧热加黄油、番茄酱，再放入芹菜、洋葱煸炒出香味。 4.加入牛肉汤调好盐味，捞出芹菜、洋葱，放入牛腩、马蹄、口蘑、土豆和红枣，倒少量葡萄酒，入罐小火炖烂即可。

序号	菜名	主料、配料、调料及做法
11	麻辣牛肉	【主料、配料及调料】牛里脊肉 干红辣椒 花椒 大葱 生姜 料酒 芝麻 辣椒油 混合油 高汤 盐 各适量 【做法】 1.整块牛肉放开水中出水，捞出放凉水中洗净血污，切片；大葱切段；生姜切片；干红辣椒切段；芝麻焙好炒熟。 2.牛肉片用葱段、生姜片、盐、料酒稍腌。 3.炒锅烧热注油，放入牛肉片，迅速翻炒倒出。 4.锅内注油烧热，放入花椒，炸出花椒香味后捞出，油稍凉一些，放入干红辣椒炸成紫黑色时，加入葱、姜炒一下，倒入高汤，加牛肉片，用中火将汁收浓，汁尽时浇上辣椒油，调上盐，撒上焙好的花椒粉和芝麻。 5.出锅时拣出葱段和姜片即可。
12	红烧牛肉	【主料、配料及调料】牛腩 胡萝卜 洋葱 姜 蒜片 大料 料酒 盐 各适量 【做法】 1.牛腩洗净切块后出水。 2.锅中加水、牛腩、料酒、大料、姜，将牛腩炖到七成烂，收汁时加入洋葱、胡萝卜、大蒜片，烧烂。 3.出锅前调盐入味即可。
13	炖羊肉	【主料、配料及调料】羊肉 花椒 葱段 姜片 茴香 盐 各适量 【做法】 1.将羊肉洗净控干，直刀切成小块状，入开水里汆透，捞出洗净。 2.锅内注水，加入葱段、姜片，花椒、茴香分别用纱布包好放入水中，再把肉块放入，大火烧开后改用小火炖烂，调盐入味即成。
14	爆羊肉	【主料、配料及调料】羊里脊肉 姜 大葱 蒜 料酒 胡椒粉 混合油 香油 盐 各适量 【做法】 1.羊肉洗净，横切大薄片，大葱切片，姜蒜切末。 2.小碗中放入盐、料酒、胡椒粉、葱花、蒜末、香油、姜末调汁备用。 3.锅内注油烧开后放入羊肉片爆炒几下，再加入大葱翻炒。 4.倒入勾好的调味汁兜匀即可。

四、鸡鸭肉类

序号	菜名	主料、配料、调料及做法
1	长征鸡	【主料、配料及调料】鸡 土豆 胡萝卜 豆豉 红辣椒 姜 料酒 混合油 盐 各适量 【做法】 1.鸡洗净切块，用盐、姜、料酒腌一个小时；土豆、胡萝卜洗净切块放开水中稍煮。 2.炒锅加热注油，放鸡块炸成金黄色取出。 3.锅里放豆豉、红辣椒炒香后放入鸡块、土豆、胡萝卜炒熟，出锅前调入盐即可。
2	油淋鸡	【主料、配料及调料】仔鸡 葱 姜 料酒 淀粉 混合油 盐 各适量 【做法】 1.仔鸡宰杀干净，用葱姜末、料酒、盐均匀地涂抹鸡身内外，腌一小时。 2.将腌好的鸡放蒸锅内蒸熟后取出，去除鸡身上的调料，抹上水淀粉。 3.炒锅加油烧热，用油反复淋在鸡身上，至鸡身微黄时即停。 4.改刀盛入盘内即可。
3	叫花子鸡	【主料、配料及调料】初母鸡 川冬菜 口蘑 香菇 猪肉丁 猪网油 酱油 葱花 姜末 玻璃纸 荷叶 酒坛泥 盐 各适量 【做法】 1.将鸡宰杀干净，用酱油、料酒、盐腌一小时，川冬菜发洗干净。 2.将葱花、姜末炒香，加入猪油丁、川冬菜、口蘑、香菇翻炒，加入料酒炒成馅。 3.将馅填入鸡腹，用猪网油紧包鸡身，外面用荷叶包住，再用玻璃纸包住，外层再用锡箔纸包住，用细麻绳捆住。 4.酒坛泥碾碎，加水拌成泥裹住鸡身，用报纸包裹放入烤箱，烤三四个小时，熟时取出，去除包装，掏出腹中馅即可。

序号	菜名	主料、配料、调料及做法
4	口蘑蒸鸡	【主料、配料及调料】仔鸡 口蘑 葱段 姜片 料酒 糖 香油 盐 各适量 【做法】 1.将鸡宰杀干净，切成块，用盐、料酒、糖、香油腌上；口蘑切片。 2.将鸡块放入碗中，口蘑片铺在鸡块上，撒上葱段、姜片，放蒸锅蒸熟。 3.出锅时拣去葱姜，调味即可。
5	辣子鸡丁	【主料、配料及调料】仔鸡 干辣椒 胡椒 葱 姜 料酒 白糖 醋 混合油 水淀粉 盐 各适量 【做法】 1.将鸡宰杀干净，鸡脯肉切成丁。 2.水淀粉加葱、姜、料酒、醋、糖、盐拌成料汁。 3.炒锅加热注油，下干辣椒炒至棕红色，放入鸡丁爆炒。 4.加入料汁，炒至鸡丁回软，汁干时起锅即可。
6	香酥鸡	【主料、配料及调料】仔鸡 葱丝 姜末 大料粉 料酒 水淀粉 糖色 混合油 盐 各适量 【做法】 1.将鸡宰杀干净；葱丝、姜末、大料粉、料酒、盐、糖色调好，在鸡身上抹匀，腌三小时。 2.将鸡放蒸锅中蒸熟取出，去除鸡身上调料，抹上水淀粉。 3.炒锅注油加热，将鸡放油中炸至微黄时取出，晾凉后再放入油中炸酥，捞出。 4.用刀将鸡剁成块，摆盘即可。
7	炒鸡杂	【主料、配料及调料】鸡杂（鸡肝、鸡心、鸡肠）辣椒 姜 料酒 混合油 面粉 碱 盐 各适量 【做法】 1.鸡杂先用面洗搓，再用碱洗后清水冲洗干净。 2.炒锅加油烧热，爆香姜末、辣椒，放入鸡杂、料酒大火爆炒。 3.出锅前调盐入味即可。

序号	菜名	主料、配料、调料及做法
8	红烧鸡块	【主料、配料及调料】鸡块 香菇 干笋 辣椒 姜 糖 料酒 高汤 盐 各适量 【做法】 1.鸡块洗净后放热水中焯一下，取出沥干水分。 2.锅内炒好糖色，放入鸡块翻炒至红色。 3.加入切好的辣椒、香菇、笋、料酒，再倒入少量高汤焖熟，出锅前调盐入味即可。
9	烩鸡血	【主料、配料及调料】鸡血 豆腐 辣椒 青蒜 姜 胡椒粉 料酒 混合油 高汤 盐 各适量 【做法】 1.鸡血过水，用油略炒。 2.炒锅烧热加油，放入姜、辣椒爆香，放入鸡血、豆腐，加入适量高汤。 3.出锅前放入青蒜，调入料酒、胡椒粉、盐即可。
10	咖喱仔鸡	【主料、配料及调料】仔鸡 印度咖喱 黄油 芹菜 洋葱 土豆 高汤 盐 各适量 【做法】 1.将鸡宰杀干净，剁成块，用热水焯一下，芹菜、洋葱、土豆切块。 2.用黄油将咖喱炒一下，加入芹菜、洋葱、鸡块翻炒。 3.加入高汤、土豆炖熟，出锅前调盐入味即可。
11	炒鸭肠	【主料、配料及调料】鸭肠 红辣椒 青蒜 葱 姜 料酒 混合油 醋 盐 各适量 【做法】 1.将鸭肠剖开洗净后，放在盆中，分别加入醋、盐搓洗干净。 2.将肠子放在开水里焯一下，待稍一卷起、颜色变白时，迅速捞出入凉水中。 3.将鸭肠切段，再用开水烫一下，沥净水。 4.将青蒜切段与葱姜丝一起放入碗内，加入料酒、盐、醋调成汁。 5.炒锅注油烧热，放入鸭肠颠炒几下，倒入调好的汁，放入红干辣椒炒匀即成。

序号	菜名	主料、配料、调料及做法
12	桂花鸭子	【主料、配料及调料】鸭子 桂花 葱 生姜 大料 料酒 盐 各适量 【做法】 1.鸭子宰杀干净后内外用盐擦匀，腌2~3小时。 2.腌制时加少量桂花，适量生姜、大料、葱和料酒。 3.放入蒸锅中，蒸熟后取出，晾凉切块，加桂花酱即可。
13	鸭掌沙锅	【主料、配料及调料】鸭掌 春笋 火腿 大葱 姜 料酒 混合油 高汤 盐 各适量 【做法】 1.将鸭掌洗净，用沸水泡过，拆去骨，用料酒浸渍。 2.将春笋洗净，切成片，火腿切片，葱切段，姜切片待用。 3.炒锅加热注油，放入鸭掌煎炒几分钟，连同葱段、姜片、春笋、火腿、高汤、盐放入沙锅中炖20分钟即成。

五、水产类

序号	菜名	主料、配料、调料及做法
1	干烧草鱼	【主料、配料及调料】草鱼 玉兰片 四川豆瓣酱 干辣椒 葱花 姜末 大蒜 紫苏 白糖 料酒 熟猪油 盐 各适量 【做法】 1.草鱼洗净，在鱼身上划斜刀，玉兰片切成薄片。 2.炒锅置旺火上，加油烧热，将鱼放入油锅内炸透，颜色成深黄色时取出。 3.将豆瓣酱放锅内炒好，之后放入炸好的鱼稍炒，加入清水、紫苏、料酒、葱、姜、蒜片、玉兰片，烹上点醋，大火烧开后转中火，汤汁浓稠色红时，将鱼盛出。 4.将原汁置旺火上，加少量白糖、熟猪油，收汁后浇在鱼上即可。

序号	菜名	主料、配料、调料及做法
2	清蒸武昌鱼	【主料、配料及调料】武昌鱼 香菇（鲜）冬笋 金华火腿 肥肉片 葱 姜 胡椒粉 鸡油 料酒 熟猪油 盐 各适量 【做法】 1.武昌鱼宰杀干净，在鱼身两面划斜刀，两面抹上盐、料酒，放盘中。 2.将香菇、冬笋、火腿分别切片。 3.将香菇片、冬笋片、火腿片、肥肉片放入汤锅内稍烫捞出，摆放在鱼身上。 4.葱丝、姜片也放在鱼身上，淋上鸡汤、熟猪油。 5.将整条鱼连盘入锅旺火蒸十分钟，肉质松软时取出，拣去姜片、葱结，淋上熟鸡油，撒上胡椒粉即可。
3	红烧鲤鱼	【主料、配料及调料】鲤鱼 肥猪肉 料酒 葱 生姜 醋 糖色 胡椒粉 混合油 盐 各适量 【做法】 1.鲜鲤鱼宰杀干净，两边划斜刀，大葱切成细丝，生姜切片。 2.将鲤鱼表面抹上盐、葱、姜、料酒稍腌。 3.炒锅烧热加油，放肥猪肉稍炒，将整条鲤鱼下锅煎成两面金黄色，加入适量的糖色，烹入料酒、醋，再放入盐、葱白、姜片烧开。 4.改小火焖熟，加入胡椒粉即可。
4	炒鳝鱼	【主料、配料及调料】鳝鱼 洋葱 香菜 生姜 大蒜 干红辣椒 胡椒粉 料酒 酱油 香油 混合油 盐 各适量 【做法】 1.鳝鱼用开水烫后放入清水中洗净取出，把鳝鱼固定在案板上，用小刀划下鱼肉块，再用手撕成均匀条状；洋葱切丝；香菜切段；干红椒切丝，生姜大蒜洗净，均切成末。 2.炒锅烧热加混合油，将鳝丝入锅爆炒，然后放入生姜、洋葱、干椒、料酒、醋、盐稍炒。 3.倒入适量高汤，焖软鳝丝，撒上蒜末，起锅前多撒些胡椒粉，淋入香油，最后放入适量香菜段即可。

序号	菜名	主料、配料、调料及做法
5	萝卜丝鲫鱼	【主料、配料及调料】鲫鱼 萝卜 香葱 姜片 胡椒粉 混合油 高汤 盐 各适量 【做法】 1.鲫鱼洗净，萝卜洗净去皮切丝。 2.炒锅烧热加油，放入鲫鱼煎至变色后取出。 3.葱姜炝锅，放入鲫鱼、萝卜丝后加入高汤，微火炖至汤汁变白，调入盐、胡椒粉即可。
6	火焙鱼	【主料、配料及调料】小鱼 茶油 各适量 【做法】 1.鲜活小鱼清洗之后，一只只挤去内脏。 2.炒锅洗净烧热后，细细地涂上一层茶油。 3.将小鱼倒进锅里，匀匀地摊开来，焙好一面后关火，等锅冷后再翻边焙另一面。 4.冷却后，以谷壳、花生壳、桔子皮、木屑等薰烘。 5.吃时再加油、豆豉、辣椒、料酒、葱姜蒜蒸熟即可。
7	蒸小鱼	【主料、配料及调料】火焙鱼 葱 姜 料酒 辣椒 豆豉 混合油 盐 各适量 【做法】 1.炒锅烧热加油，爆香葱姜豆豉。 2.倒入火焙鱼，调入料酒、辣椒、盐翻炒入味。 3.将炒好的火焙鱼倒入碗中，放蒸锅中蒸软透即可。
8	泥鳅蛋羹	【主料、配料及调料】泥鳅 鸡蛋 料酒 葱 姜 盐 各适量 【做法】 1.泥鳅放清水中养两三天，排出污物，换水时加入打好的鸡蛋，以便泥鳅食用。 2.将泥鳅放入80度左右的热水中烫一下，将表面粘液洗净，在盘中摆好。 3.在打好的鸡蛋液中加入油、葱、姜、料酒、盐，搅拌均匀，倒在泥鳅上。 4.把盘放入蒸锅中，用小火蒸15分钟即可。

序号	菜名	主料、配料、调料及做法
9	沙锅鱼头豆腐	【主料、配料及调料】胖鱼头 豆腐 笋片 香菇 葱 姜 熟猪油 料酒 高汤 胡椒粉 盐 各适量 【做法】 1.鱼头洗净，再用65度左右的热水洗刮干净，放开水中煮烂后过凉水，去除鱼骨头，鱼肉待用。 2.豆腐切厚片，笋、香菇、姜洗净切片。 3.炒锅烧热加熟猪油，放入鱼肉稍煎。 4.加入葱、姜、料酒、笋片、香菇、豆腐，倒入高汤，大火烧开后改小火炖至汤汁发白，调入胡椒粉、盐入味即可。
10	烧鱼肚	【主料、配料及调料】干鱼肚 油菜 葱 姜 料酒 高汤 胡椒粉 盐 各适量 【做法】 1.干鱼肚用水发好，改刀。 2.锅中注油，爆香葱姜，加入高汤烧开，再放入鱼肚、料酒、油菜。 3.出锅前调入胡椒粉、盐即可。
11	酥鱼	【主料、配料及调料】鲫鱼 醋 香菇 葱 姜 花椒 八角 桂皮 料酒 白糖 混合油 清汤 盐 各适量 【做法】 1.将鱼去鳃去内脏洗净，香菇去蒂。 2.在沙锅底摆放一层葱段、姜片、香菇，上面摆一层鱼，加入盐、白糖、料酒、醋、花椒、八角、桂皮。 3.醋要多放（漫过鱼），再倒入少量清汤，用大火烧开再改用小火，炖至鱼骨酥肉烂即可。
12	五香鱼	【主料、配料及调料】鲤鱼 五香粉 葱 姜 料酒 糖 醋 明油 混合油 盐 各适量 【做法】 1.鲤鱼择洗干净，切块用葱姜、醋、盐、料酒腌七八小时，肉紧时加入五香粉。 2.炒锅烧热注油，将腌好的鱼块炸一下，微黄时捞出。 3.锅中留底油，油热后先下五香粉煸炒片刻，加入葱姜、料酒、醋、盐、糖，最后下鱼块，加水。 4.先用大火烧开，然后改用小火炖，直至汁浓味厚，取出鱼放碗中，锅内浓汁打明油，淋在鱼上即可。

序号	菜名	主料、配料、调料及做法
13	鱼杂沙锅	【主料、配料及调料】鱼泡 鱼籽 大青鱼肠 干辣椒 葱 姜 蒜 料酒 山西陈醋 面粉 混合油 高汤 盐 各适量 【做法】 1.把鱼肠剖开，用面粉、醋分别洗干净，切段。 2.锅中放清水，加入料酒、醋烧开，放入鱼杂过水。 3.炒锅烧热注油，放入辣椒爆香，再加入葱丝、姜片、蒜片翻炒。 4.倒入鱼杂稍炒后倒入沙锅中，加少许高汤中火焖几分钟，调入盐即可。
14	炒鱼杂	【主料、配料及调料】鱼籽 鱼泡 干辣椒 葱 姜 豆豉 料酒 混合油 盐 各适量 【做法】 1.炒锅烧热加油，下葱姜爆香后捞出，放入切成段的干辣椒煸出辣味。 2.放入鱼籽和鱼泡，加入料酒、豆豉翻炒。 3.出锅前调入盐即可。
15	辣椒炒小河虾	【主料、配料及调料】小河虾 干辣椒 葱 姜 蒜 混合油 盐 各适量 【做法】 1.小河虾洗干净，控干水分，葱姜蒜切末，干辣椒丝。 2.炒锅烧热加少许油，倒入小河虾炒干水分，炒香干辣椒。 3.再加少许油，加入葱姜蒜一起爆香，收干汁即可。
16	蟹黄豆腐	【主料、配料及调料】蟹肉 豆腐 混合油 葱 姜 蒜 料酒 鸡汤 混合油 盐 各适量 【做法】 1.豆腐切方块，蟹肉切菱形块，葱、姜切末，蒜切片。 2.炒锅加热注油，放入蟹肉稍炒，再投入蒜片、葱、姜末翻炒。 3.倒入鸡汤，烹入料酒，下入豆腐，调入盐，炖熟即可。

序号	菜名	主料、配料、调料及做法
17	干贝烧丝瓜	【主料、配料及调料】丝瓜 干贝 火腿 葱 姜 混合油 盐 各适量 【做法】 1.丝瓜表面洗净，剖开切成滚刀块，下油锅滑熟，熟火腿切菱形片。 2.干贝发开洗净，放葱、姜在锅中蒸透，搓成丝。 3.炒锅烧热加油，爆香葱姜，加丝瓜、火腿炒熟，调入盐，出锅后撒上干贝丝即可。
18	贝母鸡汤	【主料、配料及调料】鸡肉 川贝母 党参 冬菇 火腿 葱 姜 料酒 混合油 高汤 盐 各适量 【做法】 1.把鸡肉洗净，切4厘米见方的块，放热水中出水。 2.冬菇洗净，切成两瓣；火腿切片；党参切3厘米长的段；姜拍松，葱切段。 3.把鸡肉、火腿、党参、川贝母、冬菇、料酒、盐、姜、葱放入锅内，加高汤，用武火烧沸，文火煮烂即可。

六、其他肉类

序号	菜名	主料、配料、调料及做法
1	炖狗肉	【主料、配料及调料】狗肉 大蒜 混合油 姜 大料 桂皮 料酒 盐 各适量 【做法】 1.狗肉洗净切块，放热水中出水，捞出放凉水中二次出水。 2.炒锅烧热加油，放大蒜、姜炝锅，放入狗肉块微炒，待皮色转黄，加水、大料、桂皮、料酒大火烧开。 3.改用小火炖至狗肉熟烂，调盐入味即可。
2	辣子田鸡	【主料、配料及调料】田鸡肉 红辣椒 姜 大蒜 料酒 混合油 盐 各适量 【做法】 1.田鸡肉洗净，切成块。 2.炒锅烧热放油，爆香姜蒜，放入田鸡肉大火翻炒。 3.至变色后，加入料酒、红椒段、盐继续大火翻炒入味。 4.最后至水分收干即可。

序号	菜名	主料、配料、调料及做法
3	焖斑鸠	【主料、配料及调料】斑鸠 香菇 酱油 胡椒粉 料酒 香油 混合油 高汤 盐 各适量 【做法】 1.斑鸠去内脏洗净，控去水，用酱油、盐、料酒调成汁，抹遍斑鸠内外，腌渍片刻后放入大汤碗内，注入高汤，入笼蒸至肉烂取出，晾凉。 2.炒锅烧热倒油，把斑鸠炸至金黄色捞出，稍凉时用刀剁成大方块。 3.炒锅复置火上，放油烧热，下香菇炒香，倒入蒸斑鸠的汁水，放入斑鸡块，加盐、胡椒粉烧沸，待汤汁浓稠，斑鸠入味时，淋上香油即可。
4	炒麻雀	【主料、配料及调料】麻雀 混合油 葱 姜 料酒 胡椒粉 糖 鸡汤 盐 各适量 【做法】 1.麻雀宰杀洗净控水，加葱姜末、料酒、盐拌匀腌入味。 2.糖、胡椒粉、盐、葱姜末、鸡汤调匀成味汁。 3.炒锅注油烧热，下入麻雀炸片刻，捞出控油。 4.炒锅注油烧热，放入麻雀略炒，烹入料酒，倒入味汁烧开，小火煮至汤干即可。
5	辣椒兔肉	【主料、配料及调料】野兔肉 鸡蛋 干红辣椒 葱 姜 料酒 辣椒油 花椒面 混合油 芝麻油 盐 各适量 【做法】 1.兔肉洗净去筋膜，切成均匀的薄片，放入清水浸泡半小时，去其血污，沥干水分，加料酒、盐、鸡蛋，拌匀。 2.炒锅烧热倒油，下入兔肉片滑散至熟，余油倒出。 3.净锅烧热倒油，放入干红辣椒段，炸香捞出，再下入花椒面，炒匀出香味，投入葱片、姜片，倒入兔肉片，加盐、料酒、辣椒油翻炒均匀，淋上芝麻油即可。

七、豆及豆制品类

序号	菜名	主料、配料、调料及做法
1	腐乳（霉豆腐）	【主料、配料及调料】北豆腐 盖菜叶 辣椒面 白酒 盐 各适量 【做法】 1.把豆腐控干水后，切块放在笼屉内盖上，保持一定温度3~5天，使之发酵长白毛时取出。 2.将发酵的豆腐块在白酒里浸一下取出，沾上盐、辣椒面后，用盖菜叶包好放坛内。 3.将坛子口密封，十几天后即可食用。
2	麻婆豆腐	【主料、配料及调料】豆腐 五花肉 花椒粉 辣椒 郫县豆瓣 花生 葱 姜 蒜 料酒 混合油 高汤 盐 各适量 【做法】 1.豆腐切块，用沸水烫一下后沥干；五花肉剁碎；辣椒、郫县豆瓣、花生剁碎。 2.炒锅烧热放油，倒入肉末炒散炒熟装碗里待用。 3.锅中放油烧热，放豆瓣、辣椒、花生、葱、姜、蒜炒香。 4.加半碗高汤，烧沸后放豆腐、肉末、料酒、盐烧几分钟。 5.收汁，起锅前撒上花椒粉即可。
3	沙锅冻豆腐	【主料、配料及调料】冻豆腐 水发木耳 笋片 虾仁 葱花 姜片 料酒 混合油 高汤 盐 各适量 【做法】 1.用凉水化开冻豆腐，切长方形片，放开水中焯一下，虾仁放水中浸泡，除去泥沙。 2.炒锅烧热放油，爆香葱姜，加高汤、盐、料酒、笋片、虾仁、水发木耳、冻豆腐片。 3.烧开倒入沙锅之中，改小火炖20分钟即可。

序号	菜名	主料、配料、调料及做法
4	脆皮豆腐	【主料、配料及调料】北豆腐 花椒水 鸡蛋 生粉 面包渣 葱 盐 各适量 【做法】 1.北豆腐打碎成糊状，加适量盐、葱花椒泡的水、鸡蛋和生粉搅匀，倒入盘中。 2.放蒸锅中蒸10分钟取出，沾上生粉后再沾上鸡蛋液和面包渣。 3.下油锅中炸成微黄色，出锅后改条状装盘即可。

图书在版编目（CIP）数据

毛泽东饮食趣谈 / 吴连登主编. —北京：中央文献出版社，
2012.4

ISBN 978-7-5073-3512-5

Ⅰ．①毛… Ⅱ．①吴… Ⅲ．①毛泽东（1893～1976）
—生平事迹 Ⅳ.①A752

中国版本图书馆CIP数据核字（2012）第048835号

毛泽东饮食趣谈

主　　编：吴连登

执　　笔：丁继华

责任编辑：李庆田

装帧设计：艺和天下

出版发行：中央文献出版社

地　　址：北京市西四北大街前毛家湾1号

邮　　编：100017

网　　址：www.zywxpress.com

销售热线：63097018　66183303　66513569

经　　销：新华书店

排　　版：艺和天下

印　　刷：北京汇林印务有限公司

710mm×1000mm　开本1/16　印张25　　340千字
2012年4月第1版　　　　2012年4月第1次印刷
印数：10000册

ISBN 978-7-5073-3512-5　　　　　　定价：49.00元